AF548310

Antje Zeiger

Wittstocker Tuche und Trikotagen

Privileg der Wittstocker Leinweber vom März 1558

Antje Zeiger

Wittstocker Tuche und Trikotagen

Die Geschichte des einst bedeutendsten Erwerbszweiges der Stadt

hendrik **Bäßler** verlag · berlin

FÖRDERVEREIN
MUSEEN ALTE BISCHOFSBURG

Dieses Buch wurde finanziell gefördert durch den Landkreises Ostprignitz-Ruppin, den Förderverein Museen Alte Bischofsburg, die Stadt Wittstock und einen privaten Spender.

Kleine Reihe der Museen Alte Bischofsburg, Band 2

Titelabbildung: Alte Wittstocker Tuchplombe, Fundort Greifswald, Vorderseite

Die Deutsche Nationalbibliothek verzeichnet diese Publikation in der Deutschen Nationalbibliografie; detaillierte bibliografische Daten sind im Internet unter http://dnb.d-nb.de abrufbar.

Fon: 030.24 08 58 56 · Fax: 030.2 49 26 53
E-Mail: info@baesslerverlag.de
Internet: www.baesslerverlag.de · www.edition-schloesser-gaerten.de
1. Auflage 2023

Satz und Umschlaggestaltung: Hendrik Bäßler, Berlin
Druck und Verarbeitung: BALTOprint, Vilnius

ISBN 978-3-910447-14-1

Inhaltsverzeichnis

Einführung

Betrachtet man die wirtschaftliche Entwicklung der Stadt Wittstock seit dem Mittelalter, so sticht die Produktion von Tuchen unbedingt hervor. Zahlreiche Bewohner der Stadt – und zum Teil auch auf den Dörfern - waren direkt oder indirekt in die erwerbsmäßige Tuchherstellung eingebunden.

Mindestens dreimal drohte diese Tuchproduktion am Standort Wittstock einzugehen: Nach dem Ende des Dreißigjährigen Krieges (als die Stadt auf wenige Einwohner geschrumpft war), zum Ende des 19. Jahrhunderts (als sich das Tuchmachergewerk auflöste) und auch nach dem Ende des Zweiten Weltkrieges (als sämtliche, für die Tuchproduktion notwendigen Maschinen als Reparationsleistungen aus den beiden Uniformtuchfabriken von Paul und Quandt eingezogen worden waren). Aber es gelang den Protagonisten vor Ort, dass sich die Tuchfertigung in Wittstock quasi neu erfand und die Tradition fortführte. Mit der Gründung des VEB Obertrikotagenbetriebes Wittstock starb zwar die traditionelle Art der Tuchehrstellung, wurde aber mit anderen Mitteln fortgeführt.

Der folgende Beitrag gibt einen Einblick in die Geschichte der Wittstocker Tuche und Trikotagen.

Die Quellenlage ist nicht einfach, denn das städtische Archiv wurde durch gleich mehrere Brände und andere Vorkommnisse fast vollständig vernichtet. Hinzu kommt, dass sich das alte Tuchmachergewerk 1898 auflöste und seine Dokumente aus Resignation über den Niedergang vernichtete.

Eine besondere Bedeutung kommt daher Wilhelm Polthier zu. Im Rahmen seiner Recherchen für die „Geschichte der Stadt Wittstock" in den 1920er Jahren und bei der durch ihn vorgenommenen Neuordnung des städtischen Archivs 1945/46 konnte er die beim späteren Rathausbrand im März 1954 vernichteten Akten noch im Original einsehen und zum Teil handschriftliche Kopien fertigen.

Das Brandenburgische Landeshauptarchiv Potsdam, das Geheime Staatsarchiv Preußischer Kulturbesitz Berlin sowie das Kreisarchiv Ostprignitz-Ruppin bewahren bis heute wichtige Unterlagen der Wittstocker Tuchmacher, der Tuchfabriken und/oder des Obertrikotagenbetriebes. Allerdings wurden weder das Betriebsarchiv des VEB Tuchfabrik noch des VEB Obertrikotagenbetriebes Wittstock überliefert.

Auch die Kreismuseen Alte Bischofsburg in Wittstock besitzen neben Dokumenten mit einer Reihe von Objekten materielle Zeugnisse der Wittstocker Stofffertigung, u. a. natürlich Beispiele der hergestellten Produkte, das letzte Lohnbuch der Quandtschen Tuchfabrik, auch die originale Dokumentation aus dem Traditionskabinett des OTB oder die Nachlässe von Conrad und Wilhelm Polthier zur Regionalgeschichte, von Rudolf Desens mit Bauzeichnungen aus der ersten Hälfte des 20. Jahrhunderts sowie von Hubert Boger mit zahlreichen Aufnahmen zur Geschichte des Obertrikotagenbetriebes.

Weber an einem Trittwebstuhl, um 1425

Gewerkslade für die wichtigen Dokumente der Innung, um 1750

Hinweise auf frühe Tuchproduktion in Wittstock

Spinnen und Weben gehören zu den ältesten handwerklichen Tätigkeiten der Menschheit. Wohl im 13. Jahrhundert erhielt das Fertigen von Tuchen den Impuls, um sich vom Neben- zum Haupterwerb entwickeln zu können. Gleichzeitig dürfte sich in dieser Zeit fast überall der Trittwebstuhl durchgesetzt haben.

Durch die Herausbildung gewerblicher Strukturen und die damit verbundene Konzentration von Menschen wurde auch aus der Siedlung „wizstoc" (1251 auch: witsstoc) eine Stadt. Mit Bäckern und Schuhmachern bildeten die Tuchmacher und Gewandschneider in Wittstock das Viergewerk, das die jeweils bedeutendsten städtischen Gewerke vereinigte.

Ihr erstes Privileg erhielten die Wittstocker Tuchmacher bereits im Jahr 1325.[3] Ein solches Privileg legte bestimmte Vorschriften fest, die die Gilde-Meister für eine relativ ungehinderte Ausübung ihres Gewerks benötigten. So formulierte das Privileg die Aufnahmevoraussetzungen für die Gilde, die Ausbildungsstandards, die Fertigung des Lehr-, Gesellen- oder Meisterstückes bis hin zur Qualitätssicherung der gefertigten Tuche. Damit die Gilde-Angelegenheiten geklärt werden konnten, trafen sich alle Gilde-Meister desselben Gewerks in Wittstock zweimal im Jahr (sogenannte „*Morgen-Sprache*"). Alle wichtigen Angelegenheiten der *Innung* wurden – nach dem biblischen Vorbild der Bundeslade – in der Gewerkslade aufbewahrt, wichtige Dinge in Anwesenheit der Meister vor geöffneter Lade verhandelt.

Die Artikel des Privilegs gingen so weit, dass sie in den persönlichen Bereich eingriffen, wie etwa bestimmte Verhaltensnormen während der Zusammenkünfte. Flüche wurden dort mit Einzahlungen in die Lade bestraft. Bereits die Lehrjungen mussten ihren beglaubigten Nachweis ehelicher Geburt vor geöffneter Lade vorlegen (Wittstocker Tuchscherer-Privileg von 1697). Entsprechend der sozialen Ausgrenzung jener Zeit wurden unehelich geborene junge Männer nicht in Gilden aufgenommen. Ein Mitglied der Gilde sollten auch keine unehelich geborene Frau heiraten.

Ehen sollten vor allem innerhalb des eigenen Gewerks geschlossen werden. Das hatte den Vorteil, dass ein junger Tuchmachermeister in der Regel eine mit der Arbeitsweise der Tuchmacher vertraute Frau bekam. Stand kein männlicher Erbe zur Verfügung, konnte das Geschäft durch die Heirat mit einem Tuchmachersohn oder -gesellen weitergeführt werden.

Für die Gesellen galten strenge Regeln. *„Es soll auch kein Geselle über Nacht aus des Meisters Hause bleiben, sondern zu rechter Zeit alß um Neun Uhrens nach Hause kommen, damit er des folgenden Tages seine Arbeit gebührend und geschickt verrichten könne* […]. *Die Gesellen sollen des Morgens frühe um vier Uhr an die Arbeit treten und solche des Tages treu und fleißig verrichten, biß des Abends um sieben Uhr,* […]“[4] Damit blieben den Gesellen des Wittstocker Tuchscherer-Gewerks zwei Stunden pro Tag, die sie zu ihrer eigenen Verfügung hatten. Da man auf das Tageslicht angewiesen war, wurde das wahrscheinlich im Winter anders gehandhabt.

Sowohl das Privileg der Wittstocker *Wulleweber* (1586) als auch die Privilegien der *Leineweber* (1691) und der Tuchscherer (1697) sahen nach dem Ableben des Handwerksmeisters die ungehinderte Fortsetzung der Arbeiten im Handwerk durch seine nachgelassene Witwe vor, unter regelmäßiger Kontrolle des Gilde-Meisters.[5] Von Zeit zu Zeit wurden die Privilegien modifiziert und durch den Kurfürsten und den Wittstocker Rat erneut bestätigt.

Noch um 1900 zog ein Schäfer regelmäßig mit einer kleinen Herde durch die Innenstadt, hier durch die Kettenstraße

Die meisten Wittstocker „Wandtmokers“ verarbeiteten wohl Wolle. Aber auch die Herstellung von Leinen muss in der Region (z. B. in Freyenstein) weit verbreitet gewesen sein. Ob Woll- oder Leinweberei – beide Verfahren waren aufwendig und bedeuteten auch körperlich schwere und eintönige Arbeit.

Ende des 18. Jahrhunderts wollte die *Königliche Domänenkammer,* der u. a. die Ämter Wittstock und Zechlin unterstanden, auch die Seidenraupenzucht – und dann sicher auch die Verarbeitung der feinen Fasern – in der Region etablieren, was aber scheiterte.

Die Anzahl der Tuchmacher war hoch. Das zeigt sich auch bei den im Wittstocker Kirchenbuch verzeichneten *Getauften, Copulierten* und *Begrabenen* in den registrierten Berufsbezeichnungen, denn darunter ist zahlreich der Tuchmacher/Lanifex zu finden.

Kurz nachdem Busso X. von Alvensleben, letzter katholischer Bischof von Havelberg, im Mai 1548 auf der Wittstocker Burg verstorben war, entstand ein Inventarverzeichnis des bischöflichen Besitzes. In den ihm gehörenden Schäfereien wurden mehr als 3 500 Schafe gezählt.[6] Die zahlreichen Schafe sind sicher kein Hinweis auf einen erhöhten Fleischkonsum, sondern auf den hohen Wollbedarf und damit auf das in Stadt und Region etablierte Handwerk.

Die Schafzucht blieb lange erhalten. Auch als aus dem bischöflichen Besitz die kurfürstlichen, dann königlichen Ämter Wittstock und Zechlin geworden waren, änderte sich die Bedeutung nicht. So wurden 1747 im Amt Zechlin beispielsweise rund 6 500 Schafe gehalten.[7]

Zur Förderung dieses Wirtschaftszweiges erließen die Kurfürsten, später Könige, zahlreiche Anordnungen. Diese sollten vor allem die Regelmäßigkeit der Materiallieferung an die Tuchproduzenten sicherstellen. Dabei zielten sie auch auf die Herstellung von Wolle, den Handel damit, die Verdienste aus der Tuchproduktion oder Präventionsmaßnahmen zur Gesunderhaltung der Schafe (Ernährung, Medizin etc.) ab.

Aber ein Mangel an Wolle zog sich fast wie ein „roter Faden" durch alle Zeiten des Tuchmacherhandwerkes. Oft gab es nicht genügend, weil der Wollverkauf ins benachbarte Ausland wohl ein besseres Geschäft war. 1581 hatten sich die Berliner Tuchmacher über den Mangel an Wolle beschwert. Dieser Beschwerde schlossen sich 51 märkische Städte an.

Die obrigkeitlichen Festlegungen waren deshalb eindeutig: *„Ferner soll kein Tuchmacher mehr Wolle keuffen als er vorarbeiten kann, auch keine Wolle außer Landes, Sondern was er nicht bedürfftig, seinen Güldebrüdern vorlassen"*, hieß es nicht nur im *„Edict, wie es mit Verkauff der Wolle zu halten sey"* vom Mai 1594.[8] Trotzdem klagten 1595 die fünf Prignitz-Städte nebst Wittstock, dass sie wegen Wollmangels kaum arbeiten könnten. Dadurch sei *„das Tuchmachen gar fast stecken blieben"*.[9]

Sortieren, Reinigen und Waschen sowie Kardieren der Wolle in einem Manufakturbetrieb, um 1750

Die Verarbeitung von Wolle

Die Verarbeitung der Rohwolle war aufwendig: Nach dem Sortieren, Reinigen, Waschen und Auflockern wurde die Wolle kardiert (mit vielzinkigen Bürsten = Karden) oder gekämmt, was weiteren Schmutz entfernte und die Wollfasern für die Weiterverarbeitung in Richtung brachte.

Danach folgte das sogenannte Schmälzen (Ölen). Dies machte die Wolle für das Verspinnen geschmeidig. Spinnerinnen und auch Kinder zwirbelten dann daraus einen langen Faden. Die Qualität der gefertigten Tuche hing in hohem Maße von der Arbeit der Spinnerinnen ab, die den Tuchmachern zuarbeiteten. Die dem großen Wolledikt von 1687 angehängte Schauordnung verfügte sogar, *„die untüchtigen [schlecht arbeitenden] Spinnerinnen aber um das Lohn zu bestraffen"*.[10] Da hier nur Spinnerinnen erwähnt werden, waren wohl die meisten Zuarbeiter weiblich.

Mit Hilfe des Schärrahmens wurde das Spannen der Längsfäden, der sogenannten Kette vorbereitet. Vor der Erfindung dieses Hilfsmittels brauchte man viel Platz, um diese Längsfäden für das Weben auf den Kettbaum

Webstuhl (um 1750), an dem der Weber auf dem Sitzbrett Platz nahm (links), ihm gegenüber der Kettbaum, über den die Längsfäden gespannt werden – Längsfäden (die „Kette") und Querfäden (der „Schuss) werden am Webstuhl gekreuzt und zu einem Gewebe zusammengefügt

aufzuziehen. Da die Häuser der Weber meistens zu klein dafür waren, ging man auf die Straße. Die Bezeichnungen *Kleine Kettenstraße* und *Kettenstraße* in Wittstock sind ein Relikt aus dieser Zeit.

Die einer exakten Anordnung folgenden Längsfäden ermöglichten das Einbringen des sogenannten Schusses, des Querfadens, mit Hilfe des „Schiffchens" im rechten Winkel zur Kette. Mit der Erfindung des („fliegenden") Weberschiffchens 1733 konnte die (Schuss-) Leistung verdoppelt werden.

Weber-Schiffchen

Nach dem Weben kam das Tuch in die Walke, damit die Fäden miteinander verfilzten und so das Gewebe verdichteten. Zunächst wurden die Tuche unter fließendem Wasser mit den Füßen gestampft. Mit der Erfindung der Walkmühlen entfiel dieser Kräfte zehrende Arbeitsschritt. Das Walken übernahmen nun schwere Holzhämmer, die durch eine vom Wasserrad betriebene Welle betätigt wurden.

Danach wurden die Tuche auf die Rahmen gespannt und auf den Stadtwällen getrocknet. Es existierte daher lange Zeit auch die Bezeichnung „Rahmenwall" für einen Teil der Wittstocker Wallanlagen (Bereich Gröpertor bis zur ehemaligen Post).

Die wahrscheinlich erste Wittstocker Walkmühle, die *„Fullerei"*, wurde 1523 erstmals erwähnt. Wilhelm Polthier vermutete ihre Lage unterhalb der Röbeler Mahlmühle beim Dos-

Walkmühle der Tuchmacherinnung in Walkmühle (bei Dranse), um 1955. Im Innern des Gebäudes trieb die Achse des Wasserrades die daran befestigten Hämmer an und das Tuch wurde gewalkt

Tuchrauer, um 1425 (links) und Ballenbinder, um 1534 (rechts), Hausbücher der Mendelschen Zwölfbrüderstiftung Nürnberg

searm am Wittstocker Werder (Zugang zur Werderstraße).[11] Die Kämmerei-Walkmühle in der Heide existierte – wohl seit dem 16. Jahrhundert – (beim heutigen Alt Daber), bis

Tuchschere (Zittau) zum Abziehen der Tuche, 16./17. Jahrhundert – Die Handhabung der Schere erforderte einiges Geschick, denn sie war groß (hier ca. 1,40 m x 0,52 m, Scherblätter 0,25 m breit) und schwer (17,6 kg)

Tuchscherer bei der Arbeit, Radierung von Jan Joris van Vliet (* um 1610 – ?)

zur Umwandlung in eine Papiermühle nach 1787.

1667 schloss das Wittstocker Tuchmacher-Gewerk mit der Besitzerin des Amtes Goldbeck, Frau von Burgstorf, einen Erbpachtvertrag über die Nutzung der 1664 angelegten Walkmühle am Splitterbach. 1699 nahm die Gilde erneut eine bereits bestehende Walkmühle am „*Brusebach*" bei Dossow hinzu. Eine eigene Walkmühle errichtete die Gilde 1705 in der gleichnamigen Siedlung bei Dranse (= Walkmühle).[12]

Das Walken von Tuchen und Zeug war eigentlich speziell ausgebildeten Walkmüllern vorbehalten. Die Wittstocker Tuchmacher hatten aber aus ihren eigenen Reihen Tuchmacher für den Betrieb der Walkmühlen eingesetzt und waren – einem Bericht von 1763 entsprechend – damit zufrieden.

An das Walken erinnert nicht nur „Walkmühle", sondern in Wittstock auch die Walkstraße zwischen den beiden einstigen Tuchfabriken Paul und Wegener, die aber erst um 1900 angelegt wurde.

Kämme halfen beim Aufrauen des Tuches. Die aufragenden Fasern wurden dann vom Tuchscherermeister mit einer Spezialschere geschoren. Die Tuchscherer gehörten in der Regel nicht in den Fertigungsprozess der Tuchmacher, sondern waren oft bei einem Tuchhändler angestellt, für den sie die Tuche verfeinerten.

1697 gründeten die sechs Wittstocker Tuchscherer eine eigene Gilde. Innerhalb dieser

Alte Wittstocker Tuchplombe, Fundort Greifswald – Auf der Rückseite (rechte Abbildung) sind der brandenburgische Adler und die Ziffern 2 und 4 erkennbar

Wittstocker Tuchplombe, Fundort Lübeck – Auf der Rückseite (rechte Abbildung) sind Fragmente eines Namens erkennbar

wurde noch zwischen Tuchscherermeister und Tuchscherenschleifermeister unterschieden. Mancher Meister übernahm beides.

Erst wenn das Tuch gefärbt, wieder getrocknet und zum Schluss mit dem Namen gekennzeichnet worden war, stand es zum Verkauf bereit.

„Auf denen Bleylothen muß der Stadt Nahmen, wo das Tuch gemachet, deutlich zu sehen seyn. [...] *Die Tuchmacher sollen gehalten seyn,*

Jüngere Wittstocker Tuchplombe mit dem Namen des Tuchfabrikanten Ludwig Schultz, Fundort Stralsund, und wohl der Nummer des produzierten Tuches (entspr. 1860er Jahre – siehe dazu Übersicht S. 26)

an jedem Ende des Tuches ihren Nahmen einzuweben, [...] und das Bleyzeichen forn heraushängen zu lassen."[13] Tuchplomben galten wohl vor allem als Herkunftsnachweis.

Die Fundorte der sogenannten Bleizeichen geben wichtige Hinweise auf die Handelsbeziehungen. Bisher liegen Fundhinweise für Wittstock vor allem aus dem Ostseeraum vor, so aus Greifswald, Lübeck und Stralsund, von der ehemaligen Fährbastion. Bei letztgenanntem Fundort kann man davon ausgehen, dass Wittstocker Tuche von dort auch nach Skandinavien verschifft wurden.[14] Belege kommen außerdem aus Neubrandenburg, Perleberg und auch von Feldern und Wiesen der Wittstocker Umgebung. Wenn die Bauern nach einem Markttag die Stadt wieder verließen, wurden ihre Fuhrwerke mit dem Abfall aus der Stadt beladen und auf die Äcker gekippt, darunter wohl auch Tuchplomben.

Besonders eng waren die Handelsbeziehungen nach Lübeck: Als ein Blitzschlag am 18. März 1698 den Kirchturm der St. Marienkirche schwer beschädigte, war es die Lübecker Kaufmannschaft, die der Stadt die für die Dacheindeckung notwendigen 300 Zentner Kupfer schenkte.[15]

In einem 1743 erstellten Firmenverzeichnis wurde das Angebot der Lübecker Kauf- und Handelsleute *von der Hardt & Ausborn* wie folgt beschrieben: *„handeln mit allerhand Sorten Lacken [Laken = niederländisch für Tuche], als Englischen, Holländischen, Aachener und Wittstocker".*[16] In Lübeck genossen die Wittstocker Tuchmacher – wie alle märkischen Kaufleute – auch bis in die Neuzeit Zollfreiheit.

Wittstocker Tuche sollen verstärkt auch nach Hamburg, Lüneburg, Rostock und Wismar verkauft worden sein.[17] Von den insgesamt 21 Kaufleuten in Wittstock handelten neun ausschließlich mit Tuchen.[18]

Für die Produktion von Tuchen wurde sehr viel Wasser gebraucht. Sei es, um die Wolle vor der Verarbeitung zu waschen, sie zu färben und dann die überschüssigen Farbpartikel herauszuspülen. Und letztlich war auch das Walken der Tuche vom Wasser abhängig.

Die vielen Tuchmacher und Färber arbeiteten zunächst alle in der Innenstadt. Per Edikt war den Wollverkäufern verordnet, die Wolle gewaschen und getrocknet in den Verkauf zu bringen. Ob sie wirklich gut gereinigt bei den Tuchmachern ankam, ist nicht bekannt, ebenso wenig, ob die Tuchmacher ihren Wasserbedarf damals mit den Flüssen Dosse oder Glinze deckten oder Hausbrunnen nutzten.

Die Verarbeitung von Leinen

Lein, auch Flachs, ist einjährig, ca. 80–120 cm hoch und eine der ältesten Kulturpflanzen, die schon vor ca. 3 000 Jahren in Ägypten zur Leinenherstellung angebaut und verarbeitet wurde. Im Frühjahr wurde gesät und nach ca. 100 Tagen die Pflanze mit der Wurzel herausgezogen („gerauft"), sodann in Bündeln kreuzweise für ca. vier Wochen auf einem Pflock Richtung Süden zum Nachreifen aufgestellt.

(1) Mit dem Reep(eisen), einem Kamm mit Metallzinken, mussten die Samenkapseln entfernt werden, wobei der Flachs immer wieder durch die Metallzinken gezogen wurde. (Ein Teil der Kapseln diente wieder zur Saat, der Rest zur Gewinnung von Leinöl.)

(2) Danach kamen die Halme in lockeren Bündeln aufs Feld oder in Gruben und wurden der Witterung ausgesetzt (Nässe, Kälte, Trockenheit und Wärme = „Röten" oder „Rotte"), um die Halme brüchig zu machen. Vor Wintereinbruch mussten die Bündel wieder zum Trocknen ins Gebäude.

(3) Mit der Brake (= Breche) brach man die Halme. So kamen die Fasern zum Vorschein.

(4) Am Schwingbock entfernte man die holzigen Teile der Flachspflanze, so dass die Faser vollständig freigelegt wurde.

Spinnrad (links) und Haspel (Zeichnung: Annlie Zimmermann, 1960er Jahre)

(5) Beim anschließenden Hecheln „kämmte" man die gebrochenen Halme immer wieder durch kleinere Metallzinken, bis die Faser „sauber" von anderen Teilen isoliert war. Außerdem wurden die Fasern dabei geglättet. Bei diesem Arbeitsschritt entstand das sogenannte Werg. Kurze und lange Fasern wurden getrennt gelegt. Aus den kurzen Fasern entstand das feine Leinen, aus den langen Fasern groberes Leinen.

Sogenannte Flachsstrecke in den Kreismuseen Alte Bischofsburg, Mitte: Reepeisen (1), rechts: Brake (3), links: Schwingbock (4)

(6) Die Fasern wurden zu einem Zopf geschlungen und eventuell in eine Lauge gelegt, was sie heller und sauberer machte. Den Zopf steckte man nun auf eine Spule. Zur weiteren Verarbeitung – um nun endlich Leinengarn zu erhalten – mussten die Frauen mühselig die Fasern auf dem Spinnrad spinnen.
Um festeres Garn zu erhalten, nahm man zwei gesponnene Fäden und drehte sie mit Hilfe des Haspelrades (Garnwinde) zu einem reißfesten Faden. Sich verhaspeln, sprichwörtlich für sich versprechen oder verzählen, stammt von diesem Arbeitsschritt.

(7) Diese Fäden wurden nun von den Weberinnen zu Leinen gewebt. Dafür musste – ebenso wie bei der Wollverarbeitung – der

EDICT.

Daß kein

Flachs noch Hanf

In

Flüssen oder anderen frischen Wassern,

Sondern derselbe

Auf vorgeschriebene Art geröthet werden soll.

Sub Dato Berlin/ den 23. Februarii 1733.

BERLIN,

Gedruckt bey dem Königl. Preußischen Hof-Buchdrucker, Daniel Andreas Rüdiger.

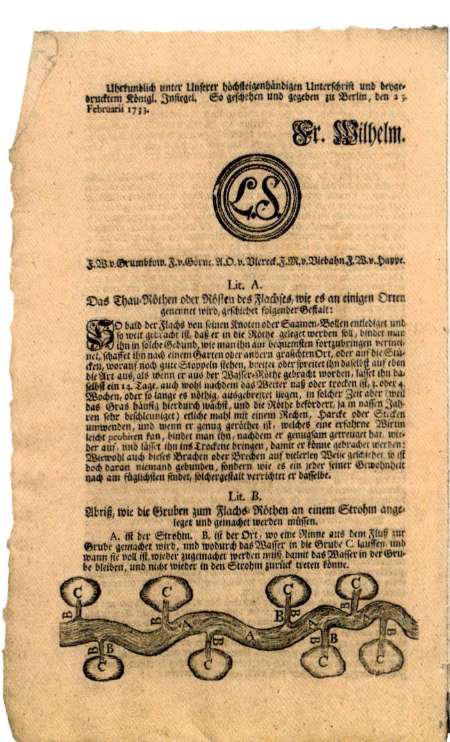

Uhrkundlich unter Unserer höchsteigenhändigen Unterschrift und beygedrucktem Königl. Insiegel. So geschehen und gegeben zu Berlin, den 23. Februarii 1733.

Fr. Wilhelm.

L. S.

F.W.v.Grumbkow. F.v.Görne. A.O.v.Viereck. F.M.v.Viebahn. F.W.v.Happe.

Lit. A.

Das Thau-Röthen oder Rösten des Flachses, wie es an einigen Orten genennet wird, geschiehet folgender Gestalt:

So bald der Flachs von seinen Knoten oder Saamen-Bollen entlediget und so weit gebracht ist, daß er in die Röthe geleget werden soll, bindet man ihn in solche Gebund, wie man ihn am bequemsten fortzubringen vermeinet, schaffet ihn nach einem Garten oder andern grasichten Ort, oder auf die Stücken, worauf noch gute Stoppeln stehen, breitet oder spreitet ihn daselbst auf eben die Art aus, als wenn er aus der Wasser-Röthe gebracht worden, lässet ihn daselbst ein 14. Tage, auch wohl nachdem das Wetter naß oder trocken ist, 3. oder 4. Wochen, oder so lange es nöthig, ausgebreitet liegen, in solcher Zeit aber (weil das Gras häufig hierdurch wächst, und die Röthe befördert, ja in nassen Jahren sehr beschleuniget) etliche mahl mit einem Rechen, Harcke oder Stecken umwenden, und wenn er genug geröthet ist, welches eine erfahrne Wirtin leicht probiren kan, bindet man ihn, nachdem er genugsam getreuget hat, wieder auf, und lässet ihn ins Trockene bringen, damit er könne gebrachet werden: Wiewohl auch dieses Brachen oder Brechen auf vielerley Weise geschiehet, so ist doch daran niemand gebunden, sondern wie es ein jeder seiner Gewohnheit nach am füglichsten findet, solchergestalt verrichtet er dasselbe.

Lit. B.

Abriß, wie die Gruben zum Flachs-Röthen an einem Strohm angeleget und gemachet werden müssen.

A. ist der Strohm. B. ist der Ort, wo eine Rinne aus dem Fluß zur Grube gemachet wird, und wodurch das Wasser in die Grube C. lauffen, und wann sie voll ist, wieder zugemachet werden muß, damit das Wasser in der Grube bleiben, und nicht wieder in den Strohm zurück treten könne.

Auszug aus einem königlichen Edikt zur Flachs-Röt(h)e von 1733, dass Wasserverschmutzung schon zu dieser Zeit verhindern sollte – Die Skizze des Wasserlaufes (rechts) zeigt die gewünschte Anlegung der Röte-Gruben (C), die das Wasser stark verunreinigen würden, wenn sie direkt im Flüsschen angelegt wären. Aus diesem Grund war es u. a. um 1740 zwischen den Wittstocker Tuchmachern und dem Pächter der Fischereirechte am Dranser See zu Auseinandersetzungen gekommen.

Webstuhl eingerichtet werden, so dass Längsfäden (die „Kette") und Querfäden (der „Schuss) ein Gewebe bildeten.

Leinen hat nach der Bearbeitung von Natur aus eine hellbeige Farbe. Um nun ein strahlendes Weiß zu bekommen, legten die Frauen das Leinen nach dem Waschen nass auf Wiesen und ließen es durch die Sonne bleichen. Der „Bleichwall" erinnert in Wittstock an diesen Vorgang.

1691/1715 musste eine in Wittstock gefertigte Leinwand laut Privileg sieben Ellen (ca. 4,7 m) lang sein.[19] Immer wieder kam es auch zu Auseinandersetzungen zwischen Wollwebern und Leinenwebern. Dabei ging es darum, dass ausschließlich den Wollwebern die Verarbeitung der Wolle zustehen sollte, damit keine Mischgewebe entstehen.

Die Verarbeitung der Naturprodukte hatte einen hohen Stellenwert. 1753 waren die (Amts)Bauern von Herzsprung (bei Wittstock) beispielsweise ihrem Dienstherrn von Kauffung pro Jahr außer den Hofdiensten je einen Tag Schafe waschen und Schafe „schneiden" (Schur), zwei Tage Flachs wirken, je einen Tag Flachs pflücken, „braken" und „schwingen" schuldig (= 7 Tage Arbeit).[20] Besonders in den Amtsdörfern waren die Bauern verpflichtet, Spinnarbeiten abzugeben. In vielen Dörfern gab es für das gemeinsame Arbeiten sogenannte Spinnstuben, wo sich

Es sind mir von verschiedenen Seiten Klagen über das in einzelnen Ortschaften des platten Landes stattfindende Spinnstuben-Unwesen zugegangen.

Behufs Abstellung desselben sehe ich mich veranlaßt, die Bestimmungen der Circular-Verfügungen der Königl. Regierung vom 27. März 1810 und 15. März 1811 zur öffentlichen Kenntniß zu bringen, wonach, um die sogenannten Spinnstuben nicht gänzlich verbieten zu müssen, wenigstens die polizeiliche Aufsicht dahin gerichtet werden soll, daß keine junge Männer zu den Spinnstuben der Mädchen zugelassen, auch davon die noch nicht confirmirten Mädchen ausgeschlossen werden, und daß die zusammen gekommenen Mädchen spätestens um 9 Uhr Abends auseinander gehen.

Für die pünktliche Ausführung dieser Anordnungen mache ich besonders die Dorfschulzen bei Strafe verantwortlich. Dieselben haben gegen diejenigen, welche ihren Anordnungen die gebührende Folgeleistung verweigern, unnachsichtlig Geldstrafen bis zu Einem Thaler als Executionsmittel, nach vorgängiger Androhung festzusetzen und nöthigenfalls zwangsweise einzuziehen.

Auch werden die Schulzen darüber zu wachen haben, daß bei der Rückkehr der Mädchen aus den Spinngesellschaften auf der Dorfstraße kein ruhestörender Lärm oder grober Unfug verübt wird. Diejenigen, welche sich des einen oder des andern schuldig machen, sind den Polizeibrigkeiten zur Bestrafung auf Grund des § 340 Nr. 9 des Strafgesetzbuches anzuzeigen.

Neben den Schulzen haben aber auch die Gensdarmen auf ihren nächtigen Patrouillen die Befolgung der in Betreff des Spinnstuben-Wesens bestehenden Vorschriften zu controlliren.

Kyritz, den 31. October 1859.

Königlicher Landrath.
Persius.

Auch im Landkreis Ostprignitz wachte Landrat Paul Persius über die Spinnstuben. „Kreisblatt für die Ostprignitz" vom 31. Oktober 1859

auch die Jugend des Ortes traf. Oft galten die Spinnstuben als Orte der Unmoral, denn die jungen Menschen waren dort schlecht zu kontrollieren.

Schon um 1900 ging die Schafzucht in der Region zurück, weil Wolle aus anderen Regionen billiger und in anderer Qualität zu beschaffen war. Und auch Flachs wird in der Wittstocker Region meistens nur noch für Vorführungen des historischen Handwerks im Rahmen musealer Projekt angebaut.

Das Tuchmacher-Gewerk im 17. und 18. Jahrhundert

Für alle von Truppendurchzügen betroffenen Regionen waren die Auswirkungen des Dreißigjährigen Krieges dramatisch. Die Truppen forderten immer wieder Kontributionen, belagerten oder uberfielen und zerstörten so die Infrastruktur. Insbesondere der Norden Brandenburgs war eine von den stark betroffenen Regionen.

Schon kurz nach der Schlacht von Wittstock im Jahr 1636 wurde die Schäferei am Bohnenkamp, die zum Amt Wittstock gehörte, durch schwedische Truppen vollkommen zerstört. Die Schafe waren sicher zuvor von irgendwelchen Truppen requiriert worden.

Als dieser Krieg bereits 20 Jahre im Gange war, traf die Stadt ein Unglück von ungewöhnlichem Ausmaß, die Pest. Innerhalb weniger Monate verstarben 1638 fast 1 600 Bewohner und Flüchtlinge (von etwa 2 000–2 200 Einwohnern). Bestattungen fanden in Massengräbern statt. Mehr als die Hälfte der fast 1 600 „Begrabenen" konnte nicht mit Namen registriert werden.

Auch das Tuchmachergewerk hatte empfindliche Verluste erlitten. Ganze Familien starben aus, darunter die des Tuchmachers Simon Böldicke. Im Juli 1638 erlagen innerhalb von neun Tage fünf Familienmitglieder der tödlichen Krankheit. Den Tuchmacher Heinrich Wulf bestattete man mit Frau und Kind im August 1638 im selben Grab. Ein weiteres Kind folgte wenige Tage danach. Sie sind nicht die einzigen Beispiele, die sich trotz der vielen Namenlosen nachweisen lassen. Von den 119 im Kirchenbuch namentlich und mit Beruf erfassten männlichen Toten waren 27 Tuchmachermeister bzw. -gesellen.

Wenige Wochen nach dem förmlichen Waffenstillstand zwischen Schweden und Brandenburg im Juli 1641 wandten sich *„Semptlich vnd wenige* [Wittstocker] *Bürger noch daselbsten"* mit der Bitte um Verringerung der Abgaben an den Kurfürsten, denn durch die vielen Verstorbenen und Geflüchteten fehlten die Einwohner. Der Kurfürst reagierte schnell, da es sich wohl um ein generelles Problem in Brandenburg handelte. Schon wenige Tage später ordnete er an, dass alle sich außerhalb Wittstocks aufhaltenden Bürger und Ratsverwandten in die Stadt zurückkehren sollten.[21]

Nach dem Dreißigjährigen Krieg wurden den brandenburgischen Tuchmachern technische Rückständigkeit, geringe Kaufkraft und geschäftliche Ungewandtheit bescheinigt. Noch 1687 ließ die Wittstocker Gilde ihren Mitgliedern beim Einkauf der Wolle nicht freie Hand, sondern band sie an eine Taxe. Das führte dazu, dass keine Preisverhandlungen zur Minderung des Einkaufspreises stattfinden konnten. Gewerbereformen sollten einige der überlebten Privilegien und Gewerbebeschränkungen aufheben.

Da die Tuchmacher – neben Bierbrauerei sowie Leder- und Schuhherstellung – eine über die Region hinausgehende Bedeutung hatten und auch für den Export arbeiteten, war das Gewerk auch immer wieder Gegenstand obrigkeitlicher Anordnungen.[22] Um das fast zum Erliegen gekommene Tuchmachergewerk wieder neu zu beleben, wurden unter anderem niederländische Tuchmacher auf Geheiß von Kurfürst Johann Georg in der Mark angesiedelt, auch in Wittstock. Zur Stärkung der landeseigenen Produktion untersagte ein kurfürstliches Edikt – wieder einmal – die Ausfuhr des Rohmaterials Wolle.

An den Grenzen durften die Zöllner ohne Passierschein keine Wolle mehr außer Landes lassen. Die dann folgenden Edikte räumten nun auch Vergünstigungen für die einheimische Tuchproduktion ein, so beispielsweise das Verbot, *„in anderen Provintzen fabricirte Tüchern"* nach Brandenburg einzuführen.

Mit dem großen Wollmanufaktur-Edikt vom März 1687 und der dazugehörigen Schau-Ordnung galten allgemeingültige Grundsätze für die Tuchmacher der Mark. Insbesondere die Schau-Ordnung formulierte klare Qualitätsvorgaben für die gefertigten Tuche, wie die Gleichmäßigkeit der Fäden und Gewebe, Länge und Breite der Tuche entsprechend der Siegelung und vieles andere. Aus diesem Grund war im Sommer 1697 ein kurfürstlicher Beauftragter durch die Altmärker und Prignitzer Tuchmacherstädte Salzwedel, Stendal und Tangermünde sowie Perleberg, Pritzwalk und Wittstock unterwegs, um die Umsetzung der Schauordnung zu kontrollieren. Der Wittstocker Bürgermeister Göring, gleichzeitig Akzisedirektor, wurde dabei für seine Kontrolle der Schauordnung lobend erwähnt.[23]

Auch die Besichtigung der Arbeitsinstrumente sollte einmal jährlich durch die Gilde vorgenommen werden. Die Umsetzung dieser Qualitätsvorgaben oblag dem Gewerk. So *„sollen in jeder Stadt, wo ein Gewerck der Tuchmacher stehet, zwey ehrliche und wohlberuffene Meister aus deren Mitteln zu Schauern [Tuchschaumeister] bestellet werden."*[24]

1689 wurde Wittstock bereits als wichtige Tuchmacherstadt (neben beispielsweise Potsdam, Brandenburg, Ruppin, Stendal, Salzwedel, Tangermünde, Perleberg, Pritzwalk, Frankfurt, Cottbus, Magdeburg, Halle u.a.) genannt.

In der Mark entstand vergleichsweise grobe Wolle. So war man schon mit der Qualität des Ausgangsmaterials eigentlich nicht zufrieden. Feine Gewebe, die mit der ausländischen Konkurrenz mithielten, konnten so wohl nicht entstehen. Deshalb führte man Schafe aus der schottisch-englischen Grenzregion (Cheviots) oder Spanien (Merinos) ein und verfeinerte zudem die Verarbeitungsverfahren.

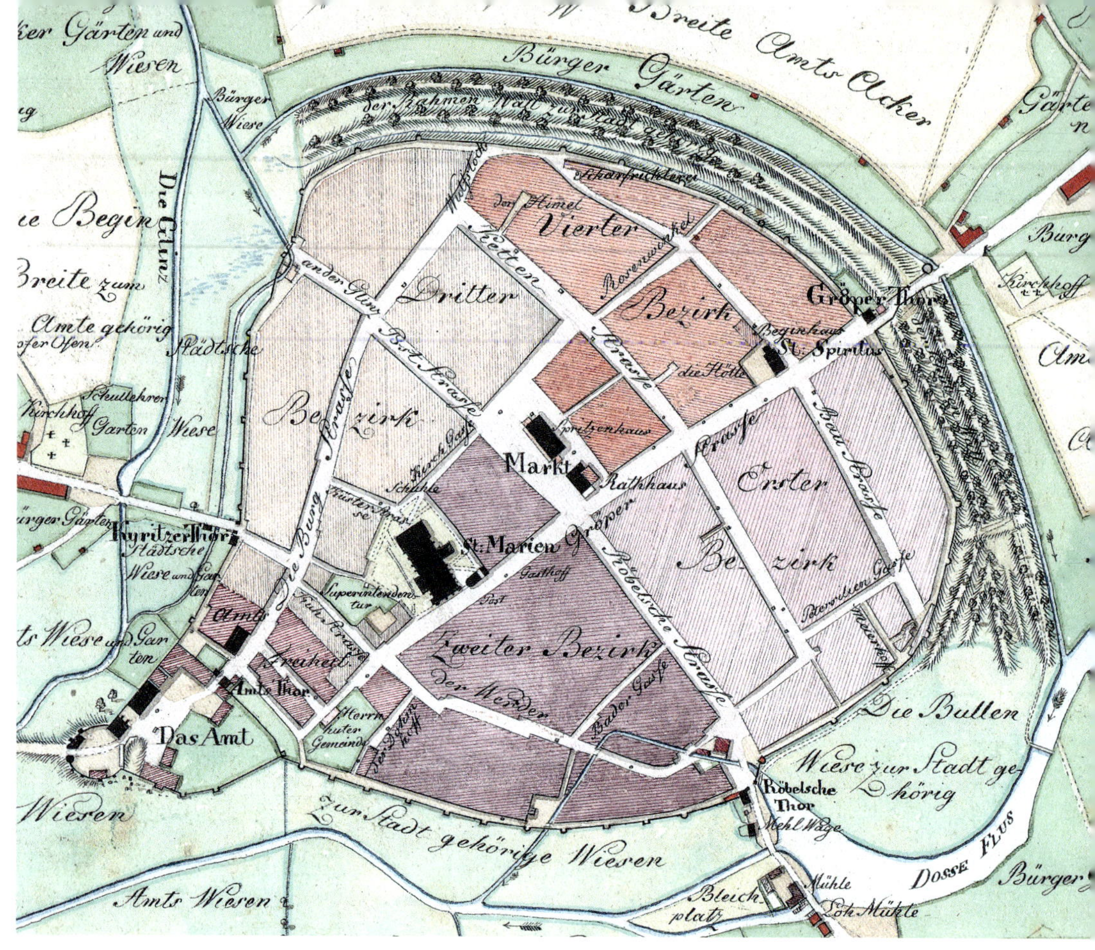

„Plan von der Stadt Wittstock" des Landmessers Johann Ludwig Hasse (der ebenfalls mit der Kaufmannsfamilie Dänicke/Wegener verwandt war) von 1811, aufgeteilt in die vier „Bezirke"
Oberhalb des „Vierten Bezirkes" findet sich der Rahmenwall, unterhalb des „Röbeler Thores" ist links von der Straße zwischen den beiden Armen der Dosse der „Bleichplatz" zu sehen, nach dem wohl der „Bleichwall" später seinen Namen bekam, heute die Bezeichnung für die Fläche direkt über dem „Bleichplatz" von damals.

Verteilung der mit der Tuchproduktion beschäftigten Handwerksmeister auf die Stadtviertel, nach Kopfsteuerregister 1697[25]

- I. 26 Tuchmacher, 19 Gesellen, kein Leinweber, 2 Tuchscherer
- II. 20 Tuchmacher, 15 Gesellen, 1 Leinweber, 1 Tuchscherer
- III. 30 Tuchmacher, 17 Gesellen, 1 Leinweber, 1 Tuchscherer
- IV. 34 Tuchmacher, 15 Gesellen, 4 Leinweber, 2 Tuchscherer, 1 Tuchscherenschleifer

Insgesamt wurden im Kopfsteuerregister – bei etwa 2 200 Einwohnern – 110 Tuchmacher- und sechs Tuchscherermeister erfasst, außerdem explizit sechs Leinweber. Man kann davon ausgehen, dass die 110 Tuchmacher wohl vorwiegend Wolle verarbeiteten. Außerdem wurden im Kopfsteuerregister noch 3 Färber genannt, 1832 waren es bereits 7.[26] Die Tuchmacher-Gilde besaß eine eigene Färberei mit Färberkessel, die sie gemeinsam nutzen konnte und für deren Instandhaltung die Mitglieder der Gilde aufkamen.[27]

Im 2. Stadtviertel sind unter den 20 Tuchmachern auch zwei Witwen genannt, die den Betrieb offensichtlich fortführten. Im 4. Viertel betrieben eine Witwe die Leinweberei und eine andere die Tuchschererei. Dabei arbeiteten zwei der genannten Frauen mit einem Gesellen, die anderen offensichtlich ohne.

Generell verteilten sich die Tuchmacher 1697 über das gesamte Stadtgebiet. Im 4. Stadtbezirk – obwohl kleiner als die anderen – waren die meisten Tuchmacher ansässig, allerdings auch prozentual mit einem geringeren Anteil an Hilfen, wie Gesellen. Tuchmacher lassen sich vor allem in den längeren Straßen Ketten-, Werder-, Burg- und Baustraße nachweisen. Ihre Arbeit wurde unterstützt von 66 Gesellen, 19 Lehrjungen und 28 *Spinstern* (Spinnerinnen). Der Tuchmachermeister Hans Wernicke in der Röbelschen Straße (heute: Königstraße) beschäftigte sogar drei Gesellen. Baltzer Barck in der Kettenstraße hatte zwei Gesellen und drei Lehrjungen.[28] Hinzu kamen sicher die mithelfende Ehefrau und Kinder. Um den Materialbedarf eines Webers zu decken, bedurfte es etwa drei bis vier Spinnerinnen, d. h. wahrscheinlich kam weiteres Garn von separat beschäftigten Spinnerinnen oder Kindern aus den (Amts-)Dörfern der Region.

Auf Militärtuche spezialisiert

Um das Jahr 1705 sollen der Überlieferung nach schon etwa 150 Tuchmachermeister in Wittstock gelebt haben.

Das Problem des Materialmangels blieb, vor allem verursacht durch Verkäufe der einheimischen Wolle ins Ausland. So beschwerte sich die Wittstocker Tuchmacher-Gilde 1701 darüber, dass sie eine „*nach dem Lüneburgischen*" vereinbarte Lieferung über 200 Stück Tuche nicht anfertigen konnte, außerdem eine weitere über 300 Stück Tuche gar nicht hätte entgegennehmen können, weil Kaufleute aus Kyritz, Havelberg und Pritzwalk die gesamte Wolle im Land aufgekauft und ausgeführt hätten. Daraufhin wurde der zuständige Prignitzer Kriegs- und Steuerrat von Klinggräff beauftragt, die Kaufleute zu zwingen, zuerst die heimischen Tuchmacher zu beliefern und ihnen erst dann die Ausführung der Wolle zu gestatten.[29]

Im Juli 1713 sah sich König Friedrich Wilhelm I. endgültig zu härterem Durchgreifen gezwungen, *Confiscation der Wolle, Pferde und Wagen, auch überdem „[...] daß bey schwerer Geld- oder dem Befinden nach, bey Leib- und Lebens-Strafe, keine Einheimische Wolle zum Verkauf außer Landes geführt werden soll.*"[30] Im selben Jahr arbeiteten märkische Wollmanufakturen – in Brandenburg, Stendal, Salzwedel, Ruppin und auch in Wittstock – mit gutem Ruf für den auswärtigen Markt. Wittstock beherrschte in vielen mecklenburgischen Orten den Wollwarenmarkt.

Mehrere Edikte künden davon, dass auch die Vermarktung der gefertigten Tuche nicht dem Zufall überlassen und zeitlich auf die großen, etablierten Märkte abgestimmt wurde. Das oben genannte Edikt von 1713 ging sogar so weit, dass es den märkischen – auch den Wittstocker – Tuchmachern und -händlern die Teilnahme an den Märkten, vor allem auch an den althergebrachten Heermessen in Magdeburg, ausdrücklich auferlegte. Bei Abwesenheit verlangte man sogar ein Attest dafür: „*Auf diese Märckte sollen die Tuchmacher und Tuch-Händler aus unseren Landen und Städten, woselbst Tücher gemacht werden, insonderheit von Züllichau, Crossen, Cottbus, Drossen, Reppen, Zielentzig, Franckfurth, Sonnenburg, Sommerfeldt, Cüstrin, Landsberg, Soldin, Brandenburg, Ruppin, Perleberg, Tangermünde, Stendal, Salzwedel, Pritzwalde [Pritzwalk], Havelberg, Wittstock und Burg sich jedesmahl anfinden, oder wann sie ausbleiben von dem Steuer-Einnahmer ihrer Wohnung ein beglaubtes Zeugniß [!] was dessen eigentliche Ursache sey beijbringen,* [. . .]."[31] Diese Messen waren jeweils unmittelbar an die wichtigen Leipziger Messen „*auf Jubilate und Michaelis*" (April/Mai = Frühjahr und Ende September/Anfang Oktober = Herbst) gekoppelt.

Der Aufstieg Brandenburg-Preußens zur Militärmacht beeinflusste die Entwicklung des Tuchmacherhandwerks in Wittstock. Becmann berichtete in seiner *Beschreibung der Chur- und Mark Brandenburg*, dass um 1730 bereits an die 200 Tuchmachermeister in Wittstock arbeiteten. Sie würden monatlich 600 Stück Tuche schaffen.[32]

Insbesondere in Kriegszeiten gab es sicher eine große Nachfrage nach Tuchen aus Wittstock. Aber 1754, mitten in einem Frieden, war der Absatz so geschrumpft, dass acht Meister der Stadt den Rücken kehrten und sich in Potsdam bei einem Fabrikanten abhängig beschäftigen ließen. Den verbliebenen Meistern und ihren Familien drohte der Hungertod. Dies änderte sich kurze Zeit später mit dem Siebenjährigen Krieg (1756–1763). 1761 war die Nachfrage nach Wollstoffen offensichtlich schon wieder so groß, dass die Wittstocker Walkmüller verpflichtet worden sein sollen, nur noch für den Militärbedarf zu arbeiten. Damit schloss man die Bauern aus, die – vorgeblich für den Eigenbedarf – unerlaubt ebenfalls Tücher für den Verkauf auf den Märkten produzierten und so zur Konkurrenz wurden.

Zur Stabilisierung und Unterstützung vor allem mittelloser Tuchmacher bei der Wollebeschaffung ließ der König letztlich in Wittstock ein Wollmagazin errichten.[33] Allerdings verursachte das eine Abhängigkeit, denn die ärmeren Tuchmacher mussten später die auf Kredit übernommene Wolle mit fertigen Tuchen bezahlen. Oft hatten sie jedoch schon vorher aufgegeben. Als *Königliches Wollmagazin*, das mindestens von 1757 bis wahrscheinlich 1806 existierte[34], könnte die große Scheune mitten auf dem Amtshof des Amtes Wittstock genutzt worden sein.

Zum Teil fand nun eine Umorientierung im Broterwerb statt: Ackerbürger, die zuvor wahrscheinlich die Weberei im Nebenerwerb betrieben hatten, wurden Tuchmacher. In Wittstock waren es beispielsweise Mitglieder der Familie Loycke, die im 18. Jahrhundert ihren Nebenerwerb zur Haupttätigkeit machten.

1790 arbeiteten in Wittstock 176 Tuchmachermeister an 190 Stühlen (insgesamt 279 Arbeiter, einschließlich sieben Hutmachern).[35] Sie fertigten vorwiegend blaues Tuch, Friese und Flanelle, ab etwa 1814 auch graumeliertes Hosen- und Manteltuch.[36]

Die erste vertragsmäßige größere Lieferung an das *Königliche Lagerhaus* in Berlin, durchgeführt von den Tuchmachern Samuel Struensee und Christian Schultz auf eigene Rechnung, erfolgte 1792. Struensee gab das Tuchmachen auf und arbeitete später wohl ausschließlich als Tuchlieferant. Ab 1799 übernahm das ganze Tuchmacher-Gewerk vertraglich vereinbarte Lieferungen an die Militärbehörden.

Die Qualität der Tuche und eine kontinuierliche Produktion waren sehr von der sorgfältigen und regelmäßigen Garnproduktion durch Spinnerinnen abhängig. Daher hatte die Landarmenverordnung vom 16. Juni 1791 auch das Spinnen in den Arbeitshäusern als sinnvoll und für die Erziehung zur Arbeit für die vermeintlich Arbeitsscheuen „erkannt". Als im November 1793 das Landarmen- und Invalidenhaus bei Wittstock eröffnet wurde, gehörten zur Ausstattung auch ein kleiner und ein etwa 350 qm großer Spinnsaal mit Wollmagazin.[37] Mit dem Spinnen sollten die arbeitsfähigen Insassen zumindest einen Teil der Kosten ihrer Versorgung und Unterbringung selbst verdienen.

Quasi mit dem ersten Tag der Existenz des Landarmenhauses galt für die Insassen die Verpflichtung, Spinnleistungen zu erbringen. Unter den zum Spinnen Herangezogenen befanden sich auch Kinder ab dem achten Lebensjahr, die bessere Ergebnisse brachten als mancher Erwachsener.

Die Anstalt belieferte von da an die Wittstocker Tuchmacher. Bis zum Beginn der Napoleonischen Kriege funktionierte das sicher relativ gut. Dann reduzierten die Verkleinerung der Armee 1806 und das Ende der Napoleonischen Kriege 1815 die Absatzmöglichkeiten der hiesigen Tuchmacher wieder einmal.

Landarmen- und Invalidenhaus Wittstock (später u. a. auch als Brandenburgische Landespflegeanstalt weitergeführt), um 1900

Überlieferte Liste der Ergebnisse des Spinnens im Wittstocker Landarmenhaus in der Woche vom 16. bis 22. November 1793, als 123 Pfund (60,5 kg) grobes und feines Handgarn gesponnen wurden (Alter der Spinner: 8–77 Jahre).

	Alter	Soll in Pfund	Gesponnen in Pfund
Mädchen	12	9	9
Mädchen	13	9	9
Frau	29	12	13 ½
Frau	58	12	14
Mann	40	9	9
Mann	72	6	2 (war zwischend. 4 Tage auf dem Lazarett)
Frau	60	6	6 (4 Tage gesponnen, ist alt und trüb)
Frau	52	12	11 (hat geschwollene Füße)
Mann (Vater)	30	12	12
Junge (Sohn des Vorigen)	12	6	5 (geht in die Schule)
Mädchen (Schwester d. V.)	8	6	5 (geht gleichfalls zur Schule)
Frau	44	12	9
Mann	30	6	3 hat geschwollene Knochen
Mann	36	6	5 kam erst am 18.11.
Mann	62	6	2 lernt noch
Mann	32	6	3 kam erst am 18.11.
Junge	8	6	2 konnte nur 4 Tage spinnen
Mann	45	6	2 hat nur 3 Tage gesponnen
Mann	77	6	1 hat nur 2 Tage gesponnen
Mann	52	6	1 hat nur 2 Tage gesponnen[38]

Der Wandel

Mit der Industrialisierung hielten grundlegende technische Veränderungen Einzug in die Tuchfertigung. Während jahrhundertelang in mühseliger Handarbeit am Spinnrad ein Faden gedreht werden musste, kamen jetzt Spinnmaschinen auf, sogenannte Spinning Mules, die gleich mehrere Garnspulen zur Weiterverarbeitung erzeugten.

Der erste Tuchmachermeister, der in Wittstock eine solche Spinnmaschine in Betrieb nahm, war 1803 Samuel Jahnke. Bisher ließ sich der Standort seiner Firma nicht ermitteln. 1805 wollte auch die Leitung des Landarmen- und Invalidenhauses die erste Spinnmaschine bestellen, ein Unikat, das ein technisch Versierter entwickelte.

Als sich kurze Zeit später französische Truppen in Wittstock einquartierten und dann auch noch Kriegsverletzte im Landarmenhaus gepflegt werden mussten, brachte das vermutlich die gewohnten Prozesse in der großen Anstalt zum Erliegen. Wahrscheinlich konnte der Spinnbetrieb bis zur Schließung der Anstalt 1820 nicht mehr fortgesetzt werden.

Die ständige Garnknappheit beschleunigte die Entwicklung, denn bis 1819 waren dem Beispiel von Samuel Jahnke 50 Wittstocker Tuchmacher gefolgt.

Es dauerte nicht lange und auch Webmaschinen kamen auf, die dann die alten Handwebstühle ablösten. 1821 besaßen bereits 83 Tuchmacher in Wittstock mechanische Webstühle, so dass sie sich nicht mehr als Tuchmacher, sondern als Tuchfabrikanten bezeichneten.[39] Hinzu kam der Einsatz von sogenannten Rosswerken, von welchen zunächst die Krempelmaschinen mit der Hilfe von Pferden betrieben wurden. Dabei mussten die Pferde in einer Holzkonstruktion mit Getriebe den ganzen Tag im Kreis laufen und für den Antrieb sorgen. 1832 wurden in Wittstock schon 13 solcher Rosswerke genutzt.[40]

Das „*Wittstocker Wochenblatt*" beschrieb 1826 die Situation der Tuchmacher so: „*Freilich haben die Maschinen sehr nachteilig auf eine zahlreiche Klasse von Menschen gewirkt, die sich sonst vom Wollespinnen ernährten und nun brotlos sind. Unsere Armensteuern haben seit der Zeit beträchtlich erhöht werden müssen. Indessen ist gar nicht zu leugnen, dass der Gebrauch der Maschinen unsere Tuchmacher in den Stand gesetzt hat, ihren Arbeiten eine mit der vorhergehenden gar nicht im Vergleich stehende Feinheit zu geben und solche dennoch für einen billigen Preis zu liefern. Auch die hiesigen Tuchscherer haben sich seit einer Reihe von Jahren in ihrer Kunst gehoben und verstehen jetzt den Tüchern die schönste Appretur zu geben. Auf solche Art hat die wittstockische Tuchfabrikation gegenwärtig eine Stufe der Vollkommenheit erlangt, auf der sie sonst noch niemals gestanden hat. Die hiesigen Tücher suchen jetzt an Schönheit und Güte ihresgleichen und werden bald die ausländischen ganz verdrängt haben. Man kann heutzutage an seinem Ehrentage in wittstockisches Tuch gekleidet erscheinen und eher gewärtig sein, daß es, wenn es gut appretiert ist, für englisches als für ordinäres werde gehalten.*"[41]

Diese Entwicklung sah der Magistrat im selben Jahr als durchaus bedenklich an, wie ein Aktenstück bezeugt: "*Wird die hiesige Tuchfabrik[ation] immer so blühend als bisher seyn und werden sich ferner künftig wie bisher eine so große Anzahl Meister [...] von der Tuchmacherey ernähren können? Bei der Vermehrung der Spinn- und Webmaschinen kann die jetzige große Anzahl der Tuchmachermeister nicht bestehen, sondern es werden nur einige begüterte Tuchfabrikanten nach 30–50 Jahren seyn, und die übrigen Tuchmacher werden in einem traurigen Verhältnis leben.*"[42]

Die Worte bewahrheiteten sich schnell. Im Zuge der 1810 in Preußen eingeführten Gewerbefreiheit hatte sich auch die Anzahl der Tuchmacher erhöht. Der Überlieferung nach arbeiteten 1826 über 275 Tuchmacher in Wittstock.[43] Ihre Anzahl schrumpfte inner-

Walkmühle vor dem Kyritzer Tor (ganz rechts) – Detail eines Souvenirblattes von C. Stumpf, um 1850

halb von 10 Jahren auf 232; 103 von ihnen mussten zu diesem Zeitpunkt ihren Lebensunterhalt bereits mit berufsfremder Tätigkeit – als Arbeiter und Handlanger u. a. bei Chausseebauarbeiten – verdienen. Das heißt, dass schon 1836 nur noch etwa 130 Tuchmachermeister vorhanden waren.

Wie sehr sich die Stadt veränderte, zeigt auch die Entwicklung der Einwohnerzahlen. Von 1800 bis 1849 nahm sie um mehr als das Doppelte zu. Waren es in Wittstock 1800 3 216 Einwohner, stieg ihre Anzahl bis 1849 auf 6 859.[44] So war Wittstock um 1850 mit ~ 6 800 Einwohnern die größte Stadt der Prignitz, galt als wirtschaftlich leistungsfähig und unterlag wie Neuruppin der II. Gewerbesteuerklasse (Kyritz, Perleberg und Pritzwalk hatten die III. Gewerbesteuerklasse).

Meistens waren die „neuen Tuchmacher" Kaufleute, die über das nötige Kapital und genügend Unternehmergeist verfügten. Sie stellten die entsprechenden Arbeiter für die Tuchfertigung bei sich ein und waren „nur noch" für die Lenkung und Leitung des Unternehmens zuständig.

Auch die Walke übernahmen nun Berufsfremde, wie etwa Georg Wilhelm Krüger, der als Stadtgerichtsassessor 1837 eine Walkmühle am Kyritzer Tor errichten ließ. Damit wurden die auswärtigen bei Dranse oder bei Goldbeck vermutlich entbehrlich, so dass die ursprünglichen Betreiber das Tuchmacher-Gewerk letztlich aufgaben. Wenige Jahre später ging die Walkmühle am Kyritzer Tor in den Besitz des Stadtkämmerers Johann Christian Baumann über.[45] Auch er hatte eine kaufmännische Ausbildung.

Die Entwicklung ging weiter zur ersten Wollspinnerei mit Dampfmaschine, die der Goldschmied Joachim Heinrich Krumbügel am Eckgrundstück Werder-/St. Marienstraße 1840 in Betrieb nahm. Die Manufaktur ging 1856 zunächst an den Tuchfabrikanten August Loycke, später dann an die Tuchfabrikanten Moritz und Friedrich Wilhelm Nagel. Im Juli 1869 kam es in den Fabrikräumen auch zu einer Gasexplosion, bei der der Eigentümer und der Werkführer verletzt wurden.

In der Mitte des 19. Jahrhunderts brach bedingt durch Ernteausfälle 1846 und 1847 eine schwere Hungersnot aus, die ab 1847 zu Unruhen, den sogenannten *Kartoffelunruhen*, führte. Diese Situation traf auch die Tuchmacher und ihre Familien in Wittstock. *„So war schließlich auch in Wittstock mit seinen 3 bis 400 Arbeitslosen ein fruchtbarer Boden für das Aufkommen umstürzlerischer Ideen vorhanden. Im Frühjahr 1847 war wieder so ein empfindlicher Mangel an Lebensmitteln eingetreten, daß sich die Stadtverwaltung genötigt sah, an anderen Orten Kartoffeln und Korn, soweit die noch zu haben waren, einzukaufen, und der Bevölkerung zuzuführen."* [46] Die gegründeten Bürgerwehren erreichten nicht den gewünschten Erfolg. Erst als am 9. März 1849 ein Kürassierregiment aus Kyritz in Wittstock Quartier bezog, trat die erhoffte Beruhigung der Situation ein.

1849 gab es in Wittstock 51 Spinnereibetriebe (mit 4 109 Feinspindeln) mit 110 Arbeitern,

Übersichten

Anzahl der Tuchmachermeister in Abhängigkeit zur Einwohnerzahl[51]

Jahr	1697	1800	1826	1849	1898
Tuchmachermeister	110	176[52]	275*	91[53]	—**
Einwohner	ca. 2 100	3 216	5 424	6 859	~7 400[54]

* In dieser hohen Zahl sind sicher auch Altmeister, die ihren Betrieb bereits an den Nachfolger übergeben hatten, enthalten.
Noch 1811 war das Tuchmachergewerk überproportional in der Stadtverordnetenversammlung vertreten. Von 36 Stadtverordnete waren 11 Tuchmacher (mit 4 Stellvertretern). Damit konnten sie auf Entscheidungen der Versammlung Einfluss nehmen.

** 1898 sind mit der *Friedrich Paul Tuchfabrik* und der *Friedr. Wilh. Wegener Tuchfabrik* zwei gutgehende Tuchproduktionsfirmen vorhanden.

Anzahl der in Wittstock fabrizierten Tuche/Stücke 1855–1870[55]

1855 8 155 Stück Tuche.
1856 8 725 Stück Tuche. Das Plus durch Gründung zweier neuer Fabriken entstanden
1857 8 113 Stück Tuche. Das Minus ist dadurch entstanden, weil durch Zerspringen eines Dampfkessels in hiesiger größter Tuchfabrik ca. 8 Wochen außer Betrieb
1858 8 419 Stück Tuche.
1859 5 669 minus durch Geschäftsstockung im Jahr 1859 aus Anlass des italienischen Krieges
1860 7 081 Kriegsende zw. Frankreich und Österreich
1861 6 879
1862 7 037
1863 6 041 minus durch Eingang einer Spinnerei und die Anfertigung feinerer Stoffe
1864 7 993 Wiedereinrichtung der Spinnerei (1863)
1865 9 110 Erweiterung einer hiesigen Fabrik
1866 8 929 [Rückgang durch] Kriegsereignisse
1867 10 776 Plus wegen erheblicher Lieferungen an Militärtuchen
1868 11 709 Plus wegen Anfertigung mehr leichter Stoffe
1869 12 087
1870 13 580

die die Tuchmacher mit Garn versorgten.[47] Nicht nur die Tuchmacherei konzentrierte sich, auch die Zuarbeiten wurden in größeren Betrieben zusammengeführt. 1857 arbeiteten in Wittstock die beiden größten Spinnereien Neukrantz und Loycke schon allein mit mehr als 1000 Spindeln.[48]

Nach einer Mitteilung des Wittstocker Magistrats an das Domänenamt Goldbeck gehörten dem Tuchmachergewerk im September 1854 noch 120 Meister an, als das Gewerk die Walkmühlen in Schweinrich, Neuendorf und Friedrichsgüte wegen Unrentabilität ablöste. Unter den 120 Genannten war eine Reihe von Altmeistern, die ihren Betrieb schon an die Erben übergeben hatten und nicht mehr selbst fertigten. Viele Namen sind mehrfach vertreten; bei der Familie Struensee waren es sechs, sogar sieben der Familie Loycke[49], Vorfahren des Drehbuchautors und Filmregisseurs Volker Schlöndorff.

Der Verwaltungsbericht des Magistrats der Stadt Wittstock von 1854 bestätigt diese rückläufige Entwicklung: *„Wittstock, welches einst als Fabrikstadt eine nicht unbedeutende Berühmtheit erlangt hatte, ist als solche mehr und mehr in Verfall gerathen. Die Tuchfabrikation wird derzeit nur noch in einem unbedeutenden Umfange von wenigen Einwohnern betrieben. Viele derjenigen, die früher das Tuchmachergewerbe mit sichtbarem Erfolge selbständig betrieben, sind verarmt und mit ihnen eine große Anzahl von Gesellen, welche früher von ihnen beschäftigt wurden."*[50]

Dieser Trend der Ablösung der Meister des Faches durch Kaufleute ist in der bekanntesten Wittstocker Tuchfabrikantenfamilie ebenfalls sichtbar. Auch Friedrich Wilhelm Wegener war Kaufmann und wurde dann Tuchfabrikant. Vermutlich waren ihm die Fertigungsschritte bekannt, aber ein Tuchmacher war er nie. Unter seinen Beschäftigten befanden sich sicher verarmte Tuchmachermeister, die ihre Selbständigkeit hatten aufgeben müssen, weil sie der Konkurrenz von moderner Technik und kaufmännischem Knowhow nicht gewachsen waren. Die technische Entwicklung war rasant.

In der Mitte des 18. Jahrhunderts wurden in Wittstock jährlich um die 7 200 Stück Tuch produziert.[56] Es brauchte ein Jahrhundert, um diese Zahl auf mehr als 8 100 Tuche (in 1855) zu erhöhen. Innerhalb von nur 15 Jahren (bis 1870) stieg die Produktion auf 13 580 Tuche an. Sicher begünstigten auch mehrere Kriege einen Anstieg (1864 gegen Dänemark, 1866 der sogenannte Bruderkrieg gegen Österreich, 1870/71 gegen Frankreich, vgl. Anzahl der in Wittstock fabrizierten Tuche auf S. 26).

Mehr als ein Drittel der in Wittstock produzierten Tuche stellten 1870 schon die Firmen Wegener und Paul her.

Das Problem der regelmäßigen Belieferung mit Garn scheint weiter bestanden zu haben. So traten im Januar 1866 Interessenten zusammen, die eine Aktiengesellschaft zum Bau einer Spinnerei gründen wollten, *„um dem oft fühlbaren Mangel an Garnen abzuhelfen"*.[57] Die Absicht scheiterte. Inzwischen legte das Tuchmachergewerk jedoch eine gewerkseigene Spinnerei im heutigen Rote-Mühle-Weg an.

1898 geschah etwas Unvorstellbares: Die wenigen verbliebenen Meister beschlossen den Verkauf der Gewerkswalke und der Gewerksspinnerei, außerdem die Verteilung des Innungsvermögens. Gleichzeitig verbrannten sie aus Frustration und Trauer über den Niedergang alle ihre Privilegien und Dokumente. Darunter soll sich auch der Freibrief von 1325 befunden haben. Das jahrhundertealte Tuchmachergewerk hatte mangels selbständiger Meister aufgehört zu existieren. Sie waren dem Konkurrenzdruck der großen Tuchfabriken mit ihrer arbeitsteiligen Produktion und den modernen Maschinen nicht mehr gewachsen. Einer der letzten Tuchmachermeister des Gewerks war wahrscheinlich Herrmann Schultz, der ab April 1899 das Amt des Küsters der St. Marienkirche, zunächst interimistisch, dann fest angestellt bekleidete.

Auktion.

Am Donnerstag, den 6. März, von Vormittags 9 Uhr ab,

sollen bei mir durch Herrn Gerichtsvollzieher **Buder** meistbietend gegen baar verkauft werden:

4 Webestühle,
14 Webegeschirre,
Wollkörbe, 2 Balkenwagen, diverse andere Geräthschaften und Gegenstände.

Ferner sollen am

Sonnabend, den 8. März, von 9 Uhr Vormittags an,

in derselben Weise verkauft werden:

verschiedene gut erhaltene Möbel, ein Clavier, Haus- und Küchengeräthe, Betten, Porzellan und Glassachen, Bilder, Bücher und diverse andere Sachen, auch verschiedene Tuch- und Buckskin-Coupons.

Wm. Monicke.

Konkurs der Firma von Wilhelm Monicke, früherer Pächter der Fa. Wegener, mit der Versteigerung einer Tuchmacherwerkstatt und seines übrigen Eigentums im März 1884 in Wittstock – „Wittstocker Anzeiger" vom 6. März 1884

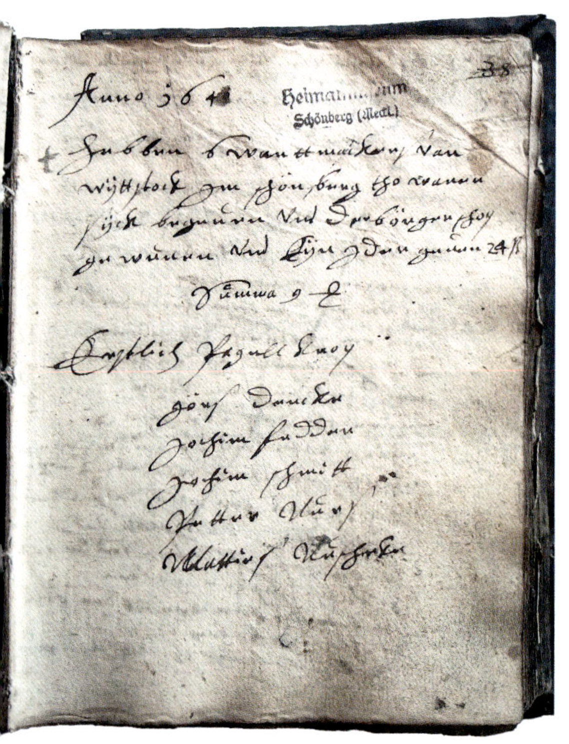

Die Kaufleute Dänicke

Zu den beiden bedeutendsten Tuchfabriken Paul und Wegener, Beleg für den Konzentrationsprozess des Tuchmacherhandwerks in Wittstock, soll hier etwas mehr ausgeführt werden.

Insbesondere die Familie Dänicke/Wegener betrieb über einen Zeitraum von fast 250 Jahren kontinuierlich Warenverkauf, vor allem Tuchwaren, am selben Platz. Dabei gelang es ihr durch geschicktes Finanzmanagement, aber auch eine ebensolche Heiratspolitik und gesellschaftliches Engagement, die

◁
Seite aus dem Bürgerbuch von Schönberg (bei Ratzeburg) 1641, die die sechs „Wanttmakers van Wijttstock" namentlich nennt, darunter Jörs Dancke (= Dänicke), Urgroßvater von Friedrich Wilhelm Wegener, dessen Namen mit der Wittstocker Tuchproduktion eng verbunden ist.

eigene wirtschaftliche Position kontinuierlich auszubauen. Zugegebenermaßen ist die Familiengeschichte über diesen langen Zeitraum durch viele Beteiligte manchmal etwas unübersichtlich, wird hier aber trotzdem *nur* angerissen. Dafür gibt es im Anhang einen kurzen Abschnitt über die Familien Dänicke/Wegener/Polthier und ihre Bedeutung für die Regionalgeschichte.

Der Dreißigjährige Krieg – vor allem die Pest von 1638 – hatte nicht nur die Einwohnerzahl der Stadt, wie erwähnt, in gravierender Weise verringert, auch die Wittstocker Tuchmacher selbst erlitten empfindliche Verluste.

Weil sie für sich keine Zukunft sahen, kehrten daher mindestens sechs Tuchmachermeister um 1640 Wittstock den Rücken, um im weniger vom Kriegsgeschehen betroffenen Nordwesten vielleicht bessere Verhältnisse vorzufinden.

Unter den Ausgewanderten war auch die Familie Dänicke. Bevor Tuchmacher Jörs Dancke kurz nach der großen Pestepidemie von 1638 Wittstock verließ, hatte er hier im August 1639 Barbara Böldicke, Tochter eines Tuchmachers (?), geheiratet. In der Fremde – in Schönberg bei Ratzeburg – wurden die sechs Wittstocker als Bürger aufgenommen. Auf kurfürstliche Anordnung mussten sie als brandenburgische Untertanen aber zurückkehren.

So gelangte auch Jörs Dancke (in anderen Schriftstücken auch als Danke, Denike, Gorges Dinike, Daencke, Daenicke u. a. Versionen, denn die Sprache war noch nicht genormt) mit den Seinen wieder nach Wittstock zurück. Der 1641/42 wahrscheinlich in der Umgebung von Ratzeburg geborene Sohn Mich(a)el Dänicke galt später als das, was man heute als Multitalent bezeichnen würde. Spätestens ab 1646 war die Familie wieder in Wittstock, denn ein Bruder von Mich(a)el kam hier im selben Jahr zu Welt.

Als ältestem Sohn fiel Mich(a)el das Erbe zu. Er war Kaufmann, Tuchmacher und Brauer, seit etwa 1674 sogar Mitglied der drei Gilden, außerdem Stadtverordneter und Kirchenvorstand. Seit 1668 war er mit Anna Wolter verheiratet. Aus dieser Ehe erreichten fünf Kinder das Erwachsenenalter. Bis auf eines heirateten alle in Tuchmacherfamilien ein.

1674 errichtete Mich(a)el Dänicke das Gebäude in der Kettenstraße 24/26 (heute Bibliothek im Konto) und schuf damit die Grundlagen für eine der wichtigsten Firmengeschichten der Stadt.

Sein Sohn, der Kaufmann Friedrich Dänicke, der von ihm das Geschäft übernommen hatte, baute es weiter aus. Mit dem Gewinn aus dem Geschäft erwarb er 1789 das aus der Konkursmasse der Glasmacherfamilie von Seitz stammende Gut in Below. Aber die Familie bewohnte es nicht selbst, sondern verpachtete es.

Und auch seine Ehefrau Katharina Schütz, Tochter eines Wittstocker Tuchmachers, nahm Einfluss auf die Geschicke der Stadt. Nach dem Tod ihres Mannes sorgte sie 1748 für die Wiedereinrichtung des durch den Stadtbrand von 1716 zerstörten Beginenhauses an der Heiliggeistkirche. Bis 1832 gehörte die obere Etage dieses Gebäudes der Familie Dänicke und wurde dann von ihrer Enkelin an die Stadt Wittstock verkauft, die hier eine Art Krankenhaus einrichtete.[58]

Offensichtlich war die Familie Dänicke damals so erfolgreich, dass der älteste Sohn Christian Dänicke selbst wählen konnte, welchem Beruf er nachgehen wollte. Er entschied sich für ein Studium der Medizin in Magdeburg und ließ sich später in Lübeck nieder.

Sein jüngerer Bruder Kaspar Dänicke folgte dem Vater als Kaufmann im Geschäft nach. Aus seiner Ehe mit Marie Dorothea Falkenthal, Tochter eines Tuchmachers, gingen sieben Töchter hervor. Als er 1796 starb, hinterließ er zwar über 55 000 Taler an Grundbesitz, Warenlager, Hausrat und Kapitalforderungen, aber es gab keinen männlichen Erben.

Eine der Töchter – Marie Dorothee Dänicke – hatte jedoch den Kaufmann Samuel

Gottfried Rudeloff geehelicht, so dass das Geschäft vom Schwiegersohn übernommen und weitergeführt werden konnte.

Der Tuchfabrikant Friedrich Wilhelm Wegener[59]

Fünf Kinder aus dieser Ehe Dänicke/Rudeloff erreichten das Erwachsenenalter. Die beiden Töchter waren beim Geschäftserbe ausgeschlossen; der erstgeborene Sohn übernahm das Gut in Below. Der Zweitgeborene sollte das Geschäft eigentlich weiterführen. Als dieser designierte Geschäftsnachfolger plötzlich mit 34 Jahren und auch dessen Vater Samuel Gottfried Rudeloff 1818 im Abstand von wenigen Wochen verstarben, musste das eine Entscheidung über das Geschäft bringen.

Die Großmutter Marie Dorothee Dänicke/Rudeloff sorgte dann dafür, dass ihr Enkel Friedrich Wilhelm Wegener die Warenhandlung übernahm. Er war der Sohn ihrer ältesten Tochter, die mit dem Superintendenten Ludwig Wegener verheiratet war. Friedrich Wilhelm Wegener wollte wohl eigentlich etwas anderes machen, hatte aber eine kaufmännische Ausbildung absolviert. So wurde das mit 22000 Talern veranschlagte Geschäft im November 1820 übereignet. Während die Großmutter ins Nachbarhaus umzog, übernahm der 22-jährige Enkel das Geschäftshaus der Dänickes in der Kettenstraße 24/26.[60]

Auch Friedrich Wilhelm Wegener schien – wie sein Urgroßvater Mich(a)el Dänicke – ein Multitalent gewesen zu sein. 1826 gründete er zunächst das „*Wittstocker Wochenblatt zu Mittheilungen über unterhaltende und gemeinnützige Gegenstände verschiedener Art, wie zu öffentlichen Anzeigen*". Es sollte die erste in der Prignitz herausgegebene Zeitung sein. Aber schon nach 12 Ausgaben verkaufte Wegener zum 1. Oktober desselben Jahres die Druckerei an den späteren langjährigen Herausgeber Samuel Siltmann. Damit verschwanden auch die regionalgeschichtlichen Beiträge, die Friedrich Wilhelm Wegener vielleicht selbst oder der Wittstocker Archidiakonus August Wilhelm Gräfe verfasst hatte. Unterzeichnet ist keiner dieser regionalgeschichtlichen Artikel.

Am 1. Juli 1828 gründete er eine Firma in der Kettenstraße 24/26, die wohl unter dem Namen „*Seel. Sam. Gottfr. Rudeloffs Erbe*" lief. Dort wurden landwirtschaftliche Produkte und Kolonialwaren verkauft und vermutlich zuerst nur Tuche gehandelt. Im „*Wittstocker Wochenblatt*" vom 31. Mai 1834 las man dann aber die folgende Bekanntmachung: „*Mit dem ersten Juny, von welchem Tage ab ich dem Herrn Friedr. Wilh. Schmidt meinen Detail-Verkauf überlassen habe, hört gleichzeitig meine bisherige Handlungsfirma „Seel. Sam. Gottfr. Rudeloffs Erbe" auf, und werde ich meine ferneren Geschäfte unter meinem eigenen unterzeichneten Namen führen.*
Friedr. Wilh. Wegener"[61]

Wenig später erweiterte sich das Tätigkeitsfeld der Fa. Friedr. Wilh. Wegener auf die Tuchfabrikation. Schon 1838 errichtete sie auf dem Hof ein Appreturgebäude. Es war wohl nicht die einzige Wittstocker Tuchproduktionsstätte, die den Tuchmachermeistern Anlass zur Klage gab: „*[U]nter denen [sind] auch welche* […], *die nicht zum Tuchmachergewerk gehören, als der Kaufmann Wegener, der die Tuchfabrikation schon sehr im Großen betreibt.*"[62] Und diese Fabrikation wurde in den folgenden Jahren erweitert. Nach Überlieferungen fertigte die Fa. Friedr. Wilh. Wegener damals Tuche, Moll, Köper, Seiftuche und Friese. Besonders für schwer herzustellende helle und bunte Abzeichentuche aller Farben (farbige Akzente der Armeeuniformen) sowie von weißem Kirsey (grober Wollstoff) scheint sich die Firma als Spezialfabrik herausgebildet zu haben.

1845 gab Friedrich Wilhelm Wegener bekannt, dass seit dem 1. Januar d. J. der Kaufmann Wilhelm Monicke Teilhaber des unter der Firma Friedr. Wilh. Wegener bestehenden Wollwarengeschäfts ist.[63]

Ausgangspunkt der Fa. Friedr. Wilh. Wegener in der Kettenstraße 24/26, 1895 – Die Personen hantieren offensichtlich gerade mit gepresster Wolle oder Tuchballen. Wegeners bewohnten die obere Etage Kettenstraße/Ecke Rosenwinkel. Von 1844–63 befand sich im Erdgeschoss auch die Wittstocker Poststation. 1868 kam das Gebäude ganz links im Bild dazu. Es wurde abgerissen und machte einer komfortablen Zufahrt zum Fabrikgelände Platz

Ein Jahr später, am 11. April 1846, verabschiedete sich Friedrich Wilhelm Wegener im „*Wittstocker Wochenblatt*" mit einer Anzeige: „*Meinen lieben Mitbürgern bei meinem einstweiligen Abgange nach Berlin mich empfehlend, bitte ich gleichzeitig alle, welche durch meinen Hausstand veranlaßte Forderungen an mich haben, die des falsigen Rechnungen beim Herrn Kaufmann Lukas einzureichen.*"[64]

Während seines Aufenthaltes in Berlin verpachtete er sein Geschäft an die Kaufleute Lukas und Monicke. Letzterer bezog auch eine Wohnung im Westteil des Geschäftshauses in der Kettenstraße. Von 1845–1866 war Wilhelm Monicke dann Pächter und Compagnon von F.W. Wegener und auch Taufpate bei den Wegeners.

Bereits im Frühjahr 1848 kehrte die Familie Wegener nach zweijähriger Abwesenheit aus Berlin zurück. Auslöser dafür könnten die Unruhen vom März 1848 (Märzrevolution) gewesen sein. Jedenfalls taucht der Name F.W. Wegener – in der Kettenstraße – in der Wittstocker Wahlliste vom April 1848 bereits wieder auf.[65]

Wahrscheinlich führten die beiden Kaufleute Monicke und Lukas nach wie vor das Geschäft unter dem Namen Friedr. Wilh. Wegener. 1852 war der Betrieb der einzige in der Prignitz, der Wollspinnerei, Tuchmacherei und Tuchschererei unter einem Dach vereinigte. Zu diesem Zeitpunkt beschäftigte die Manufaktur 50 Mitarbeiter und verfügte u.a. über 180 Spindeln und 17 Webstühle, die durch ein Rosswerk angetrieben wurden.[66]

Friedrich Wilhelm Wegener war zweimal verheiratet und hinterließ 11 Kinder, die das

Erwachsenenalter erreichten (siehe im Anhang Beitrag Familiengeschichte Dänicke/Wegener/Polthier ab S. 140). Bereits mit 27 Jahren wurde er Wittstocker Ratsherr, später auch Kreistagsabgeordneter des Kreistages Ostprignitz für die Stadt Wittstock.

Bei seinem Ausscheiden aus der Stadtverordnetenversammlung nach vielen Jahren der Tätigkeit wurde ihm der Titel *„Stadtältester"* verliehen. Er war sehr religiös und vermittelte das auch in der Erziehung seiner Kinder, nahm kirchliche Ämter wahr und engagierte sich in der *Harmonie-Gesellschaft*. Außerdem gehörte er zu den Gründern der Johannis-Loge *„Constantia"* zu Kyritz 1836 (ab 1848 in Wittstock) und war zunächst ihr Redner und Schatzmeister, von 1850 bis 1855 erneut der Redner, von 1859–1861 *„Meister vom Stuhle"*.[67] Außerdem setzte er sich für die Wittstocker Sparkasse ein, war Mitglied der Schützengilde. Nebenbei hielt er Reitpferde und Windhunde.

Der Tuchfabrikant Paul Georg Wegener

Anders als bei seinem Vater war der Lebensweg des ältesten Sohnes Paul Georg Wegener als Tuchfabrikat schon früh vorgezeichnet. In Wittstock ging er zunächst in die Bürgerschule, besuchte dann in Berlin die Wohltat'sche Knabenschule und kam dort in die Lehre. Vom Militärdienst befreit hatte er zuletzt in New York die kaufmännische Ausbildung vervollkommnet und seine Fachkenntnisse erweitert.

Anfang der 1850er Jahre produzierte die Firma auch Exportartikel für Amerika und wurde für ihre Leistungen auf der ersten Weltausstellung 1853 in New York ausgezeichnet.[68]

Bis April 1855 kehrte er, knapp 22 Jahre alt, nach Wittstock zurück. Unmittelbar danach zog sich der 57-jährige F. W. Wegener aus dem Geschäft zurück und übergab die Verantwortung für die Firma: *„Hierdurch erlaube ich mir, meinen Austritt aus dem seit einer Reihe von Jahren am hiesigen Platze bestehenden, seit 10 Jahren in Gemeinschaft mit Herrn W. Monicke betriebenen Tuchfabrik-Geschäft unter der Firma Friedr. Wilh. Wegener ergebenst anzuzeigen. Ich habe dasselbe Herrn W. Monicke, meinem bisherigen Socius, Herrn W. Dieterich, meinem Schwiegersohn, Herrn P. Wegener, meinem Sohn mit sämtlichen Aktivis und Passivis zur Fortführung für ihre gemeinschaftliche Rechnung überlassen […]"*[69]

Noch im selben Jahr wurde die erste von vielen Veränderungen umgesetzt:

Bekanntmachungen.

Der Kaufmann Friedrich Wilhelm Wegener hierselbst beabsichtigt, auf seinem in hiesiger Stadt in der Oberkettenstraße sub No. 508 u. 9 belegenen Wohnhaus-Grundstücke eine Dampfmaschine von 10 Pferdekraft zum Betriebe einer Tuchfabrik aufzustellen.

In Gemäßheit der Bestimmung des § 29 der Allg. Gewerbe-Ordnung vom 17. Januar 1845 wird dies Vorhaben mit der Aufforderung zur öffentlichen Kenntniß gebracht, etwanige gesetzlich begründete Einwendungen gegen die neue Anlage binnen vier Wochen präclusivischer Frist bei der unterzeichneten Polizei-Verwaltung anzubringen.

Wittstock, den 18. Juli 1855.

Die Polizei-Verwaltung.

Anzeige der Polizeiverwaltung von Wittstock vom 18. Juli 1855 in der „Kreisblatt für die Ostprignitz" – Da das Geschäft auf den Namen des Vaters lief, wurde wohl auch der Antrag in dessen Namen eingereicht.

Als Friedrich Wilhelm Wegener 1855 seinem Sohn Paul Georg die Firma übergab, übernahm dieser einen gutgehenden Betrieb mit 54 Beschäftigten (darunter 12 Frauen) und 26 Webstühlen, außerdem eine Appretur sowie eine Dampfmaschine mit 10 Pferdestärken. Im selben Jahr hatte die Neuruppiner Tuchfabrik Christian Ebell bereits 150 Arbeiter und verfügte über 30 Webstühle, Carl & Wilhelm Ebell – ebenfalls Neuruppin – beschäftigten 100 Arbeiter an 22 Webstühlen. Die Neuruppiner Firma Hagen hatte eine ähnliche Größe wie die Fa. Friedr. Wilh. Wegener in Wittstock.[70] Auch in Neuruppin ist in dieser

Der „Stadtälteste" Friedrich Wilhelm Wegener (1798–1886), Ölgemälde von Rosalie Gleich und sein Sohn, der spätere Kommerzienrat Paul Georg Wegener (1833–1900)

Zeit die Konzentration der Tuchproduktion auf einige wenige Unternehmen erkennbar.

F.W. Wegener zog mit seiner zweiten Frau und den Kindern in eine Mietwohnung in die Neue Poststraße, direkt gegenüber der St. Marienkirche. Später (1875) kaufte er das Haus Kettenstraße 61, wo er 1876 auch starb. Danach wohnten seine Tochter Margarete und ihr Mann Conrad Polthier in dem Gebäude, wo auch Wilhelm Polthier geboren wurde, bevor die Familie ihr neuerrichtetes Haus im Rote-Mühle-Weg bezog.[71]

In der Kettenstraße 24/26 lebte nun die Familie Paul Georg Wegener, im Nebenhaus (Nr. 28) die Familie seiner Schwester Hermine, verheiratete Dieterich.

Das repräsentative Haus in der Kettenstraße 24/26 beherbergte 1860 sogar einen Prinzen (Friedrich Karl von Preußen) während eines gemeinsamen Militärmanövers mit Mecklenburg-Strelitz, das in der Region stattfand.

Als Wilhelm Dieterich, der Schwager Paul Georgs, vier Jahre nach der Geschäftsübergabe starb, sollte Robert Wegener (Bruder von Paul Georg), der die Webschule in Mühlheim am Rhein besucht hatte, technischer Leiter der Firma werden. Aber er wurde 1866 zur Teilnahme am Krieg gegen Österreich eingezogen und dabei in der Schlacht von Königgrätz leicht verwundet. Bei seinem Lazarettaufenthalt in Brünn erkrankte er an der Cholera und verstarb.[72]

Erhaltenes Aufzugsrad auf dem Dachboden des Dänicke/Wegenerschen Geschäfts- und Wohnhauses in der Kettenstraße

1866 zog sich auch Wilhelm Monicke aus dem Geschäft zurück. Damit wurde Paul Georg mit 33 Jahren alleiniger Inhaber der Fa. Friedr. Wilh. Wegener.

„An der Ecke links war das Kontor und Wohnhaus von Friedrich Wilhelm Wegener. Wie oft haben wir als Kinder dem Treiben dort zugesehen. Auf dem großen Flur standen Ballenpressen, um die Tuchstücke zusammenzupressen, von der Decke hing eine mächtige Waage herab, um die Ballen zu wiegen, hantierten Packer und Kaufleute mit allen möglichen Geräten, um sie in die weite Welt zu senden und das ganze schwamm in einem Geruche von Wolle und Tuch, den man zu jener Zeit in Wittstock noch auf den meisten Straßen antreffen konnte. Die hinter dem Hause liegende Fabrik war viel kleiner als jetzt, sie nahm noch nicht die Hälfte der Straße ein. Erst nachdem sie abgebrannt war, bekam sie ihre heutige Gestalt. […]"[73]

Mit der Einführung der Dampfmaschinen erhielt die Brennstoffversorgung eine deutlich höhere Priorität. Die schnelle ökonomische Entwicklung der Tuchfabrik Wegener und die Gewinne daraus erlaubten es Paul Georg Wegener nach Braunkohle zu suchen, zunächst gemeinsam mit Udo Rehfeldt, ab 1868 allein. So fügte er der regionalen Geschichte noch den Aspekt des Bergbaus hinzu. Beim Dorf Liebenthal wurden ab 1864 die *Braunkohlen-Bergwerke* „Victoria", „Anna" und „Udo" (sicher benannt nach Udo Rehfeldt) in Be-

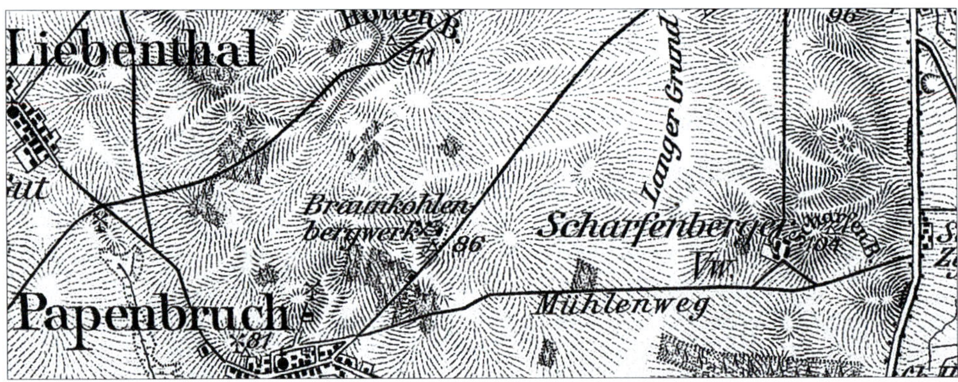

Die Regionalkarte von 1882 zeigt nur noch ein Braunkohlenbergwerk bei Papenbruch – Detail aus: Karthographische Abtheilung der Königlich-Preußischen Landes-Aufnahme (Hg.), 214. Wittstock, 1882

Ältester, überlieferter Kopfbogen der Fa. Wegener, 1887 –
Die Firma hatte 1853 anlässlich des Aufenthaltes von Paul Georg Wegener in New York an der Welt-Ausstellung mit Proben der eigenen Wittstocker Tuchproduktion teilgenommen (Emblem links oben), und ebenso 1865 an der Gewerbe- und Industrie-Ausstellung in Stettin (rechts oben) und war wohl auch jeweils mit Medaillen gewürdigt worden. Sie stand außerdem unter der „Protection" des Kronprinzen Friedrich Wilhelm von Preußen (Emblem rechts unten). Oben mittig im Tuchballen über der Schulter des Jungen ist die Schutzmarke der Firma zu sehen.

trieb genommen. Nördlich des Dorfes Papenbruch folgten ab November 1866 „Hoffnung", „Ottilie", „Paul" (wohl benannt nach Paul Georg Wegener) und „Rabe" (wohl benannt nach dem Geburtsnamen seiner Frau und/oder seiner Mutter).[74] Ergiebig waren die Braunkohleflöze der Region sicher nie. Als aber 1885 Wittstocks Anschluss an das Eisenbahnnetz erfolgte, machte das die Lieferung des Brennmaterials billiger als die eigene Förderung. 1905 wurden alle Anlagen verkauft.

Dampfkessel und Dampfmaschine verdrängten das alte Rosswerk, der Handwebstuhl wurde durch den mechanischen Webstuhl ersetzt. Selfaktoren hatten sich in der Spinnerei durchgesetzt. Auch das Rähmen (Aufziehen der Tuche auf Rahmen) und Trocknen, das bisher im Freien stattgefunden hatte, erfolgte nun maschinell im geschlossenen Raum. Unter der Leitung von Paul Georg Wegener nahm die Herstellung von Uniformtuchen für Armee und Marine einen größeren Umfang an. So fertigte die Tuchfabrik Friedr. Wilh. Wegener 1870 schon mehr als 3 100 Stück Tuche.[75] Vor allem durch Kriegslieferungen 1870/71 wuchs das Wegenersche Vermögen enorm.

Paul Georg Wegener war ein Kind seiner Zeit und modernisierte und erweiterte die Betriebsstätte zunächst durch die Grundstücke im Rosenwinkel bis zur Heiligegeiststraße. Dort entstand ein Fabrikgebäude, das noch während des Baus am 20. März 1877 abbrannte. Paul Georg Wegener ließ das zerstörte Fabrikgebäude sofort, nun aber mehrstöckig und massiv wiederaufbauen. *„In dem sehr umfangreichen neuen Fabrikgebäude sind 18 Stück breite Krempelmaschinen, mit den neuesten Teilapparaten versehen, aufgestellt,* *welche das Vorgarn an 6 Selfaktoren mit 2 500 Spindeln liefern. Letztere spinnen wöchentlich 52 Zentner [= 2 600 kg] Garne, welche auf 33 Dampfwebstühlen in 5 000 Meter Gewebe verwandelt werden."* [76]

Schutzmarke der Fa. Friedr. Wilh. Wegener – Das Zeichen erinnert an die früheren Tuchplomben.

Ab 1846 befand sich der einzige Bahnanschluss im Kreis Ostprignitz im 46 Kilometer entfernten Zernitz (bei Kyritz) an der Hauptstrecke Berlin–Hamburg. Dass eine direkte Bahnanbindung die Absatzmöglichkeiten erheblich verbessern würde, war auch den Tuchfabrikanten klar. Als die Aktien für die Prignitzer Eisenbahn (von Perleberg nach Wittstock) ab etwa 1881 ausgegeben wurden, zeichneten sowohl Paul Georg Wegener als auch sein Konkurrent Rudolf Paul Anteilsscheine im Wert von 6 000 Mark. Damit hatten beide die höchsten Beträge der Region investiert. Auch das Tuchmachergewerk war mit 3 000 Mark, Gustav Loycke mit 1 500 Mark, Otto Schultz mit 600 Mark dabei. Einige wenige, noch übriggebliebene kleine Tuchfabrikanten – Nagel, Senf, Flau – kauften Aktien für 300 Mark.[77]

Die im Mai 1885 eröffnete Prignitzer Eisenbahn von Wittstock über Pritzwalk nach Perleberg (bis Wittenberge an der Strecke Hamburg–Berlin) verbesserte die Absatzmöglichkeiten deutlich. Als 1895 die Eisen-

Speichergebäude der Fa. Friedr. Wilh. Wegener (später sogen. Eierspeicher) direkt am Bahnhof

Nach 28jähriger gewerblicher Thätigkeit habe ich mich entschlossen, in den Ruhestand zu treten.

Aus diesem Grunde habe ich mein Tuchappreturgeschäft mit Fabrikanlagen und dem gesammten Inventar an den Kaufmann Herrn **Paul Wegener**, Inhaber der Firma **Friedr. Wilh. Wegener** hierselbst käuflich überlassen.

Indem ich mir erlaube, dieses anzuzeigen, will ich nicht unterlassen, hiermit meinen verbindlichsten Dank zu sagen für das meinem industriellen Betriebe in so reichem Maaße geschenkte Vertrauen und bitte, dasselbe auch der ferneren Leitung des Etablissements entgegen zu bringen.

Wittstock, den 1. Februar 1883.

Ergebenst

Gustav Loycke.

Unter Bezugnahme an obiges Inserat erlaube ich mir, das früher **Gustav Loycke**'sche

Tuchappretur=Etablissement

den Herren Interessenten zur ferneren geneigten Benutzung zu empfehlen.

Ich werde die Anlage in ihren maschinellen Einrichtungen auf der Höhe der Zeit zu erhalten suchen, um die geehrten Herren Arbeitgeber des Geschäfts durch Lieferung möglichst vollkommener Appretur=Arbeit und durch sorgfältigste und pünktlichste Bedienung zu befriedigen.

Wittstock, den 1. Februar 1883.

Ergebenst

Friedr. Wilh. Wegener.

Anzeige im „Kreisblatt für die Ostprignitz" vom 1. Februar 1883

bahnstrecke bis Mirow/Neustrelitz und 1899 die Kremmen–Neuruppin–Wittstocker Eisenbahn (später Ruppiner Eisenbahn) in Betrieb ging, war das eine erneute Verbesserung. Dafür hatte die Fa. Wegener 1887 außerdem direkt am Bahnhof ein Woll- und Kohlelager mit eigenem Gleisanschluss bauen lassen. Dort richtete 1904 die Deutsch-Amerikanische Petroleum Gesellschaft (auch?) ein Petroleumlager ein.

Bereits 1882 bot Paul Georg Wegener nicht seinem Tuchfabriknachbarn Rudolf Paul, sondern den Eigentümern der einzigen Tuchfabrik in Pritzwalk – Max Draeger und dessen Schwager Emil Quandt – einen *Freundschaftspakt* an, der im Garten der Fa. Draeger in Pritzwalk besiegelt wurde: *„keine unnötige Konkurrenz im Verkauf, keine Konkurrenz im Schafwolleeinkauf, gemeinsame Bewerbung um Staatsaufträge und ihre Aufteilung im Verhältnis 2/3 zu 1/3."* [78]

Der Auslöser war damals ein bedrohlicher Mangel an Aufträgen in beiden Firmen, der erst 1885 durch einen Auftrag der Marine zur Herstellung der gesamten Uniformstoffe beendet wurde.[79]

Im Februar 1883 gab der Tuchappreteur Gustav Loycke auf und verkaufte seinen Betrieb an die *Fa. Friedr. Wilh. Wegener.*

Die ehemals August Loycke gehörende Appretur in der Burgstraße 15, die Paul Georg Wegener 1883 erwarb

Etwa seit der Mitte des 19. Jahrhunderts war das später von der *Firma Friedr. Wilh. Wegener* genutzte Grundstück in der sogenannten Röbeler Vorstadt (heute Walter-Schulz-Platz am Dosseteich) im Besitz des Tuchfabrikanten Friedrich Wilhelm Schultz. Er (oder sein gleichnamiger Sohn) errichteten dort eine Wollspinnerei und eine Walke. 1856 wurde zum Betrieb der Spinnerei ein Rosswerk mit 4–6 Pferden, 1863 ein ein ebensolches mit 14 Pferden eingesetzt. Wohl 1881 kam noch eine Wollwäscherei hinzu.

Zum selben Zeitpunkt befand sich an dieser Stelle schon ein zur Tuchfabrik Wegener gehörender Rahmenplatz, mit Schuppen, Stall und Hof.[80]

Um 1890 verkaufte Otto Schultz, verheiratet mit Friedrich Wilhelm Wegeners Tochter Emilie, die Firma an seinen Schwager Paul Georg Wegener. Damit kamen weitere 32 Arbeiter zur Wegenerschen Tuchfabrik hinzu. Otto Schultz übernahm wohl zunächst auch weiterhin eine leitende Position in der *Fa. Friedr. Wilh. Wegener.* Seine Söhne, also Paul Georg Wegeners Neffen, waren später bei Quandt beschäftigt: Gustav Schultz lange Zeit als Prokurist und – zumindest zeitweilig – Betriebsleiter, Werner Schultz als kaufmännischer Angestellter.

„Am Sonnabend, den 6. September 1884 bewegte sich ein Zug von über 150 Personen [123 Arbeiter und 32 Arbeiterinnen] in Festgewändern

Dosseteich mit Stadtmühle (Bildmitte) – um 1850 befanden sich hier bereits zur Tuchproduktion gehörende Fertigungsbereiche: Um den Schornstein links neben der Mühle eine Wollspinnerei und Walkerei sowie ein dazugehöriges Dampf-Kesselhaus der Fa. Friedrich Wilhelm Schultz; hinter dem Betriebsgrundstück Schultz lag die 1859 errichtete Walke des Tuchmachergewerks (zweiter Schornstein), ganz links im Bild: das später von der Familie Quandt als Wohnhaus genutzte Gebäude, um 1900

durch die menschenerfüllten Straßen. Weithin leuchteten weiße, rothe, gelbe und blaue Fahnen, lustig ertönte fröhliche Marschmusik. Das 100 000. Stück Tuch der Firma F. W. Wegener wurde in feierlichem Umzuge durch die Stadt getragen. [...] *Den Zug führte ein Arbeiter, in der Hand einen Stab mit der Schutzmarke der Fabrik. Ihm folgte unter Vormarsch des Musikkorps der Fabrikherr, begleitet von den Comtoiristen* [...]. *Da erschienen die Spinner mit weiß und hellgelber, die Weber mit ponceaurother, die Färber mit kaliblauer, die Walker mit carmoisinroter, die Appreteure mit zitronengelber Fahne. Jede Abteilung geführt von ihrem Meister. 9 Fahnen zählte der Festzug. Neben den Fahnen zogen die Aufmerksamkeit an Fahnenstangen angebrachte Ehrendiplome, auf Kissen ruhende Preismedaillen auf sich; alles aber überglänzte das 100 000 Stück Tuch, in blendend weißer Farbe, stolz und würdevoll von zwei jungen Gesellen auf kunstreich drapiertem Gestelle getragen.* [...]"[81]

Der Zug bewegte sich am Haus des hochbetagten Gründers der Firma in der Kettenstraße 61 vorbei, erinnerte am Kriegerdenkmal auf dem Marktplatz an den gefallenen Robert Wegener mit dem Ziel des Lokals *„Stadtgarten"*, wo die eigentliche Feier mit etwa 600 Personen stattfinden sollte. Die Hauptrede hielt dort Friedrich Wilhelm Wegener selbst.

Im selben Jahr wurde die Ortskrankenkasse der Ostprignitz gegründet. Einer der beiden ersten Vorsitzenden wurde Paul Georg Wegener. Als Geschäftslokal hatte er in seinem Haus in der Kettenstraße 24/26 einen Raum unentgeltlich zur Verfügung gestellt.

Er war ebenfalls sehr aktiv als Mitglied des brandenburgischen Provinziallandtages, des Kreisausschusses, des Kreistages und der Stadtverordnetenversammlung.[82] Auch Paul Georg Wegener war zweimal verheiratet. Aus der ersten Ehe gingen zwei Töchter – Ida und Bertha – hervor, die zweite Ehe blieb kinderlos.

1887 heirateten Max Draeger und Bertha Wegener, eine der beiden Töchter von Paul Georg Wegener. Sicher führte die familiäre Annäherung auch zu einer weiteren Inten-

Bereits 1887 heirateten Bertha Wegener, die jüngere Tochter von Paul Georg Wegener, und der 11 Jahre ältere Max Draeger, Erbe der Fa. Gebr. Draeger in Pritzwalk.

Blick auf das Firmengelände 1895 (rechts im Bild der Turm der Heiliggeistkirche) – Der linke Schornstein gehörte schon zur Paul'schen Tuchfabrik

Das von Paul Georg Wegener 1877 errichtete, viergeschossige Fabrikgebäude der Firma Friedr. Wilh. Wegener im Rosenwinkel

Die gleichfalls an Paul Georg Wegener verkaufte Wollwäsche, Wollspinnerei und Walke von Otto Schultz in der Röbeler Vorstadt (am Dosseteich)

sivierung der Zusammenarbeit von Draeger in Pritzwalk und Wegener in Wittstock. Mit dieser Verbindung konnte man annehmen, dass auch das Lebenswerk von Paul Georg Wegener gesichert werden würde. Bis 1890 deckten die beiden Firmen den gesamten Uniformbedarf der Marine. Sie arbeiteten auch für das schwedische Militär.

Durch die Übernahme von vier Fabrikstandorten war die Fa. Friedrich Wilhelm Wegener etwas unübersichtlich über die Stadt verteilt.

Die Aufnahmen zeigen auch immer mehr Schornsteine. Dies hat sich mit Sicherheit auf die Luftqualität ausgewirkt. So verwundert es nicht, dass die Familie Wegener mindestens in den Sommermonaten regelmäßig vor der Stadt – in der Pritzwalker Vorstadt – wohnte. Dort hatte Paul Georg Wegener um 1876 eine Villa mit Veranda errichten lassen (heute Pritzwalker Straße 13). Vielleicht konnte man so auch dem Trubel im Geschäftshaus in der Kettenstraße, direkt neben der Tuchfabrik, entfliehen.

Paul Georg Wegener kaufte 1895 auch die frühere Gewerkswalke und Appreturanstalt in der Röbeler Vorstadt (am Dosseteich)

▷
Die ebenfalls 1895 von Paul Georg Wegener erworbene Gewerksspinnerei im Rote-Mühle-Weg

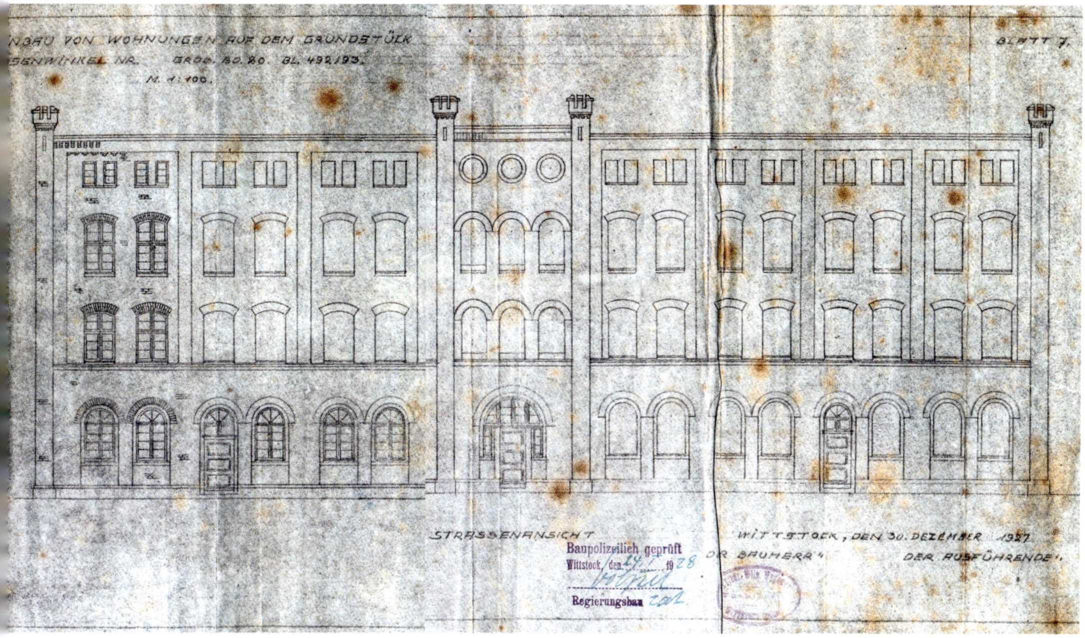

Fassade der innerstädtischen Tuchfabrik Wegener mit dem Haupteingang, Zeichnung der Fa. Rudolf Desens für einen Umbau 1927/28

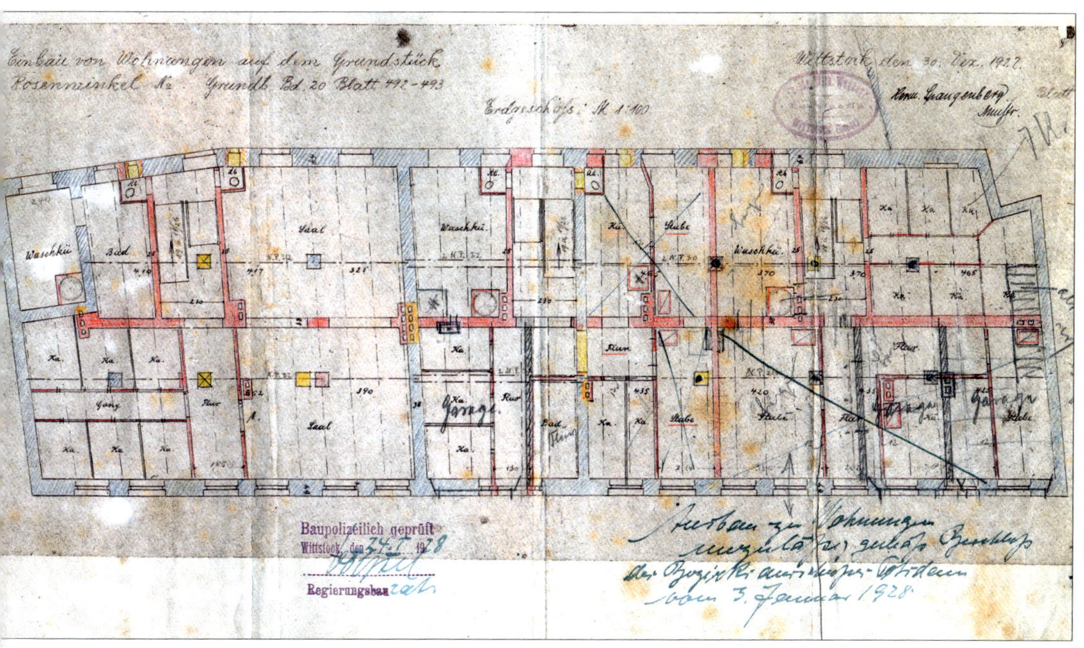

Erkennbar ist der ursprüngliche Grundriss (hellblau) der Tuchfabrik mit den Sälen rechts und links des Haupteingangs. Die Etagen darüber verfügten wohl über ähnlich große Räume. Das Gebäude ist heute im Bestand der Gebäude- und Wohnungsverwaltung Wittstock. 2017 wurde es modernisiert

Am 17. Dezember 1895 nahm Paul Georg Wegener Glückwünsche für das 200 000. Stück Tuch entgegen. Ob es ähnliche Feierlichkeiten wie beim 100 000. gab, ist nicht überliefert

Der Tuchfabrikant Rudolf Paul

Knapp 100 Meter nördlich des Stammhauses der Wegeners entstand in Sichtweite in der Heiligegeiststraße/Ecke Rosengarten ein Konkurrenzunternehmen für die Fa. Wegener. Dort hatte der Tuchmacher Johann Andreas Paul um 1825 ein Grundstück erworben. 1848 führte ein Brand dazu, dass aus den vorhandenen drei Hausstellen ein Manufakturgebäude wurde. Später kamen wohl noch drei Hausstellen hinzu, die das Fabrikgelände vergrößerten.

Die Firma Friedrich Paul in der Heiligegeiststraße (heute Stadtverwaltung Wittstock), um 1900

Fabrikgebäude der Fa. Friedrich Paul, vermutlich in den oberen Etagen als Lager für Wolle und fertige Tuche genutzt, im Erdgeschoss als Weberei, 2004

Blick in das Fabrikgebäude, um 2002

Scharfenberger Mühle, genannt Pauls Mühle, (wohl um 1910)

Spinnsaal der Scharfenberger Mühle, die zunächst als Spinnerei für die Paulsche Tuchfabrik und dann für die Kunstwollenfabrik Scharfenberg arbeitete – Zu sehen ist die früher von einem Wasserrad angetriebene Transmission, die wiederum mit den daran befestigten Riemen mehrere Maschinen antrieb, 2004

Erst 23-jährig gründete dort der Sohn Friedrich Paul 1849 die gleichnamige Firma und trieb deren Ausbau voran. 1880 und 1887 wurde die damalige Hauptfabrik in der Heiligegeiststraße durch Feuer zerstört, aber jeweils schnell und moderner wiederaufgebaut.

1870 fertigte die Fa. Friedrich Paul insgesamt fast 2000 St*ück Tuche.*

Zum 1. April 1878 wurde das Handelsgeschäft des Tuchfabrikanten Friedrich Paul als Firma Friedrich Paul in das Handelsregister beim Königlichen Kreisgericht in Wittstock eingetragen. Die beiden Gesellschafter waren seine Söhne, Kaufmann Rudolf Paul und Tuchfabrikant Emil Paul. Letzterer, der 1889 zu den Gründungsmitgliedern der Freiwilligen Feuerwehr Wittstock gehörte, schied

Paulsche Villa in der Ringstraße (rechts das Gymnasium), um 1905 – Nach 1945 war hier viele Jahre ein städtischer Kindergarten untergebracht

wohl einige Jahre später aus der Firma aus.

Bereits 1871 hatte die Fa. Paul die Scharfenberger Mühle erworben und dort im darauffolgenden Jahr eine Walkmühle und ein Badehaus für die Arbeiter errichtet. 1886 kam eine Spinnereigebäude hinzu. 1896 wird vom Neubau der Färberei und der Kesselanlage im innerstädtischen Betrieb berichtet. Durch weitere Vergrößerungen in den Jahren 1897/98 kam der Standort platzmäßig an seine Grenzen. Aber im Februar 1898 konnte die Firma Friedrich Paul hier noch ihr 100 000. Stück Tuch feiern.

Schon im Oktober 1895 bezog die Familie das neue Wohnhaus in der Ringstraße, gegenüber vom Gymnasium. Auch die Familie Paul war gesellschaftlich aktiv: Rudolf Paul als Stadtverordneter und seit 1881 als Mitglied der Wittstocker Freimaurer-Loge *„Constantia"*.[83] Ab 1926 führte er – wie Friedrich Wilhelm Wegener und andere zuvor – den Titel „Stadtältester". Noch 1932 wurde er als Alterspräsident der regionalen Industrie- und Handelskammer erwähnt. Seine Frau Elsbeth, geb. Rettig koordinierte u. a. im Ersten Weltkrieg als Vorsitzende des *Vaterländischen Frauenvereins* den Einsatz der freiwilligen Pflegekräfte in den sechs Lazaretten in Wittstock.[84]

Die neuen Tuchfabriken vor der Stadt

Von Paul Georg Wegener zu Emil Quandt

Mit der kompletten Veränderung der Tuchproduktion im Zeitalter der Industrialisierung und der Konzentration auf die zwei großen Tuchfabriken Paul und Wegener änderten sich auch die Bedürfnisse dieser Firmen. Neben den fehlenden Möglichkeiten der Betriebserweiterung, der Lärm- und Geruchsbelästigung in der Stadt, dürfte der Bedarf an Wasser ebenso ein Grund für die Verlagerung der Tuchfabriken von Quandt und Paul heraus aus der Innenstadt gewesen sein. Ebenso problematisch war die Entsorgung der ungeklärten Abwässer der beiden Tuchfabriken, denn diese gingen zum großen Teil in die hinter den Betrieben befindlichen Wallanlagen oder auf die Straße.

Das zum Betrieb einer Tuchfabrik erforderliche Material bestand überwiegend aus in- und ausländischer Wolle, die in gereinigtem und ungereinigtem Zustand gekauft wurde. Die ungereinigte Wolle wurde in einer Soda-Lösung gewaschen und dann mit Wasser nachgespült. Wasser war auch für das Färben und Veredeln der Tuche nötig.

Seit Paul Georg Wegener 30 Jahre zuvor die Tuchfabrik übernommen hatte, war die Anzahl der Beschäftigten bis 1885 inzwischen auf mehr als das Doppelte, auf 110, angestiegen. Dazu hatte die Übernahme der kurz zuvor erworbenen Appretur (Loycke) mit 40 Arbeitern beigetragen. Wenig später kamen durch den Kauf des Betriebes von Otto Schultz wohl noch einmal 32 Arbeiter und durch den Erwerb der Gewerksspinnerei und Walkerei vermutlich noch einmal 24 Beschäftigte hinzu, so dass die Fa. Wegener um 1900 etwa 200 Mitarbeiter hatte. Friedrich Paul beschäftigte zu dieser Zeit 75–80 Mitarbeiter. In der schon erwähnten Wollspinnerei von Ludwig Neukrantz arbeiteten etwa 10 Mit-

Kopfbogen der Tuchfabrik Friedr. Wilh. Wegener, Inhaber noch Paul Georg Wegener, um 1900

arbeiter.[85] Damit verdienten zu dieser Zeit 290 Menschen direkt in der Tuchproduktion ihren Lebensunterhalt. Hinzu kamen wohl noch Fuhrleute, die zwischen den Fabrikstandorten Wolle, Fertigprodukte u. a. bewegten.

Die Arbeit in der Tuchfabrikation war hart und der Lohn gering. In den 1870er und 1880er Jahren betrug die tägliche Arbeitszeit etwa 11 Stunden, ab der Jahrhundertwende etwa 10 Stunden.

Im September 1896 erwähnte ein vertraulicher Bericht des Landrates der Ostprignitz erstmals eine Textilarbeiter-Gewerkschaft, die 1897 59 Mitglieder zählte. *„Es wurde seitens des Verbandes bereits versucht, einen Ausstand in der Fabrik des Kommerzienrats Wegener anzuzetteln, was indessen vereitelt worden ist."*[86] Arbeitskämpfe sollten auch weiterhin eine Rolle spielen.

1900 gab es drei große Tuchfabriken in der Ostprignitz: Neben den beiden beschriebenen Paul und Wegener, war in Pritzwalk die 1839 von Ludwig und August Draeger gegründete, schon erwähnte Tuchfabrik Gebrüder Draeger tätig.

Wie eng die Orts-, Firmen- und Familiengeschichten in Wittstock und Pritzwalk miteinander verknüpft sind, zeigen die folgenden familiären Verbindungen, die vielleicht nicht immer zufällig entstanden.

Der Firmeninhaber Ludwig Draeger in Pritzwalk hatte 1850 mit Erlaubnis des Vormundschaftsgerichtes die 16 Jahre jüngere Friederike Zick, eine Tochter des verstorbenen Wittstocker Tuchmachers, Tuchhändlers und Senators Wilhelm Zick geheiratet. Aus der Verbindung gingen die beiden Kinder Max und Hedwig hervor.

Als 14-jähriger war Emil Quandt, Sohn eines Seilers, 1863 in die Fa. Draeger eingestiegen. Sein Vater war bereits gestorben, als er sechs Jahre alt war, so dass er als Halbwaise aufwuchs. Wie damals oft üblich, hatte vermutlich einer der engeren männlichen Verwandten die Vormundschaft für den Jungen übernommen. Emil Quandt arbeitete sich vom Handlungsgehilfen (heute kaufmännischer Angestellter) zum Prokuristen in der Verwaltungsspitze der Fa. Draeger hoch. Mit ihm begann die Entwicklung der Quandts zu einer der erfolgreichsten Industriellenfamilien Deutschlands.

1880, nach dem Tod des Firmeninhabers der Gebrüder Draeger, Ludwig Draeger, hatte sein Sohn Max die Leitung des Betriebes übernommen. Nachdem Emil Quandt dessen Schwester Hedwig geheiratet hatte, führten Max Draeger und sein Schwager die Firma zunächst gemeinsam. 1896 zog sich Max Draeger wegen eines Lungenleidens komplett aus dem Geschäft zurück, so dass Emil Quandt alleiniger Firmenchef wurde.

Aus der Verbindung Hedwig Draeger und Emil Quandt gingen fünf Kinder hervor: Günther (1881), Werner (1884), Gerhard (1885), Annaliese (1891) und Edith (1894).

Im Mai 1900 starb Kommerzienrat Paul Georg Wegener überraschend im Alter von 67 Jahren und hinterließ für seine Firma keinen männlichen Erben. Seine Tochter Ida (verheiratet mit einem Zaatzker Gutsbesitzer) hatte ausschließlich Töchter, die für die Geschäftsnachfolge nicht in Frage kamen. Die Verbindung zwischen seiner Tochter Bertha und dem Pritzwalker Tuchfabrikinhaber Max Draeger sollte vermutlich auch die Zukunft der Fa. Friedr. Wilh. Wegener sichern. Schon die Erkrankung seines Schwiegersohnes Max Draeger ließ diese Nachfolgefrage in der Schwebe. Vielleicht hatte Paul Georg Wegener auf seinen Enkelsohn, der wie er selbst Georg hieß, gehofft. Dieser war aber 1900 erst 12 Jahre. So stellte der plötzliche Tod Paul Georgs den Fortbestand der Fa. Wegener in Frage.

Zwar erbten seine beiden Töchter Ida und Bertha die gutgehende Wittstocker Tuchfabrik, führen konnten sie sie aber nicht. Weder waren sie dafür ausgebildet worden, noch war es üblich, denn Geschäfte waren in dieser Zeit in der Regel Sache der Männer.

Max Draeger vertrat nun die Interessen seiner Frau (Bertha) und ihrer Schwester (Ida): Weihnachten 1900 bot er die Firma Friedr. Wilh. Wegener seinem Schwager Emil Quandt zum Kauf an. *„Für den Erwerb der Wegenerschen Tuchfabrik interessiert sich Herr Fabrikant Georg Braun in Hersfeld. Ich habe mir die Sache reiflich überlegt. Mein Gesundheitszustand erlaubt mir nicht, in den kalten nördlichen Gebieten Deutschlands zu leben und zu arbeiten. Bevor ich jedoch die Verhandlungen betreffs Verkauf mit einem anderen übernehme, möchte ich Dich fragen, ob Du für den Erwerb Interesse hast. Bejahendenfalls würde ich gleich nach Neujahr nach Wittstock kommen. Wir könnten uns dann über alles verständigen."*[87]

Nach langer Beratung mit seinem Sohn Günther – und dessen Zusage, seinen ebenfalls gesundheitlich angeschlagenen Vater zu unterstützen – unterzeichnete Emil Quandt am 10. Januar 1901 den Vertrag zum Erwerb der Fa. Friedr. Wilh. Wegener mit allen Grundstücken in Wittstock. Er erwarb die mit 1,2 Mio. Mark dotierte Firma zum Preis von 1,1 Mio. Mark. Wie bei der Tuchfabrik Gebr. Draeger in Pritzwalk wurde auch in Wittstock nicht die Tuchfabrik Quandt daraus. Man blieb beim alten Namen: Friedr. Wilh. Wegener, um wahrscheinlich die vorhandenen Geschäftsbeziehungen nicht zu gefährden.

So übernahm Emil Quandt auch die Verantwortung für die gut geführte Fabrik in Wittstock. Sein Schwager Max Draeger wurde stiller Teilhaber.

Der knapp 20 Jahre junge Günther Quandt hatte wohl – wie Jahre zuvor Friedrich Wilhelm Wegener – eigentlich etwas anderes geplant. Mit 17 Jahren wurde er in der Firma seines Vaters ausgebildet, „durchlief" dort nicht nur den kaufmännischen Bereich, sondern auch alle technischen Abteilungen. Darüber hinaus besuchte er die Preußische Höhere Fachschule für Textilindustrie in Aachen und sammelte dann noch Erfahrungen in einer bekannten Appreturanstalt in Görlitz.[88]

Nun übergab ihm sein Vater die Leitung zum Ausbau der Tuchfabrik in Wittstock.

Gleich am Tag nach der Vertragsunterzeichnung, am 11. Januar 1901, nahm Günther

Dänicke/Wegenersches Geschäftshaus an der Tuchfabrik Friedr. Wilh. Wegener in der Kettenstraße – von Franz Siebert, einem Stadtchronisten, um 1931 als *„Quandtsches Haus"* bezeichnet – Von hier aus nahm wohl Günther Quandt von 1901 bis 1906 die Umgestaltung des Werkes I in der Innenstadt und den Neubau des Werkes II vor. Die Aufnahme zeigt das Gebäude kurz nach der Renovierung im Juni/Juli 1931. Links neben dem Gebäude ist auch die bereits erwähnte Zufahrt zum Hof zu sehen

Aufnahme von Hedwig und Emil Quandt im November 1911 in Wittstock

Quandt in Wittstock seine Arbeit in dem über die Stadt verteilten Betrieb auf. Dabei hatte ihm Emil Quandt zwei Prokuristen – darunter der bereits erwähnte Gustav Schultz – zur Seite gestellt. Er selbst reiste zur Kontrolle jeweils Dienstag- und Freitagnachmittag mit der Bahn aus Pritzwalk an.[89]

Nur der Standtort vor der Stadt (am Dosseteich) mit der ehemaligen Gewerkswalke, der Spinnerei, Wollwäscherei und der weiteren Walke (früher Schultz) war für eine Erweiterung geeignet. So konzentrierte und modernisierte Günther Quandt – ab 1904 unterstützt von seinem Bruder Werner – das über die Stadt verteilte Unternehmen zwischen 1901 und 1906. Zunächst ließ er 1901 in der sogenannten Fabrik II vor dem Röbeler Tor eine Wollwäscherei mit dazugehörigen Trockenapparaten errichten. Bereits im Herbst desselben Jahres wurden die fünf alten Wäschereien stillgelegt.

1902 erfolgten dann Neubau bzw. Neueinrichtung einer Färberei, Trocknerei, Tuchwalke sowie einer Karbonisation, außerdem einer Dampfkesselanlage. Mit der 1904 entwickelten Gesamtplanung für die Fabrik und der Zustimmung Emil Quandts für weitere Investitionen im September 1904 begann der Bau des Viergeschossers am Dosseteich. Dieser diente der Nass- und Trockenappretur, einem Großteil der Weberei sowie für die Verwaltung.

Im Werk I in der Innenstadt modernisierte und erweiterte Günther Quandt 1903 die Krempelei und die Spinnerei. 1906 war die Erneuerung der Firma im Wesentlichen abgeschlossen. Sie produzierte nun in der Fabrik I in der Kettenstraße/Rosenwinkel und in der Fabrik II vor dem Röbeler Tor am Dosseteich.[90]

Der Viergeschosser gegenüber dem Dosseteich (für Appretur, Weberei und Verwaltung), der unter der Regie von Günther Quandt ab 1904/05 errichtet wurde, mit dem Namenszug der Firma – Friedr. Wilh. Wegener – an der westlichen und nördlichen Fassade

Die Villa, in der Hedwig und Emil Quandt von 1906 bis 1925 lebten. Das Gebäude war ebenfalls ab 1904/05 umgebaut worden, wobei Dach, Heizung, Mittelrisalit und wohl auch die Raumaufteilung verändert wurden.

Der Schmuck über dem großen Fenster des Mittelteils weist auch nach gut 100 Jahren noch auf die früheren Eigentümer hin: EHQ = Emil und Hedwig Quandt

Die Aufschrift Uniformtuchfabrik ist an der Nordfassade bis heute erkennbar

Gestaltung des Giebels der Tuchfabrik mit den Buchstaben FWW für Friedr. Wilh. Wegener

Die Fabrik von Süden, noch ohne Sechsgeschosser, um 1910

1906 zogen Emil Quandt und seine Frau Hedwig, geb. Draeger nach Wittstock. Günther Quandt heiratete im September desselben Jahres eine Fabrikantentochter aus Pritzwalk und bezog das Wohnhaus der Quandts in Pritzwalk, in dem wohl auch sein Bruder Werner wohnte. Unter der Aufsicht von Emil Quandt und der beiden Prokuristen wurde in Wittstock auch der jüngste Sohn Gerhard eingearbeitet.

Im Juni 1909 übergab Emil Quandt seinen drei Söhnen Günther, Werner und Gerhard die Firmen Friedr. Wilh. Wegener in Wittstock und Gebrüder Draeger in Pritzwalk: § 1 des Geschäftsvertrages legte fest, dass Max Draeger, Günther Quandt und Gerhard Quandt die Wittstocker Firma Friedr. Wilh. Wegener übernehmen sollten, Max Draeger nur als stiller Teilhaber. Die Fa. Gebrüder Draeger in Pritzwalk sollte durch Günther und seinen jüngeren Bruder Werner Quandt geleitet werden. Der Gesellschafter-Vertrag berücksichtigte auch das Folgende: *„Sollten durch die Eintragung, dass Günther Quandt in beiden Firmen ist, die behördlichen Lieferungen um die Hälfte verringert werden, muss Günther Quandt wieder aus einer Firma austreten (§ 1)"* Die vorsichtige Firmenpolitik Emil Quandts sorgte dafür, dass ein großer Teil des Gewinns wieder in die Firma floss.[91]

Markanter Turm am 1905/06 errichteten Viergeschosser (Appretur, Weberei und Verwaltung)

Jeder der drei Söhne hatte das Recht, jährlich bis zu 10 000 Mark aus den Firmen zu entnehmen. Die Söhne wurden zugleich verpflichtet, niemals Spekulationsbörsengeschäfte einzugehen (§ 9). Und Emil Quandt ging auf Nummer sicher, in dem er sich vorbehielt, jederzeit Einsicht in die Bücher und alle Verhältnisse zu nehmen (§ 11). Außerdem übernahm er die Bürgschaft für das in der Firma verbliebene Kapital der beiden Töchter von Paul Georg Wegener, Ida von Tilly und Bertha Draeger.

Günther Quandt war nun für die Vermarktung zuständig und dadurch mindestens vier Monate im Jahr als Geschäftsreisender in ganz Deutschland unterwegs.

1910 kam es in der Fa. Friedr. Wilh. Wegener zu einem Ausstand. Wegen Lohndifferenzen streikten einige Arbeiter. Der Streik wurde dadurch beendet, dass der Arbeitgeber den Forderungen der Arbeiter nachgab.

Ab Oktober 1911 arbeiteten alle drei großen Tuchfabriken der Ostprignitz mit einem Geschäfts-Gesellschafts-Vertrag zusammen: *„Die Vorstehenden ad 1–4* [Günther, Werner, Gerhard Quandt, Fritz Paul, die Väter als stille

Teilhaber] übernehmen auf gemeinschaftliche Rechnung zu gleichen vier Teilen auf Gewinn und Verlust: 1. Die Fa. Friedr. Wilh. Wegener, Wittstock; 2. Die Fa. Friedr. Paul, Wittstock; 3. die Firma Gebr. Draeger, Pritzwalk."[92] *„Die bisherigen Fabriken arbeiteten nach außen hin selbständig als Unter-Abteilungen der Draeger Paul Wegener Werke* [...]. *Steuerlich wurde nur eine Bilanz aufgestellt und Gewinn und Verlust unter die vier Gesellschafter Fritz Paul, Günther, Werner und Gerhard Quandt an gleichen Teilen aufgeteilt.",* beschrieb Friedrich (Fritz) Paul in einem Schreiben von 1946 die neue Firmensituation.[93] *„Durch den Zusammenschluss wurden wir eine Macht, so daß wir nun gegen zum Teil größere Uniformtuchfabriken den Kampf aufnehmen konnten"* so Günther Quandt.[94]

Als 1912 die Gründung einer Interessengemeinschaft von 10 großen deutschen Textilfirmen zustandekam, hatte Günther Quandt im Vorfeld durch geschicktes Verhandeln eine gute finanzielle Position für die drei Firmen Draeger, Paul und Wegener erwirken können. Damit wurden frühere Konkurrenten zu Partnern. Durch die dann folgende Gründung der deutschlandweit agierenden *Material Beschaffungs GmbH*, die Günther Quandt aktiv begleitete, verbesserte sich erneut der Einkauf auch für die drei Prignitzer Firmen. Die Interessengemeinschaft erhielt auf Grund ihrer Größe deutlich bessere Konditionen als einzeln agierende Firmen.[95]

Im Juli 1912 heiratete Edith Quandt, Tochter von Emil Quandt und Hedwig Draeger, den Erben der benachbarten Tuchfabrik Friedrich (Fritz) Paul. So war auch zu der noch verbliebenen, dritten bedeutenden Tuchfabrik der Region eine enge Verbindung hergestellt. In dieser Ehe wurden vier Töchter geboren: Ingeborg, Sigrid, Anneliese und Ute.

Im November desselben Jahres heirateten Gerhard Quandt und Elisabeth Zeibig (Dresden). Aus dieser Verbindung gingen vier Kinder hervor Friedrich Wilhelm (genannt Friedhelm), Alexander, Margarete, Heinrich. Der älteste Sohn Friedhelm (geb. 1914) war als Firmennachfolger vorgesehen und bereits in der väterlichen Firma tätig, als er zum Kriegsdienst eingezogen wurde. Er starb 1943 am Peipussee. Auch sein jüngerer Bruder Alexander überlebte den Zweiten Weltkrieg nicht.

Zur Erinnerung an das 300 000. Stück Tuch der Fa. Friedr. Wilh. Wegener im Juli 1908

Die Umstellung der Armeeuniformen von Preußisch-Blau auf die feldgraue Montur durch *Allerhöchste Kabinettsorder* vom Februar 1910, wie auch dann wenig später die Vorbereitungen auf den Ersten Weltkrieg, brachte so viel Gewinn, dass es möglich wurde, die über das Wittstocker Stadtgebiet verteilten Betriebsstandorte um 1912/13 größtenteils in dem neuen Betrieb vor der Stadt zusammenzufügen.

Kopfbogen der Fa. Friedr. Wilh. Wegener mit den beiden Fabrikanlagen I und II sowie dem Speichergebäude am Bahnhof, den Medaillen sowie der Schutzmarke der Fa. 1916

Im Juli 1914 begann der Ersten Weltkrieg. Während man Günther Quandt vom Wehrdienst freistellte, wurden sein Bruder Gerhard und sein Schwager Friedrich Paul schon Anfang August eingezogen. Da Günther Quandt zwischenzeitlich für seinen Schwager die Friedrich Paul Tuchfabrik übernehmen musste, leitete der Prokurist Gustav Schultz die Fa. Wegener.[96]

Hatten die drei Firmen der Draeger – Paul – Wegener Werke vorher in der Woche Tuche für 400 Uniformen gefertigt, waren es jetzt Tuche für 1000 in 14 Tagen.

Nur wenige Tage nach Kriegsbeginn erhielt Günther Quandt von der Bekleidungsabteilung des Kriegsministeriums das Angebot, Vorstandsmitglied in der zu gründenden Kriegswollbedarf AG zu werden, in der ab Ende 1915 alle Wolle aus Deutschland abgeliefert werden musste. Dort war er dann für das Dezernat „Wolle und Garne, allgemeine Organisation und Personalien“ zuständig. Meistens in Berlin präsent leitete er *nebenbei* weiterhin die Wittstocker Firmen. Die Materialversorgung der drei Prignitzer Firmen während des Krieges war gesichert.[97]

1916 lagen die Gewinne der Firmen Wegener bei 880 000 M, Paul bei 770 000 M und Gebr. Draeger bei 1,5 Mio. M.

Familiäre Verbindungen

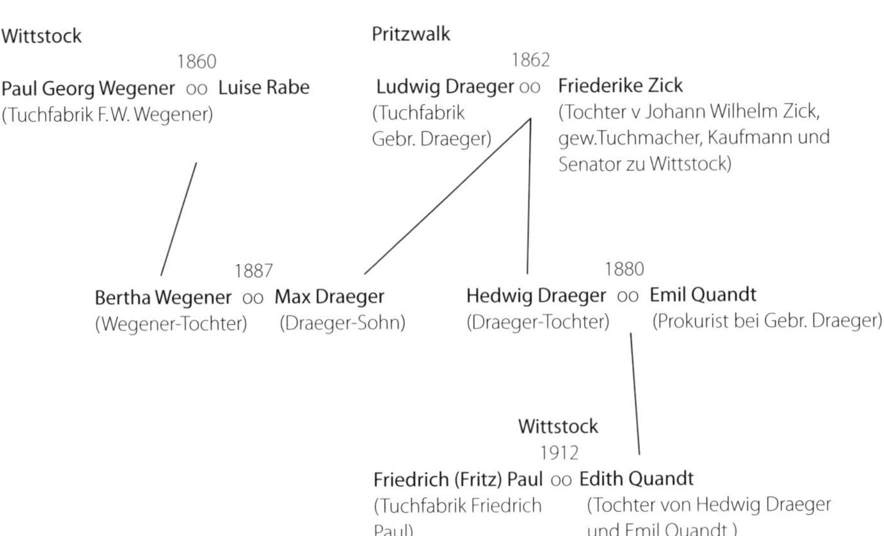

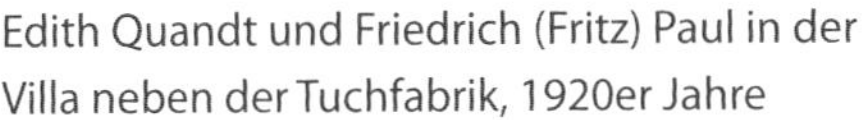

Edith Quandt und Friedrich (Fritz) Paul in der Villa neben der Tuchfabrik, 1920er Jahre

Elisabeth Zeibig und Gerhard Quandt, 1920er Jahre

Mit der Heirat von Edith Quandt und Friedrich (Fritz) Paul waren alle drei großen Tuchfabriken in der Ostprignitz über die Familie Quandt verbunden.

Über einen Zeitraum von mehr als 30 Jahren führten Friedrich Paul und Gerhard Quandt ihre Tuchfabriken in Wittstock und waren bis 1939 die größten Arbeitgeber der Stadt.

Arbeiter der Woll-Färberei vor der 1904 errichteten Spinnerei im Sheddachgebäude, 1910/1912

Arbeiterin an einer Krempelmaschine in einer der beiden Wittstocker Tuchfabriken, um 1910

Durchschnittslöhne bei täglicher, zehnstündiger Arbeitszeit in den Kriegsjahren 1914–16 im Vergleich der drei Firmen[98] (M = Männer, F = Frauen)

Unternehmen		Uniformtuchfabrik F. Paul, WK			Uniformtuchfabrik Friedr. Wilh. Wegener			Uniformtuchfabrik Gebrüder Draeger		
Betriebsteil		1914	1915	1916	**1914**	**1915**	**1916**	1914	1915	1916
Wollboden	M	–	–	–	**2,42**	**2,62**	**3,23**	1,38	1,42	1,86
Färberei	M	2,44	2,76	3,27	**2,34**	**1,54**	**3,15**	2,20	2,62	2,80
Spinnerei	M	3,18	3,45	4,38	**3,02**	**3,34**	**4,10**	3,07	3,11	3,71
	F	1,82	2,11	2,34	**1,67**	**1,78**	**2,30**	2,20	2,62	2,80
Weberei	M	2,94	3,06	3,58	**2,70**	**3,18**	**3,73**	3,34	3,94	4,28
	F	2,20	2,58	2,83	**1,90**	**1,76**	**2,85**	2,30	2,65	2,88
Walke	M	2,67	2,98	3,68	**2,46**	**2,66**	**3,40**	2,48	2,54	3,34
Appretur	M	2,43	3,39	4,02	**2,46**	**2,66**	**3,40**	2,45	2,47	3,12
	F	1,77	2,03	2,40	**1,60**	**1,76**	**2,20**	2,30	2,65	2,88

Deutlich ist die Lohnsteigerung erkennbar, die vor allem der Tatsache geschuldet war, dass durch den Ersten Weltkrieg (männliche) Arbeitskräfte fehlten. Die Arbeiterinnen nahmen besser bezahlte Tätigkeiten in der Rüstungsindustrie an, was die Arbeitskräftesituation zusätzlich verschärfte. So verwundert es auch nicht, dass die Verdienste in der Weberei bis 1917 schon zwischen 4,20 und 4,60 M angestiegen waren.

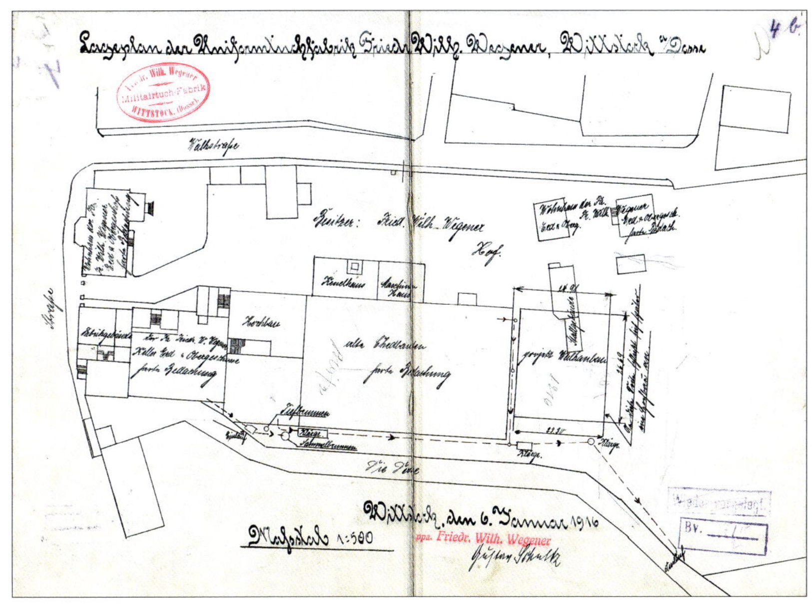

Lageplan der Uniformtuchfabrik Friedr. Wilh. Wegener (von N nach S) zur buchmäßigen Sicherung der Wasserrechte 1916 mit der Unterschrift des Prokuristen Gustav Schultz – Zu diesem Zeitpunkt war die Erweiterung der Firma durch den Walkanbau (ganz rechts) geplant, außerdem der Sechsgeschosser

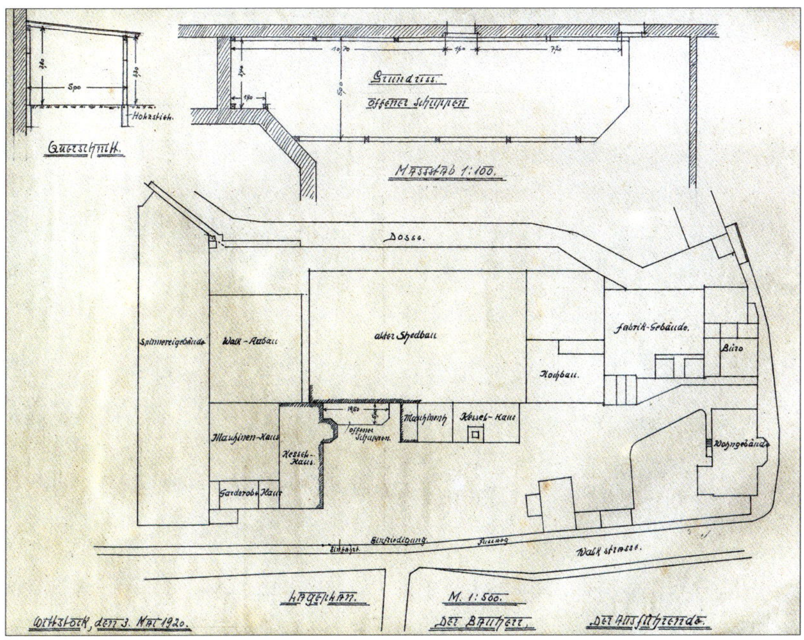

Grundriss (von S nach N) mit dem neuen sechsgeschossigen Spinnereigebäude, dem Walkanbau mit Maschinen- und Kesselhaus, dem alten Shedbau, Hochbau und Fabrikgebäude (v. l. n. r.)

Spinnereigebäude kurz nach der Errichtung

Blick in einen Spinnsaal des Sechsgeschossers (mit ca. 65 m Länge und einer Grundfläche von mehr als 1200 Quadratmetern), 2020

Seit 1903 existierte für die Tuchfabriken Wegener eine Krankenkasse, die den Beschäftigten im Krankheitsfall eine Unterstützung bis zum Ablauf der 26. Woche gewährte.

1905 kam es zur Gründung der gemeinnützigen Emil-Quandt-Stiftung für Pritzwalk und Wittstock mit je 50 000 RM. Mit den Erlösen aus dem Stiftungskapital sollten vor allem Vaterländische Frauenvereine, die Kirche, das Rote Kreuz und lokale Jugendorganisationen bedacht werden.[99]

Seit längerem geplant und nun durch die Gewinne im Krieg realisierbar wurde der imposante Sechsgeschosser im Frühjahr 1916 (auf Gesellschafterversammlungen) beschlossen und für eine Bausumme von 900 000 M umgesetzt.[100] Als 1917 dieses Spinnereigebäude zur Vervollständigung des Fabrikstandortes errichtet worden war, verschwand die Tuchproduktion endgültig aus der Innenstadt.[101]

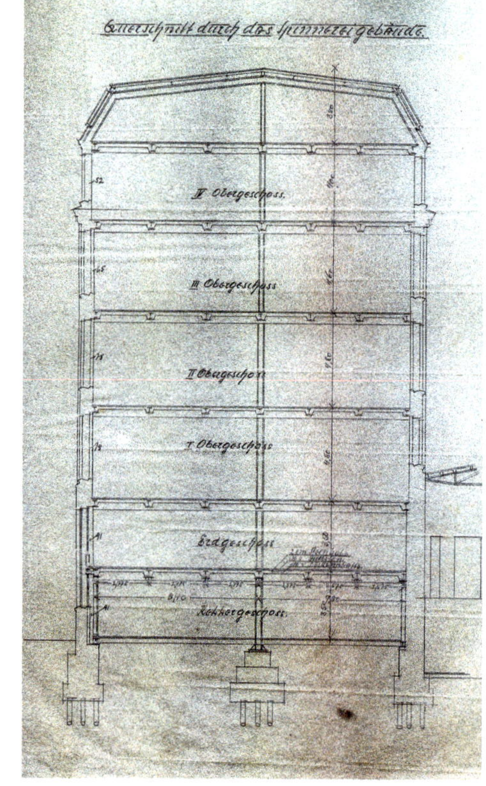

▷ Querschnitt (östlicher Giebel) durch das sechsgeschossige Spinnereigebäude – Deutlich sind ganz unten die Gründungspfähle erkennbar, auf denen das eigentliche Fundament des Gebäudes ruht. Vom Kellergeschoss aus wurden die Pfähle über Jahrzehnte so überwacht und behandelt, dass sie auch bei längerer Trockenheit immer im Wasser standen

Die sogenannte „Schulzenburg" in der Kyritzer Straße/Ecke Schützenstraße wurde 1920 von Emil Quandt erworben und nach seinem Tod 1925 auf seine beiden Töchter Edith und Annaliese übertragen

Die 1921 errichtete Villa der Familie Quandt in der Röbeler Straße, Aufnahme von 1992/93 nach einem Neuanstrich – Links hinter der Villa befand sich 1930 ein Tennisplatz.
Wahrscheinlich wurde das Haus überformt, insbesondere die Eingangssituation. 1920 hatte Gerhard Quandt auch das Nachbargrundstück mit dem Restaurant „Logengarten" erworben, wo offensichtlich in seinem Auftrag kulturelle Veranstaltungen für die Stadt, wie Konzert-, Theater- und Filmvorführungen organisiert wurden.
Das Gebäude wurde unmittelbar nach der Enteignung der Quandts 1945 als Kindergarten genutzt. Wenig später war es für Jahrzehnte der Sitz des Volkspolizeikreisamtes Wittstock. Heute ist die Villa im Besitz der Sabine-Hagemann-Stiftung in Niedersachsen

Die geplanten Baumaßnahmen bedeuteten auch eine erhebliche Betriebsvergrößerung. Diese scheint Gustav Schultz als Betriebsdirektor während des Ersten Weltkrieges vorbereitet zu haben. Ende 1915 hatte er bei der Wasserbuchbehörde in Potsdam eine Frischwasserentnahme aus der Dosse oder aus Tiefbrunnen und die Einleitung des Abwassers in die Dosse beantragt. Die Sicherung dieser Rechte wurde in verschiedenen Zeitungen, wie der *„Kreiszeitung für die Ostprignitz"* oder dem *„Amtsblatt der Königlichen Regierung"* im April 1916 veröffentlicht. Schon damals verlangte die Behörde eine Klärung der Abwässer.

1919 kehrten die beiden Brüder Quandt und auch Friedrich Paul aus dem Krieg zurück und übernahmen jeweils wieder die Firmenleitung. Im Oktober 1918 war Günther Quandts Frau in Pritzwalk an der sogenannten *Spanischen Grippe* verstorben, so dass er 1919 endgültig die Region verließ. Seine beiden Söhnen verblieben zunächst in Wittstock bei den Großeltern, bevor sie zu ihrem Vater nach Potsdam-Babelsberg zogen. Wenige Jahre danach heiratete er Magda Ritschel (später die Frau des Propagandaministers Joseph Goebbels).

Nach dem Ende des Ersten Weltkrieges und dem teilweisen Ausschluss militärischer Aktivitäten für Deutschland war ein Markt für Militärtuche kaum mehr vorhanden, so dass der Betrieb komplett auf Ziviltuche umstellen musste. Mit der Erhöhung der Löhne und der damit einhergehenden Erhöhung der Tuchpreise versiegte auch der Export von Tuchen ins Ausland fast vollständig.

Die Inflation und ihr Höhepunkt, die Hyperinflation, 1923 führten zu chaotischen

Jubiläumsblatt 1928

Teil der Belegschaft (126 Mitarbeiter) um 1930 vor dem sogenannten alten Shedbau – Die Arbeitszeit betrug damals laut Betriebsordnung 48 Stunden in der Woche

Verhältnissen. So verdiente beispielsweise ein Weber bei Quandt in Pritzwalk im Herbst 1923 266 000 000 Mark (vom 15. bis 21.10.1923)[102] – eine Summe, die kaum für das Nötigste gereicht haben dürfte. Ähnliche Verdienste wird es auch in den beiden Tuchfabriken Paul und Wegener in Wittstock gegeben haben. Dieser Zustand wurde durch die Einführung der Rentenmark im November 1923 und ihre Absicherung durch amerikanische Kredite beendet. Auch wenn sich die Verdienstsummen wieder normalisierten, blieb die Situation in den drei Tuchfabriken in den folgenden Jahren jedoch schwierig.

An einem Sonntag im Juli 1928 beging die Firma Friedr. Wilh. Wegener ihr 100-jähriges Jubiläum. Eingeladen waren die gesamte Belegschaft sowie frühere Werksangehörige, die 25 Jahre und länger dort gearbeitet hatten.

Die Festrede hielt der Inhaber Gerhard Quandt selbst. Zur Feier des Tages war auch Günther Quandt aus Berlin angereist und ließ in seiner Rede die ersten Jahre am neuen Betriebsstandort Revue passieren. Als Vertreter der Handelskammer nahm beider Schwager Friedrich Paul teil.

Auf der Veranstaltung wurden 23 Mitarbeiter ausgezeichnet, die auf 25 bis 52 Dienstjahre in der Firma Friedr. Wilh. Wegener zurückblicken konnten. Unter den Ausgezeichneten waren auch vier Frauen, die zwischen 28 und 34 Jahren bei Wegener gearbeitet hatten.

Emil Quandt konnte nicht mehr dabei sein. Am 70. Geburtstag seiner Frau, am 12. Mai 1925, war er in Wittstock verstorben und später in Pritzwalk beigesetzt worden.

Offensichtlich war die Auftragslage so schlecht, dass Günther und Werner Quandt 1929 die Geschäftspartnerschaft der D.P.W. Werke aufkündigten. Damit arbeitete jede Firma wieder selbständig.

Die Folgen der Weltwirtschaftskrise ließen auch Wittstock nicht aus: Am 5. Januar 1931 berichtete die *„Kreiszeitung für die Ostprignitz"* von einer Verschärfung auf dem heimischen Arbeitsmarkt, dass sich die Zahl der Hauptunterstützungsempfänger seit November nahezu verdoppelt hätte (von 189 auf 347 Männer, von 40 auf 78 Frauen). Insgesamt waren damals 549 Männer und 109 Frauen arbeitssuchend. Die Zahlen stiegen in den folgenden Monaten weiter an, so dass am 17. Oktober 1931 in der *„Kreiszeitung für die Ostprignitz"* von Arbeitszeitverkürzungen zu lesen war: *„Die hiesige Tuchfabrik Wegener hat sich infolge Auftragsmangels genötigt gesehen, die Fünftagewoche einzuführen. Es wird demnach nur noch an den ersten fünf Tagen der Woche gearbeitet."* Im Januar 1932 suchten in Wittstock bereits 700 Männer und 100 Frauen Arbeit.

Gegenüber den Behörden wurde die erhebliche Erweiterung des Unternehmens durch den Bau der Walkerei und des Sechsgeschossers zwischen 1915 und 1917 kaum erwähnt. Ein Resultat daraus war wohl ein enormer Anstieg des Wasserverbrauchs und sicher auch der abgeleiteten Abwässer. 1930 verteidigte Gustav Schultz als Betriebsdirektor gegenüber dem Gewerbeaufsichtsamt die Notwendigkeit des Wasserverbrauchs: *„Zum Nachweis für den Verbrauch am 1.5.1914 (Wirksamkeit des Gesetzes) führe ich an, dass ich in meinen jederzeit vorlegbaren Geschäftsbüchern am 1.5.1914 mit einer erheblich größeren Arbeiterzahl als heute auf demselben Fabrikgrundstück eine mehr als doppelt so hohe Produktion an Tuchen gehabt habe, die ebenfalls wie heute von der rohen Wolle bis zum fertigen Tuch alle Fabrikationsstufen durchlaufen musste".* Das war so jedoch nicht ganz korrekt, denn durch die Fertigstellung des Sechsgeschossers erhöhte sich nicht nur die Garnproduktion, sondern die Produktion insgesamt. Zu diesem Zeitpunkt hatte die Uniformtuchfabrik Friedr. Wilh. Wegener die Rechte, täglich 1800 cbm Wasser – entspr. 540 000 cbm/pro Jahr – aus ihren eigenen vier Tiefbrunnen zu entnehmen und außerdem die *„Rechte zur Einleitung von täglich ca. 1800 cbm Wasser und anderen flüssigen Stoffen"* in die Dosse.[103]

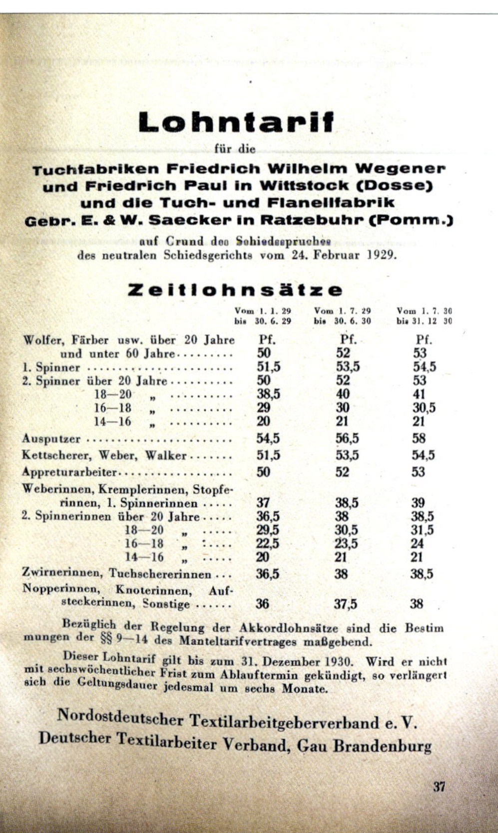

Lohntarif

für die

Tuchfabriken Friedrich Wilhelm Wegener und Friedrich Paul in Wittstock (Dosse) und die Tuch- und Flanellfabrik Gebr. E. & W. Saecker in Ratzebuhr (Pomm.)

auf Grund des Schiedsspruches des neutralen Schiedsgerichts vom 24. Februar 1929.

Zeitlohnsätze

	Vom 1. 1. 29 bis 30. 6. 29	Vom 1. 7. 29 bis 30. 6. 30	Vom 1. 7. 30 bis 31. 12 30
	Pf.	Pf.	Pf.
Wolfer, Färber usw. über 20 Jahre und unter 60 Jahre	50	52	53
1. Spinner	51,5	53,5	54,5
2. Spinner über 20 Jahre	50	52	53
18—20 „	38,5	40	41
16—18 „	29	30	30,5
14—16 „	20	21	21
Ausputzer	54,5	56,5	58
Kettscherer, Weber, Walker	51,5	53,5	54,5
Appreturarbeiter	50	52	53
Weberinnen, Kremplerinnen, Stopferinnen, 1. Spinnerinnen	37	38,5	39
2. Spinnerinnen über 20 Jahre	36,5	38	38,5
18—20 „	29,5	30,5	31,5
16—18 „	22,5	23,5	24
14—16 „	20	21	21
Zwirnerinnen, Tuchschererinnen	36,5	38	38,5
Nopperinnen, Knoterinnen, Aufsteckerinnen, Sonstige	36	37,5	38

Bezüglich der Regelung der Akkordlohnsätze sind die Bestimmungen der §§ 9—14 des Manteltarifvertrages maßgebend.

Dieser Lohntarif gilt bis zum 31. Dezember 1930. Wird er nicht mit sechswöchentlicher Frist zum Ablauftermin gekündigt, so verlängert sich die Geltungsdauer jedesmal um sechs Monate.

Nordostdeutscher Textilarbeitgeberverband e. V.
Deutscher Textilarbeiter Verband, Gau Brandenburg

37

Auf der Grundlage eines Schiedsgerichtsspruches 1929 zu zahlender Lohn (der im Nordostdeutschen Textilarbeitgeberverband e.V. organisierten Betriebe) – Die Wittstocker und Pritzwalker Spinner und Weber bekamen beispielsweise weniger als diejenigen in Malchow, jedoch mehr als die Magdeburger. Weibliche Arbeitskräfte erhielten generell weniger

Die Wassermenge, die vor allem für die Wollwäscherei, Walke, Tuchwäscherei und die Dampfmaschine benötigt wurde, war auf 10 Stunden täglicher Arbeitszeit berechnet.

Aber auch das Umweltbewusstsein wuchs. Aufgrund der immer wiederkehrenden Beschwerden von Bürgern wandte sich der Bürgermeister als Ortspolizeibehörde letztlich 1934 an das Regierungspräsidium in Potsdam: „*Im Laufe der letzten Monate ist wiederholt eine arge Verschmutzung und ein auffallendes Fischsterben in der Dosse beobachtet worden. Bestimmte Anzeichen sprachen und sprechen fernerhin dafür, dass die Verunreinigung des Wassers und das Sterben der Fische auf Einleitung von Abwässern aus den hiesigen Tuchfabriken zurückzuführen ist.*“[104] „*Veranlassung* […] *gab eine Beschwerde des Försters Theodor Hoffmann, Wittstock, vom 29. Juli 1934 über katastrophales Fischsterben in der Dosse. Danach sollten seit Jahren im Dosselauf unterhalb der Stadt Wittstock Fischsterben auftreten.*“[105] Auch der Landrat des Landkreises Ostprignitz widersprach der weiteren Einleitung von Abwässern, „*weil die Verunreinigung der Dosse unterhalb Wittstock unhaltbare Formen angenommen hat.*“[106] Als Verursacher kamen tatsächlich mehrere Firmen in Frage, die ihre Abwässer ungeklärt in die Glinze und die Dosse einleiteten: die Kartoffelflockenfabrik Wittstock, die Molkerei, die beiden Tuchfabriken, der Schlachthof, außerdem natürlich städtische Abwässer. Während die Fa. Paul bei der Überprüfung von Wasser und Abwasser durch die Landesanstalt für Wasser-, Boden- und Lufthygiene in Berlin Dahlem mit Mängeln davonkam, sah das bei der Tuchfabrik von Gerhard Quandt anders aus. Dort war „*die Wirkungsweise der anscheinend sehr alten [Klär]Anlage nicht genau ersichtlich* […]. *Aus der* […] *Rohrleitung floss ein trübwolkiges mit Faser- und Fettflocken durchsetztes Abwasser ab und verschmutzte die Dosse in gröbster Weise.*“[107] Die 1928 errichtete Kläranlage wurde – im Vergleich mit der Pritzwalker Tuchfabrik – als viel zu klein angesehen. Die Fischereischutzgenossenschaft Havel forderte die Reinigung der Abwässer sowie ein Herunterkühlen des Wassers auf höchstens 20 Grad.[108]

1934 ordnete die zuständige Behörde für die Tuchfabrik Paul sofort eine neue Kläranlage an, für Quandt 1935.

Nachdem sich Gerhard Quandt schon 1925 bereiterklärt hatte, die Neueinrichtung der durch die Inflationszeit 1921 geschlossenen

Kinderbewahranstalt in Wittstock mit zu finanzieren (gemeinsam mit anderen Firmeninhabern Grimme, Piest, Fiedler & Schneider u. a.)[109], spendete er 1935 10 000 RM für den Bau des Fachwerkgebäudes (heute Museum) auf dem Amtshof, wie die *„Zeitung für die Ostprignitz"* am 23. November 1935 meldete. Das dann im März 1939 eingeweihte Gebäude sollte örtlichen, nationalsozialistischen Massenorganisationen (HJ, BDM) als Versammlungshaus dienen. Ob Gerhard Quandt die Verbesserung der Versammlungsmöglichkeiten der Organisationen im Blick hatte, lässt sich nicht sagen. Wahrscheinlich reagierte er wohl vor allem auf die Kritik an der Höhe des Spinnereigebäudes in seiner Fabrikanlage. Denn dieser im Ersten Weltkrieg errichtete Neubau überrage – so die Kritiker – die denkmalgeschützte Burganlage und lenke den Blick ab. Eine der Ideen war deshalb auch, einen dreigeschossigen Bau in der nordöstlichen Ecke des unteren Burghofes zu errichten, der die Quandtsche Fabrikanlage – vor allem den Sechsgeschosser – kaschieren sollte. Letztlich wurde das Fachwerkgebäude als Verbindungsbau zwischen dem Torturm der alten Burg und der Burgmauer errichtet. Die Dominanz des Sechsgeschossers blieb, wird heute aber durch Bäume abgemildert.

Mit der Übernahme der politischen Macht durch die Nationalsozialisten 1933, deren militärischem Engagement und der kompletten Neueinkleidung der Behördenmitarbeiter verbesserte sich die Lage in der Tuchproduktion. Uniformtuche wurden plötzlich wieder überall gebraucht.

So produzierte die Gerhard Quandt gehörende Friedr. Wilh. Wegener Tuchfabrik 1937 – lt. Wirtschaftsprüfung für das genannte Jahr – 1,5 Mio. Meter Garn und in der Weberei 5 016 Stück Tuche vor allem für die Armee: Manteltuch (feldgrau), Blusentuch, Rocktuch, Hosentuche (in „neugrau"), Abzeichentuche (in dunkelblau, hochrot, weiß, braun), Mannschaftstuche für die Marine, Fliegerhosentuche und Ziviltuche. Die Gesamtausgaben lagen bei knapp 630 000 RM, davon rund 175 000 RM Löhne.[110]

1938 waren es schon 5 506 Stück Tuche, davon der *„überragende Teil, nämlich nahezu 5 000,— Stück Uniformtuche",* feldgrau Manteltuch, neugrau Hosentuch, Arbeitsdienst-Hosentuch, feldgrau Blusentuch, Flieger *Rocktuch"*.[111]

Im gleichen Zeitraum hatte sich die Fa. Friedr. Wilh. Wegener auch bereiterklärt, sogenannte Siedlungsvorhaben der *„Brandenburgischen Heimstätten"* zu fördern. Bis 1940 erhielten acht Mitarbeiter des Betriebes als sogenanntes Spitzendarlehen 1 000 RM, das als Hypothek eingetragen und in Raten zurückgezahlt werden musste.[112]

Beim Regierungsbezirk Potsdam hatte Gerhard Quandt im Juli 1938 den Antrag zur Gründung einer Stiftung gestellt. Bei der Firma Wegener bestand schon ein Unterstützungsfond, der aus der Emil-Quandt-Stiftung hervorgegangen war. Dieser Fond sollte in eine rechtsfähige Stiftung umgewandelt werden. Zu diesem Zeitpunkt betrug das Stiftungsvermögen 12 230,76 RM. Aus Anlass seiner Silberhochzeit hatte Gerhard Quandt der Stiftung zum 1. 1. 1938 10 000 RM zugeführt.[113] Während der Landrat der Ostprignitz und das Finanzamt Kyritz ihre Zustimmung erteilten, hatten das Regierungspräsidium als auch die Industrie- und Handelskammer Einwände gegen das geringe Stiftungskapital. Die genehmigende Behörde vermutete ausschließlich Motive der Steuerersparnis.

Im Vergleich mit anderen Betriebsordnungen scheint es so, dass die von Gerhard Quandt geleitete Firma „[…] *bisher inbezug auf soziale Betreuung und Gestaltung für die Betriebsgemeinschaft nichts getan hat,* […] *dass die im Jahr 1934 aufgestellte Betriebsordnung den Gefolgschaftsmitgliedern [= Mitarbeiter] zwar sehr viele Pflichten auferlegt, ihnen auf der anderen Seite so gut wie gar keine Rechte einräumt."*, so eine zusätzlich eingeholte

Spielmannszug der Fa. Wegener (Quandt), wahrscheinlich 1. Mai 1937 (Königstraße)

Stellungnahme der Deutschen Arbeitsfront (DAF). Aus Sicht der DAF fehlten z.B. Familienzuschläge zum Lohn, eine Erhöhung der Kinderzulagen, Heiratsbeihilfen, Linderung von besonderen Notfällen der Mitarbeiter, Jahresabschlussprämien, Gewinnbeteiligung, auch Beihilfen oder Lohnausgleich bei Teilnahme an Veranstaltungen, Kursen usw. der Partei u. a.m., die andere Betriebsordnungen durchaus für die Mitarbeiter vorsahen.

Die DAF wies 1940 auch darauf hin, *„dass in diesem Betrieb in den Jahren 1933 bis 1937 ständige Lohndifferenzen bestanden haben und es seinerzeit trotz aller möglichen Versuche* […] *nicht gelungen ist, die vorhandenen Mißstände zu beseitigen.* [Letztlich] *strengten 21 Gefolgschaftsmitglieder – vertreten durch die DAF – einen Prozess an, der nach viermonatiger Dauer mit der Verurteilung der Firma Wegener endete und diese gezwungen wurde, einen Betrag von RM. 20000,– an rückständigen Löhnen nachzuzahlen. Die Firma Wegener hat es auf einen Prozess ankommen lassen, den sie letzten Endes verlieren musste* […].“[114]

Dass die Firma Friedr. Wilh. Wegener mit ihrem Inhaber Gerhard Quandt gewinnbringend arbeitete, zeigt auch eine Aktienabrechnung von 1940. Gerhard Quandt hielt Aktien im Wert von über einer Mio. RM, darunter der IG Farbenindustrie (156500 RM), der Vereinigten Stahlwerke AG (99700 RM), Deutsche Waffen- und Munitionsfabriken AG (147500 RM), Wintershall Kali AG (129500 RM), der Niederlausitzer Kohlen AG (171342 RM), Gruschwitz Textil AG (110000 RM), Bergmann Elektrowerke AG (18060 RM), Prignitzer Eisenbahn (98748 RM).[115] Damit folgte er wohl nicht nur Empfehlungen seines in Finanzgeschäften sehr erfolgreich agierenden, älteren Bruders Günther zum gewinnbringenden Anlegen, er stützte auch aktiv dessen Unternehmungen.

Führer

durch die

Uniformtuchfabrik Friedr. Wilh. Wegener, Wittstock.

Fabrikation der Besatztuche.

I. Wollbereitung.

a. Rohe Wolle sortieren, schweißen, spülen, zentrifugieren, trocknen und nochmals sortieren (ausgenommen schwarz II, hellblau und kornblumblau, die in der Wolle mit Indigo angeblaut resp. ausgefärbt werden).

II. Wolferei.

a. Wolfen.
b. Oelen.

III. Spinnerei.

a. Krempelei bis zum Vorgarn.
b. Feinspinnerei (Drehen des Vorgarns, aufwickeln auf Spulen, Kettgarn und Schußgarn getrennt).

IV. Weberei.

a. Vorbereitung der Ketten.
b Weberei.
c. Knoten, Noppen, Zeichen und Firma einnähen.

V. Naßappretur.

a. Lodenwäsche (Entfernen des Fabrikationsfettes).
b. Karbonisation (Einsauern, Zentrifugieren, verkohlen, stampfen und entsäuern).
c. Walken.
d. Wäsche (Entfernung der Walkseife) und Glättung.
e. Rauhen (Strichappretur) Breitschleudern.

VI. Trocken-Appretur.

a. Anschlagen auf Breite und trocknen.
b. Linksscheeren und Rechtsscheeren.
c. Bürsten, Rohware fertig.

VII. Färben.

a. Netzen.
b. Beizen.
c. Färben zu den verschiedenen Besatzarten (ponceaurot, rosarot, karmesinrot, hellgelb, zitronengelb, goldgelb, weiß und hellgrün).
d. Spülen.
e. Zentrifugieren.

VIII. Zweite Appretur.

a. Verstreichen.
b. Breitschleudern.
c. Trocknen.
d. Nachscheeren.
e. Abbürsten.
f. Krumpfen.
g. Pressen.
h. Schauen.
i. Messen, dublieren und legen.

Führer durch die Uniformtuchfabrik Friedr. Wilh. Wegener, um 1935

Die Auswirkungen des Zweiten Weltkrieges, der am 1. September 1939 begonnen hatte, waren recht schnell zu spüren. Nicht nur dadurch, dass nun Lebensmittelmarken galten und das Leben rasant schwieriger wurde, es fehlten auch immer mehr junge Männer, die als Soldaten eingezogen waren.

Von Dezember 1939 bis Januar 1942 ist das Lohnbuch der Quandtschen Fa. Wegener überliefert. Diese hatte Anfang 1940 gut 210 Mitarbeiter, fast ebenso viele Männer wie Frauen. 70 Beschäftigte arbeiteten in der Weberei im Akkord. Für alle galt die 48-Stunden-Woche. Nur in der Färberei wurden 53,5 Stunden in der Woche gearbeitet. 24 Monate später, am Beginn des Jahres 1942, hatte der Betrieb nur noch 146 Beschäftigte.[116]

Ähnlich schilderte Fritz Paul die Situation in seiner Fabrik, so dass beide Belegschaften (Paul und Wegener) Ende 1941 zusammen nur noch ca. 250 Beschäftigte ergaben.

Bis zum 1. Mai 1942 lief die Produktion in der Fa. Wegener (Quandt) selbständig. „*Ende 1941 ordnete das Reichswirtschaftsministerium die Stillegung einer der drei Prignitzer Tuchfabriken aus wirtschaftlichen Gründen an. Diese Stillegung konnte am wirksamsten in Wittstock durch Zusammenschluss der im Kriege mehr und mehr zusammengeschrumpften Belegschaften in einem der beiden Betriebe* […] *durchgeführt werden. Vor dem Kriege beschäftigte jedes Unternehmen etwa 250 Köpfe, Ende 1941 waren es in*

Lohnwoche № 51/52 vom 22. 12. 41 bis 5. 1. 1942

Arbeiter: 121 Tuchm.-Lehrl.: 5 krank: 30 Urlaub: 1 Angestellte: 17 kaufm. Lehrl.: 3 insges.: 146 Gefolgschaftsmitglie[der]

Abgang: [illegible] Zugang: 1 Arbeitszeit: 19½ Std., 28½ Std. [illegible]

Abteilung	männlich	weiblich	Tuchm.-Lehrlg.	krank u. Urlaub	Brutto RM, Pf	Lohnsteuer RM, Pf	Bürgersteuer RM, Pf	Sparkonto RM	DAF. RM, Pf	Invalidenv. RM, Pf	Krankenk. RM, Pf	Arbeitslv. RM, Pf	Netto RM, Pf	Lang-arbeiter	Schwer-arbeiter	Nacht-arbeiter	Tagewerker 8 Stunden
Handwerker, Pförtner	8				271,50	3,60			15,20	6,45	9,05	7,92	229,28				
Maurer	1				36,--				1,40	90	1,19	1,16	31,35				
Maschinist u. Heizer	2				64,--	80			4,40	1,80	2,14	2,08	52,78				
Wollfärberei	3			1	81,--	40			4,10	2,10	2,67	2,60	68,83				
Carbonisation	2				66,--	40			4,20	1,80	2,20	2,15	55,25				
Wolltrocknerei	2				48,--				1,40		1,58		45,02				
Wolferei	2		1	2	58,56	65			2,80	1,35	1,68	1,64	50,44				
Ausputzer	2				64,80	80			4,40	1,80	2,14	2,08	53,58				
Krempelei	1	5		3	102,93				3,20	2,10	3,45	2,61	91,57				
Spinnerei	8	3	2	1	295,67	2,--			17,60	8,25	9,49	9,25	249,08				
Zwirnerei	1	3	1		100,21				6,40	2,70	3,32	3,24	84,55				
Weberei: Tagelohn		7		2	135,40				7,40	4,05	4,53	4,42	115,--				
Weberei: Akkord	12	29	1	13	1.071,35	6,05		20	70,--	27,90	35,48	33,74	878,18				
Stopferei		4		1	156,33	3,50			10,80	4,20	5,22	5,10	127,51				
Walke	2				52,--	35			2,60	75	1,72	91	45,67				
Naß-Appretur	4	2			139,95	05		1	8,40	3,75	4,66	4,55	117,54				
Trocken-Appretur	6	6		6	248,31				10,60	4,80	8,25	5,80	218,86				
Hilfsarbeiterinnen		3			53,50				4,--	1,05	1,78	1,08	45,59				
Tuchlager	2			1	49,20				2,80	75	1,64	85	43,16				
Betriebskontor	1				34,--	80			2,20		1,13		29,87				
[illegible]					927,86 / 74,77					24,30	30,84	30,07	842,05 / 74,77				
	59	62	5	30	4.131,34	19,40		21	184,20	101,40	134,16	121,25	3.549,93				

Überweisungen	RM, Pf	
Lohnsteuer	19,40	Finanzamt
Bürgersteuer		Finanzamt
Sparkonto	21,--	Sparkasse
DAF	184,20	DAF Pritzw[alk]
WHW.		WHW. Berli[n]
Soz. Ant. d. Gef.	356,81	Krankenkass[e]
Soz. Ant. d. Fa.	300,97	Krankenkass[e]
Unterschiedsbetr.		Barauszahlu[ng]
Angest.-Marke		Barauszahlu[ng]
Netto	3.549,93	Barauszahlu[ng]
insgesamt	4.432,31	RM

	Invalidenv.	Krankenk.	Arbeitslv.
Soziale Anteile der Gefolgschaft:		356,81	
„ „ „ Fa. F. W. W.:	101,40	67,08	121,25
„ „ für Lehrlinge:	1,20	1,44	
~~Unterschiedsbeträge~~: [illegible]		3,74	4,86
Angestelltenmarken:			
Soziale Anteile der Fa. F. W. W. insgesamt:		300,97	

C/2013 – Druck: Ferd. Prahm, Wittst[ock]

Ausschnitt aus dem Lohnbuch der Quandtschen Tuchfabrik für die Lohnwochen Nr. 51/52 vom 22.12.1941 – 5.1.1942

beiden Betrieben zusammen nur noch 250. […] Gerhard Quandt erreichte durch Anrufen des Leiters der Bezirksgruppe Textilindustrie […], daß mit dessen Empfehlung ein Kriegsgemeinschaftswerk Paul & Quandt O.H.G. gegründet wurde.", so Friedrich Paul im Juni 1946. [117] Der Vertrag sah die gemeinsame Nutzung von Mitarbeitern und Rohstoffen in der Paulschen Tuchfabrik vor. Er sollte bis zwei Jahre nach dem Krieg seine Gültigkeit behalten.[118]

So wurde ab Mai 1942 in der Tuchfabrik Paul – als Kriegsgemeinschafts-Werk Paul und Quandt O.H.G. – weiterproduziert, zu einem geringen Teil auch mit der Technik aus der Fa. Friedrich Wilhelm Wegener, die stillgelegt war.

1944 wies das Reichsluftfahrtministerium den Arado-Werken die Gebäude der Fa. Friedrich Wilhelm Wegener zur Nutzung zu. Die Textilmaschinen mussten für diesen Zweck ausgebaut und auf Lager geräumt werden.[119] In der großen Tuchfabrik wurden nun Flugzeugteile der Brandenburger Arado-Werke gelagert.

Blick vom Kirchturm auf die Uniformtuchfabrik von Gerhard Quandt, dahinter die von Friedrich Paul, um 1940

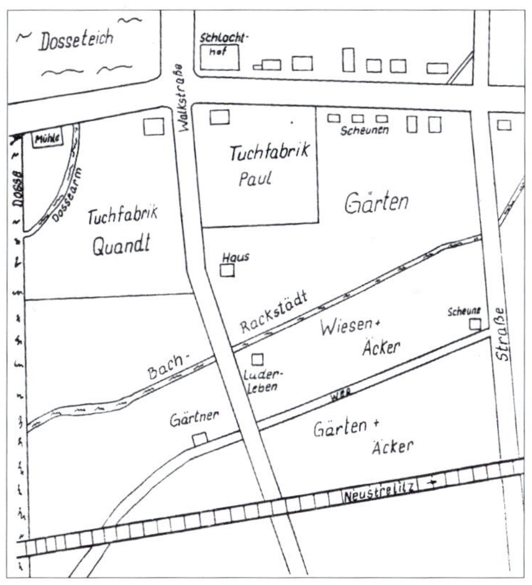

Wie am innerstädtischen Fabrikstandort pflegten beide Fabriken auch an der Walkstraße eine enge Nachbarschaft – Zeichnung (nicht maßstabgetreu): Hubert Boger, um 1980

Die Friedrich Paul Tuchfabrik

Kurz nach der Jahrhundertwende folgte auch die Friedrich Paul Tuchfabrik vor die Tore der Stadt. Gegenüber der neuen Quandtschen Tuchfabrik wurde 1905 durch einen Spinnerei-Neubau der Grundstein für die geplante Fabrikanlage von Rudolf Paul gelegt. Diese neue Friedrich Paul Tuchfabrik entstand auf einer Fläche von etwa 10 000 qm und wurde in den Jahren 1913, 1921 und 1925 erweitert.

1916 veräußerte die Friedrich Paul Tuchfabrik die Scharfenberger Mühle zwar, doch wurden dort während des Ersten Weltkrieges auf gemeinsame Rechnung der Draeger-Paul-Wegener-Werke die Kunstwollenwerke Scharfenberg (für Reißwolle) betrieben.[120] Diese Wollersatzstoffe sollten die Engpässe während des Krieges ausgleichen.

Zunächst war die Produktion im Ersten Weltkrieg wohl gut angelaufen, aber mit Fortdauer des Krieges stagnierte sie. Im Mai 1917 hatten die Beschäftigten die Arbeit niedergelegt.

Rudolf Paul beschrieb die Situation so: „[…] *Ich hatte schon im Januar bis Mitte Februar*

Kopfbogen der Friedrich Paul Tuchfabrik, 1928

[1917] wenig in der Weberei zu tun; von Mitte Februar bis Mitte März sehr wenig, teilweise gar nichts; die Leute waren mit der Entschädigung der Textilarbeiterfürsorge und ihnen sonst gewährten Vergünstigungen nicht zufrieden und gingen zum Teil von hier fort und nahmen Arbeit in der Munitionsindustrie an. […]."[121] Obwohl sich die Situation kurze Zeit später wieder verbesserte, kamen viele nicht zurück, denn die Rüstungsindustrie bot kürzere Arbeitszeiten bei höherer Entlohnung. In jenem Jahr hatten beide Tuchfabriken – Paul und Wegener – mit Tarifauseinandersetzungen zu kämpfen, denn die Arbeiter forderten eine erhebliche Lohnerhöhung.

Trotzdem konnte das Unternehmen im Juli 1917, bedingt durch den Uniformbedarf während des Ersten Weltkrieges, ihr 200 000. Stück Tuch feiern.

Auch die Firma Paul hatte 1903 eine Krankenversicherung für die Mitarbeiter auf den Weg gebracht, die eine Unterstützung bei Erkrankung gewährleistete. Demnach sollte bis zur 26. Woche nach Beginn der Erkrankung Krankengeld gezahlt werden. So erhielten 1909 bei Erkrankung: ein Werkmeister 2,70 M, ein männlicher Beschäftigter über 16 Jahre 1,70, ein weibliches Mitglied über 16 Jahre 1,20 M, ein männliches Mitglied unter 16 Jahren 0,80 M, ein weibliches Belegschaftsmitglied unter 16 Jahren 0,70 M pro Tag zur Unterstützung.[122]

Am neuen Standort vor den Toren der Stadt entnahm die Fa. Paul mit Hilfe von Pumpwerken ihr Frischwasser aus eigenen Senk- und Tiefbrunnen in 60 Metern Tiefe, die im südlichen Teil des Firmengrundstückes angelegt worden waren.[123] Damit war es dem Unternehmen gestattet *„unterirdische Wasser zum Fabrikbetriebe mittels drei Tiefbrunnen auf dem Fabrikgrundstück zu Tage zu fördern und zwar in einer Menge bis zu 1200 cbm täglich oder bis zu 360 000 cbm jährlich*."

1925 durften alle Fabrik-, Fäkal- und Spülwasser bis 1200 cbm täglich/360 000 cbm jährlich *„mittels eines Kanals in die Dosse nach Durchgang durch Klärbecken*" eingeleitet werden. Die Nutzungsrechte waren anfangs an nur wenige Bedingungen geknüpft und entsprechend auslegbar, und zwar: dass die Anlage baulich und hygienisch in gutem Zustand zu erhalten und regelmäßig zu reinigen sei, dass das Abwasser von *„gelösten und ungelösten Fremdstoffen befreit sein sollte, daß eine Schädigung der im Wasser lebenden Pflanzen und Tiere sowie eine Beeinträchtigung des Gemeingebrauchs am Wasserlauf vermieden wird. Außerdem sollte die Temperatur des Abwassers nicht höher als 30 [!] Grad Celsius sein.*" [124] Die Klärung in den Klärgruben hatte mit Koks zu erfolgen.

Im Juli 1932 erhielt die Fa. Friedrich Paul mit der Verleihungsurkunde die aktualisierte Fassung über die Wassernutzungsrechte, die für

30 Jahre galt (nach dem Wassergesetz vom 7. April 1913). Anlässlich einer Untersuchung 1936 flossen grünlich-bläuliche Abwasser in den vom Schlachthof und von der Paulschen Tuchfabrik genutzten Abwasserkanal. Trotz Revision der Abwasseranlage in der Fabrik Paul stellte die Preußische Landesanstalt für Wasser-, Luft- und Bodenhygiene, Berlin Dahlem, fest, *„daß die Kläranlage der Fa. Friedrich Paul nur geeignet ist, die gröbsten mechanischen Verschmutzungen von dem Vorfluter fernzuhalten, daß das Betriebswasser selbst auch nach der Reinigung den Vorfluter noch erheblich belastet."*[125] Die Behörde schlug den Bau einer zentralen Abwasserreinigungsanlage für sämtliche Abwässer der Stadt wie auch der beiden Tuchfabriken vor. Beide Tuchfabriken waren damit unfreiwillig Motor für die Entwicklung zu einer zentralen städtischen Abwasserentsorgung.

1919 sollte auch der letzte noch in der innerstädtischen Fabrikanlage verbliebene Produktionsteil – die Zwirnerei – an den neuen Fabrikstandort in der Röbeler Vorstadt verlegt werden. *„Bei dem Bauvorhaben handelt es sich weniger um eine Betriebserweiterung als um die Fortsetzung und Beendigung der bereits vor Jahren in Angriff genommenen, während des Krieges aber unterbrochenen Verlegung des Hauptbetriebes, der zum größten Teil bereits in der Neuanlage in der Röbeler Vorstadt untergebracht ist."*, so Friedrich Paul 1920.[126] Die Genehmigung dafür erfolgte im Oktober desselben Jahres. Das Gebäude wurde wohl 1921 fertiggestellt. Damit war die Tuchfabrik Paul komplett aus der Innenstadt heraus. Aber die wirtschaftlich problematische Phase setzte sich fort.

Durch die veränderten politischen Verhältnisse schloss die Tuchfabrik Paul im Juli 1921 einen Vertrag über die Arbeitsordnung mit dem nun zuständigen Arbeiterrat. Diese legte die regelmäßige Arbeitszeit auf 48 Stunden pro Woche – nicht mehr 54 h – fest. Gearbeitet wurde von Montag bis Freitag *„vormittags von 6 bis ½ 12 Uhr und nachmittags von 1 bis 4 Uhr"* und Samstag *„vormittags von 6 bis ½ 12 Uhr"*. Die Lohnzahlung hatte am Freitag spätestens bis zum Arbeitsschluss zu erfolgen.[127]

Die wöchentliche Arbeitszeit schwankte trotzdem, denn mit entsprechender Begründung stimmte das Gewerbeamt einer Stundenerhöhung zu. Mal lag sie bei 54 h, mal bei 39 h/pro Woche. Dies dürfte in den Quandtschen Tuchfabriken in Wittstock und Pritzwalk nicht anders gewesen sein.

Seit dieser Zeit wurde die Firma auch regelmäßig vom Gewerbeaufsichtsamt besucht, das die Umsetzung der Mindestanforderungen bei den Arbeitsbedingungen (Arbeitszeit, Umkleideräume, Unfallschutz u. a.) kontrollierte.

Die 1920er Jahre gestalteten sich auch in der Fa. Paul schwierig und die Lage blieb trotz der durchgeführten Währungsreform vom November 1923 labil. Schon Ende 1923 beantragte die Tuchfabrik Paul die Genehmigung einer teilweisen Stilllegung im Bereich Weberei, Abt. Uniformtuche, aufgrund eines erheblichen Auftragsrückgangs, da für *„40 Tuchstühle* [bei wohl etwas mehr als 60 Webstühlen insgesamt] *zurzeit keine Beschäftigung"* vorliegen würde. *„Obwohl wir uns auf Ziviltuche inzwischen zufriedenstellend umstellen konnten, liegen wir augenblicklich mit unseren Fabrikaten falsch, weil die Mode Kammgarn bevorzugt."*[128] Gleichzeitig sollte die entsprechende Anzahl von Arbeitern entlassen werden, so dass Betriebsrat und Textilarbeiterverband gefragt waren. Da arbeiteten 249 Angestellte und Arbeiter in der Fabrik.[129]

Beinahe unerklärlich erließ das Arbeitsministerium etwa zur selben Zeit eine Verlängerung der wöchentlichen Arbeitszeit auf 54 Stunden. Die Beschäftigten sollten nun wochentags bis 17.30 Uhr arbeiten, was zu erheblichen Spannungen führte.

Seit 1924 bestand die Möglichkeit der täglichen Kündigung, beiderseits. Dabei genügte es, wenn die Kündigung am Vormittag ausgesprochen wurde, um am nächsten Tag in

Kraft zu treten. Für die gegen festen Wochenlohn beschäftigten Arbeiter galt jedoch eine 14-tägige Kündigungsfrist.[130]

1925 wurde erneut wegen des Auftragsmangels der Antrag zur Entlassung von 20 – 30 Arbeitern beim Gewerbeaufsichtsamt gestellt. Im Herbst 1926 hatte sich die Situation nicht wesentlich verbessert. Obwohl die 180 Beschäftigten seit mehreren Wochen nur 39 Stunden pro Wochen arbeiteten, sollten wiederum 30 Arbeiter gehen. Die angespannte wirtschaftliche Lage blieb auch zum November 1927 bis März 1928 so, weshalb wiederum wegen Betriebsteilstilllegung die Entlassung von 30 Mitarbeitern bzw. 30–50 Mitarbeitern beantragt wurde. Zu diesem Zeitpunkt arbeiteten nur noch 157 Beschäftigte – 140 Arbeiter und 17 Angestellte – im Unternehmen. Im Mai 1928 waren noch 115 Arbeiter und 17 Angestellte bei Paul beschäftigt. Die Situation war so ernst, dass sich selbst das Gewerbeaufsichtsamt beim Regierungspräsidenten dafür verwendete, die Fa. Paul bei Behördenaufträgen zu berücksichtigen: *„Vor dem Krieg und während desselben stellte die Firma Paul ausschließlich Uniformtuche für Heer, Marine, Post, Eisenbahn usw. her. Nach dem Kriege sah sie sich gezwungen, da der Bedarf an Uniformtuchen infolge bedeutender Verminderung des Heeres und der Marine ganz erheblich zurückgegangen war, neben Uniformtuchen auch einfarbige und gemusterte Ziviltuche herzustellen."* [131] Dabei musste sie sich aber der Konkurrenz der bereits etablierten Firmen stellen.

Auch im April 1930 beantragte die Firma erneut beim Gewerbeamt die Genehmigung der Entlassung von 30 Arbeitern. 139 Arbeiter und 16 Angestellte waren zu diesem Zeitpunkt in der Fabrik beschäftigt. Friedrich Paul warb wiederum beim Gewerbeamt, seine Firma bei der Auftragsvergabe von öffentlichen Stellen zu empfehlen. *„Im Hinblick auf die bestehende erhebliche Arbeitslosigkeit wäre es sehr zu wünschen, wenn die Fabrik, deren Leistungsfähigkeit besonders in der Herstellung von Uniformtuchen schon seit Friedenszeiten her bei Behörden allgemein bekannt ist, durch recht baldige Zuteilung von größeren Aufträgen in die Lage versetzt würde, die bevorstehenden Entlassungen zu vermeiden."* [132]

Im Juni 1930 waren noch 120 Arbeiter und 16 Angestellte (insgesamt 136) beschäftigt, wovon wiederum 30 auf der Grundlage der Stilllegungsverordnung entlassen werden sollten. Bis September war die Anzahl der Mitarbeiter dann auf 131 geschrumpft. Damit war die Beschäftigtenanzahl in der Tuchfabrik Paul seit 1923 um fast die Hälfte (auf 52,6 %) reduziert worden, aber eigentlich war es ein ständiges Auf und Ab.

Mitarbeiteranzahl (MA) der Fa. Paul in den wirtschaftlich schwierigen 1920er Jahren

1923 = 249 MA
1926 = 180 MA
3/1928 = 157 MA
5/1928 = 132 MA
4/1930 = 155 MA
9/1930 = 131 MA

So ähnlich sah es auch in der Tuchfabrik Draeger (Quandt) in Pritzwalk aus. Dort kam es im Zeitraum von 1923 bis 1928 wegen Auftragsmangels ebenfalls immer wieder zu Entlassungen, so dass die Beschäftigtenzahl im genannten Zeitraum ebenfalls um etwa 50 Prozent zurückging. Da das Procedere aus Entlassungen und Wiedereinstellungen bei Draeger weiterging, führte das im Juni 1930 sogar zu einem Pressecho: *„Was geht in der hiesigen Tuchfabrik vor?" „Entlassungen über Entlassungen".* Es wurde sogar vermutet, dass die Zerschlagung des Deutschen Textilarbeiterverbandes im Betrieb geplant war.[133]

Bereits am 18. Juli 1933 hatte die *„Kreiszeitung für die Ostprignitz"* von der *„Wirtschaftsbelebung in Wittstock"* berichtet, *„daß auch die Wittstocker Tuchfabriken seit langer Zeit gut beschäftigt sind".* Die Machtübernahme durch die Nationalsozialisten im Januar 1933 und deren Bedarf an Uniformen – Heer, Marine, Post, Bahn, Forst u. a. – förderten die Witt-

Kopfbogen der Friedrich Paul Tuchfabrik, um 1930

Friedrich Paul Tuchfabrik in der Röbeler Vorstadt (heute Walkstraße), um 1930

Mehr als 90 Mitarbeiter der Tuchfabrik Friedrich Paul, nach 1933

Friedrich Paul .· Tuchfabrik
Wittstock (Dosse)

Lohn

vom
für

Stunden à RM
Überstunden à „
Akkord „
„

Lohnsumme RM.

Abzüge:
Invaliden-Versich. RM.
Krankenkasse „
Arbeitslosen-Versich. „
Lohnsteuer „
Bürgersteuer „
„
„
„

Auszahlung RM.

Vor dem Öffnen nachzählen!
Reklamationen sind sofort nach Empfang vorzubringen.

„Lohntüte" für den wöchentlich ausgegebenen Lohn 1938

stocker Tuchfertigung. So erfolgte 1933 eine Erweiterung des Maschinenhauses bei Paul; 1934 der Neubau eines Lagergebäudes als Wolllager und zur „Warenschau", das auch bereits mit einem Luftschutzkeller ausgestattet wurde.[134]

Schon im Juli 1934 beantragte Friedrich Paul eine Arbeitszeitverlängerung auf 48, statt 36 h, weil 20 000 m feldgraues Blusentuch – beauftragt durch das Heeres-Beschaffungsamt für Bekleidung und Ausrüstung – binnen weniger Tage zu fertigen waren. Er erhielt die Ausnahmegenehmigung, jedoch *„nur für solche Maschinen und solche Arbeiter, die mit der Erledigung dieses Heeresauftrages beschäftigt sind."*[135]

Da arbeiteten in der Fabrik 65 Webstühle:

- 41 Webstühle für Aufträge der Heeresverwaltung:
- vier für den Bedarf des Arbeitsdienstes
- fünf für Aufträge von Behörden
- 15 für Ziviltuche, wovon vier Webstühle Extra-Uniformstoffe für die Reichswehr herstellten.

Solche Anfrage auf Arbeitszeitverlängerung wiederholten sich im Oktober/November 1934, denn die Situation hatte sich gegenüber den 1920er Jahren deutlich verändert. Auch die Anzahl der Mitarbeiter wuchs wieder. Die Friedrich Paul Tuchfabrik erhielt nun immer wieder Aufträge vom Beschaffungsamt des Heeres, des Polizeibeschaffungsamtes, der Beschaffungsstelle für den Arbeitsdienst, der Reichspostverwaltung und der Reichsbahn. Ein Auftrag von 25 200 Meter Tuchen war noch nicht abgearbeitet, da kamen schon die nächsten 30 000 Meter für die Reichswehr und die Marine. Damit hatte die Friedrich Paul Tuchfabrik innerhalb weniger Monate 55 200 Meter Tuche zu fertigen.

Bis Ende Oktober 1935 kamen weitere 102 000 Meter (a 1,40 m) für das Beschaffungsamt für Bekleidung und Ausrüstung – hinzu. Auch dafür wurde eine Verlängerung der eigentlichen Arbeitszeit von 36 h

Arbeitskräfteentwicklung bei der Firma Paul

	1934/35	1935/36	1936/37	1937/38	1938/39
Angestellte	14	14	14	15	17
Arbeiter	171	192	182	182	198
Gesamt	**185**	**206**	**196**	**197**	**215**
Verkaufte Erzeugnisse in RM	1 565 884	1 479 351	1 596 636	1 909 804	1 972 902
Gewinn	327 850	266 588	367 046	380 909	298 614[137]

(1939 bei 312 444 RM lag der Gewinn nach Einkommenssteuerbescheid, 1941 bei 334 772 RM)

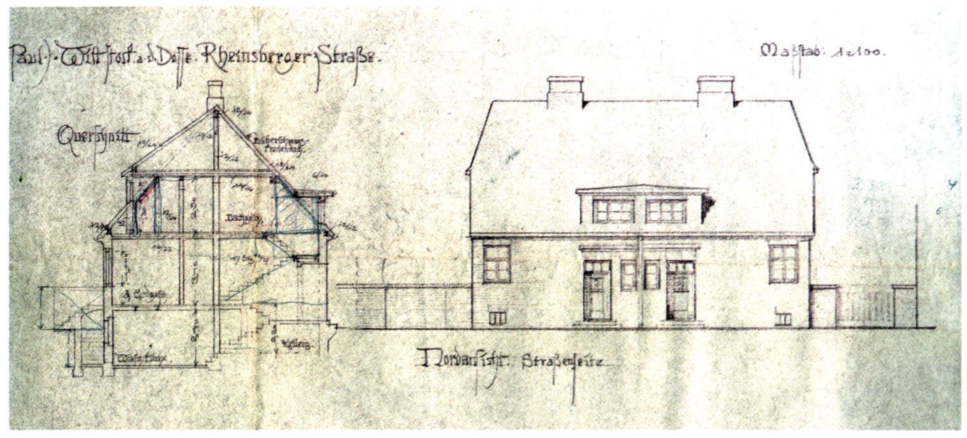

Entwurf für das als Betriebswohnungen der Firma Paul errichtete Doppelhaus in der Rheinsberger Straße

auf 44,6 h/Woche beantragt.[136] Denn diese Terminaufträge waren sonst nicht zu leisten. Ähnlich sah es in den beiden Quandt-Firmen, Wegener und Draeger, aus.

1936 betrug die Arbeitszeit acht Stunden pro Tag und konnte bei Bedarf – also hoher Auftragslage – inzwischen ohne Genehmigung durch das Gewerbeamt auf höchstens 10 Stunden erhöht werden.

Im August 1935 berichtete die *„Prignitzer Zeitung"* unter dem Titel *„Eine soziale Tat"*, dass *„der Fabrikbesitzer Paul sich entschlossen hat, die Warmwasser-Badeanstalt im Jugendheim auf seine Kosten zu erweitern. Ein Wannenbad und vier Brausebäder [Duschen] würden zusätzlich entstehen und alle Räume* […] *mit Kacheln ausgelegt. Die Kosten werden auf 8 000 bis 9 000 RM geschätzt."* Über den Abschluss der Baumaßnahmen berichtete dann die *„Kreiszeitung für die Ostprignitz"* im November desselben Jahres. Während die Mitarbeiter der Fa. Paul dies wohl kostenlos in Anspruch nehmen konnten, waren alle anderen zahlungspflichtig. Der Hintergrund könnten auch Forderungen des Gewerbeamtes nach besseren hygienischen Bedingungen für die Mitarbeiter der Firma Paul gewesen sein.

Abgesehen von kleineren Rückschlägen agierte auch die Fa. Paul sehr erfolgreich. Neben dem umfangreichen Grund- und Hausbesitz – Firmen- und Wohngebäude, Ländereien mit Scheunen – kamen auch Wertpapierdepots beim Schweizerischen Bankverein in Zürich von 52 000 RM, bei den Schweizerischen Bundesbanken 150 000 RM, bei der Internationalen Bodenkreditbank in Höhe von 70 000 RM sowie nicht zuletzt bei Brownbrothers Harryman & Co. in New York in Höhe von 47 000 (wohl) Dollar hinzu. Obwohl Friedrich Paul mit dem Verkauf von ausländischen Wertpapieren offensichtlich Verluste hinnehmen musste, benötigte er dennoch diese Sicherheiten, um Wollkredite in ausländischer Währung gewährt zu bekommen. Friedrich Paul erklärte dazu 1940: *„Tatsächlich sind die Kredite in Anspruch genommen worden und zwar für meine direkten Wolleinkäufe in Südafrika, diese Einkäufe hatte ich seit langen Jahren an den südamerikanischen Märkten vorgenommen. Die OHG Friedrich Paul arbeitet nur mit meinem Kapital, sie wird von mir geleitet, am Gewinn und Verlust bin ich allein beteiligt."*[138]

Auch Wegener und Draeger kauften auf dem südafrikanischen Markt Wolle.

Im November 1940 trug sich die Tuchfabrik Paul mit der Errichtung einer *„Stiftung zugunsten der Angestellten und Arbeiter der Fa. Friedrich Paul"* mit dem großzügigen Stiftungskapital von 125 000 RM. § 4 dieser geplanten Stiftung sah als Zweck die freiwillige,

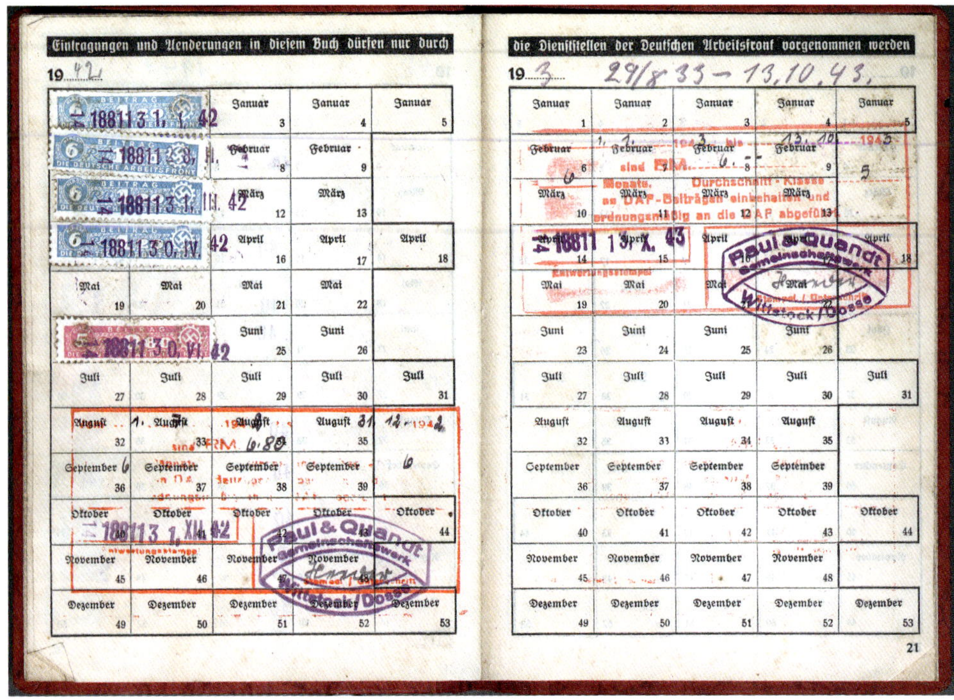

Mitgliedsbuch der der Deutschen Arbeitsfront mit dem Stempel *Paul & Quandt Gemeinschaftswerk, Wittstock Dosse*

einmalige, wiederholte oder laufende Unterstützung für Arbeiter, Angestellte und ehemalige Angestellte und Arbeiter der Firma sowie deren Hinterbliebene vor. Die Stiftung konnte Altersrenten, Witwen-, Waisen- und Sterbegelder gewähren. Den Stiftungsvorstand beriet ein Verwaltungsbeirat, der aus drei Mitgliedern, zwei Gefolgschaftsmitgliedern (Mitglied der Belegschaft) und einem Mitglied der Geschäftsleitung bestand. Der Antrag wurde am 24. Dezember 1940 vom Reichs- und Arbeitsminister bestätigt.[139]

Bis zum 1. Mai 1942 arbeiteten die beiden Wittstocker Tuchfabriken selbständig, dann wurde daraus – wie bereits geschildert – das Kriegsgemeinschafts-Werk Paul und Quandt O.H.G.

Dieser Zusammenschluss sah im Wesentlichen vor, dass die Belegschaften beider Tuchfabriken in der Tuchfabrik Paul weiterarbeiteten. Aus dem gesamten Betriebsergebnis sollten die Gewinne und Verluste zu gleichen Teilen für die Dauer des Vertrages bis zwei Jahre nach Kriegsende getragen werden. Das Gemeinschaftswerk – und damit die Tuchproduktion – kam Ende Januar 1945 wegen Kohlemangels zum Stillstand.

Bildteil: Maschinen für die Tuchfertigung in den Fabriken Paul und Quandt, um 1935

Leviathan = Wollwäsche

Lumpenreißer – Reißen der Wolle

Droussierkrempel – weitere Verfeinerung

Wollfarbapparat für Lumpen und Fäden

Zellwollfarbapparat

Krempelwolf – Entfernen von Verunreinigungen und grobes Ausrichten der Fasern

Dreikrempelsatz – Kardieren der Wolle bis zum Vorgarn

Differentialselfaktor – Spinnmaschine

Webstuhl – Fertigung des Tuches

Walke – Verfilzen des Gewebes

Dekatiermaschine – Stoffveredlung

Scherzylinder – Glätten des rauen Gewebes

Der Volkseigene Betrieb Tuchfabrik Wittstock

Mit dem Einmarsch der sowjetischen Truppen am 2. Mai 1945 veränderte sich die Situation in Wittstock komplett. Zahlreiche Einwohner hatten die Stadt verlassen; Gerhard Quandt und seine Familie aber waren geblieben.

Einige Tage danach wurde er von sowjetischen Soldaten abgeholt, um seine Fabrik zu zeigen. Er ging dort offensichtlich optimistisch und in dem Glauben hin, man wolle die Tuchproduktion wieder in Gang setzen. Aber die vorgefundenen Flugzeugteile der Arado-Werke in der Tuchfabrik deuteten die Besatzungstruppen wohl als kriegsunterstützende Produktion, die Gerhard Quandt aber zuvor gar nicht hätte ablehnen können. So wurde er verhaftet und zunächst im Haus einer Kartoffelhändlerin in der Röbeler Straße gegenüber der Tuchfabrik mit mehreren anderen inhaftiert. Den Abmarsch der Gefangenen in Richtung Bahnhof – darunter auch Gerhard Quandt - konnten Familienmitglieder wiederum einige Tage später beobachten. Am 30.10.1946 teilte das *Oberlandratsamt des Verwaltungsbezirks Brandenburg/Havel* dem Wittstocker Bürgermeister in der Frage der „*Beschlagnahme des Vermögens des Kaufmanns Gerhard Quandt in Wittstock*" Folgendes mit: „[...] *Dagegen ist mir nicht bekannt, dass auch das Vermögen des Kaufmanns Gerhard Quandt zur Enteignung vorgeschlagen wäre, wofür auch kein Anlass bestanden haben dürfte, da Gerhard Quandt lediglich seit 1938 Mitglied der NSDAP gewesen ist, ohne politisch hervorgetreten zu sein und der ihm gehörige Betrieb wegen Kohlemangels zwangsweise stillgelegt worden ist. Zu dem Vermögen des Kaufmanns Gerhard Quandt gehören die Fa. Friedrich Wilhelm Wegener in Wittstock und die Grundstücke Röbeler Str. 16, 17, 18.* [...] *Ich bitte um Mitteilung, ob das Vermögen an die Erben ausgegeben worden ist oder ob etwa nachträglich eine Anmeldung auf Grund des Befehls No. 124 erfolgt ist.*" Gerhard Quandt lebte zu diesem Zeitpunkt nicht mehr. Nach seiner Verhaftung war er ins NKWD-Speziallager Fünfeichen bei Neubrandenburg gekommen, wo er vermutlich schon am 28. September 1945 an Unterernährung starb.[140]

Wie auch früher in Kriegssituationen praktiziert, hatten die Quandts vor dem Einmarsch der sowjetischen Truppen im Garten ihres Wohnhauses an der Röbeler Straße Wertsachen – Schmuck, Silberbesteck und anderes – vergraben. Als dort der städtische Kindergarten einzog, wurden diese Gegenstände 1952 aufgefunden. Wenig später zog der Kindergarten um und das Volkspolizeikreisamt Wittstock übernahm das Gebäude als Behördenstandort.

Gerhards Bruder Günther Quandt wurde im amerikanischen Sektor zunächst nicht verhaftet, später aber als Kriegsverbrecher u. a. wegen seiner Tätigkeit als Wehrwirtschaftsführer und des Einsatzes von ausländischen Arbeitern in seinem Unternehmen vor Gericht gestellt. Von dem Vorwurf wurde er jedoch freigesprochen. Trotzdem war er von 1947 bis 1949 in Bayern in einem Internierungslager inhaftiert. Da eine Enteignung wie in der sowjetischen Besatzungszone nicht stattgefunden hatte, konnte er seine wirtschaftlichen Aktivitäten fortsetzen. Heute gilt die Familie Quandt als eine der erfolgreichsten deutschen Unternehmerfamilien.

Werner Quandt wurde ebenfalls nicht verhaftet, denn die ihm und auch seinem Bruder Günther zur Last gelegten Verbrechen gegen die Menschlichkeit – wegen der im Pritzwalker Betrieb eingesetzten „Ostarbeiter" und deren Kinder – konnten nicht nachgewiesen werden. Das Urteil der Großen Sonderstrafkammer in Brandenburg/Havel vom 13. Januar 1948 sprach ihn davon frei.[141]

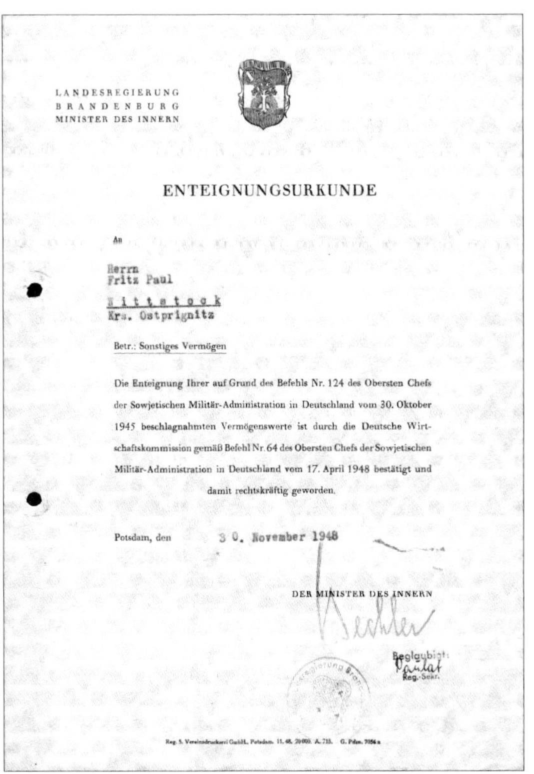

LANDESREGIERUNG
BRANDENBURG
MINISTER DES INNERN

ENTEIGNUNGSURKUNDE

An

Herrn
Fritz Paul

Wittstock
Krs. Ostprignitz

Betr.: Sonstiges Vermögen

Die Enteignung Ihrer auf Grund des Befehls Nr. 124 des Obersten Chefs der Sowjetischen Militär-Administration in Deutschland vom 30. Oktober 1945 beschlagnahmten Vermögenswerte ist durch die Deutsche Wirtschaftskommission gemäß Befehl Nr. 64 des Obersten Chefs der Sowjetischen Militär-Administration in Deutschland vom 17. April 1948 bestätigt und damit rechtskräftig geworden.

Potsdam, den 30. November 1948

DER MINISTER DES INNERN
Bechler

Beglaubigt:
[illegible]
Reg.-Sekr.

Reg. 5. Vereinsdruckerei GmbH., Potsdam. 11. 48. 20000. A. 735. G. Pdm. 7054 a

Enteignungsurkunde der Landesregierung Brandenburg für Friedrich (Fritz) Paul, unterzeichnet von Innenminister Bernhard Bechler, betreffend „Sonstiges Vermögen" vom 30. November 1948 – Im Januar 1947 war bereits eine Enteignungsurkunde auf den Namen Paul Quandt ausgestellt worden, die der Vermögensverwalter für die Firmen Paul und Quandt aber zurückgewiesen hatte

Wittstocker!

Aufbauprogramm der Sozialistischen Einheitspartei Deutschlands in Wittstock.

Die Stadt steht vor entscheidender Wahl ihrer Kandidaten. Dabei ist es wichtig zu erfahren, was auf dem Aufbauprogramm der SED steht.

Wer in Wittstock die SED wählt, wählt den Aufbau!

Wir planen: In der Industrie den Aufbau der vorhandenen Ziegelei zur Wiederaufnahme des Betriebes. Aufstellung einer kleinen Presse und vermehrte Arbeit im Handstrichverfahren. Infolge Fehlen von Baggern, auch Abbau der Erden durch Handarbeit. Beschäftigung von mind. 100 Arbeitern.

Weber der ehemaligen Tuchfabrik haben von sich aus mit drei alten Webstühlen die Arbeit wieder aufgenommen. Sie haben einen ansprechenden Stoff hergestellt. Die Partei wird die Bestrebung nach Verbesserung des Webereibetriebes unterstützen und Rohstoffbeschaffung ermöglichen. Die Facharbeiter sollen in ihrer Branche bleiben. Wie uns in letzter Minute bekannt wird, ist unser vorstehender Antrag der SED und des FDGB von der Provinzialverwaltung Potsdam angenommen, sodaß der Webereibetrieb ab 1. 10. 46 voraussichtlich mit 12 Webstühlen arbeiten kann.

In der Holzwirtschaft wollen wir versuchen im kleinen eine Möbelindustrie zu errichten. Außerdem wird geplant, ein kleines fliegendes Sägewerk in der Forst aufzustellen und Schnittware herzustellen, um so auch hier den Arbeitern eine Beschäftigung zu bieten. Sollte in der Stadt eine Arbeitslosigkeit auftreten, so gibt es in der Forstwirtschaft Beschäftigungsmöglichkeit für Hunderte von Männern und Frauen. Die Forstkulturen müssen dringend gepflegt und erneuert werden. Zu der schon fortgeschrittenen Kalkgewinnung soll auch wieder die Torfgewinnung treten.

Im Wohnungsprogramm wird sich Wittstock besonders darauf beschränken müssen, die vorhandenen Wohnungen menschenwürdig auszubauen. Außerdem ist der Bau von etwa 20 Lehmhäusern geplant, für deren Errichtung das Material restlos vorhanden ist. **Eins dieser Häuser soll in Kürze als Muster fertiggestellt und der Bevölkerung gezeigt werden. Die Häuser können als Eigenbesitz gebaut oder von der Stadt gemietet werden. Es sind drei Räume vorgesehen.**

In Bezug auf die Ernährung wird die Stadtverwaltung im Rahmen der ihr hierfür zustehenden Rechte alle Anstrengungen machen, Lebensmittel zur Verteilung zu bringen. **Die Fahrbereitschaft wird sich durch Erwerb von Fahrzeugen für eine termingerechte Heranschaffung der Waren und nichtbewirtschafteter Mangelware einsetzen.**

Schule und Schulreform stehen in Wittstock mustergültig da, insofern als in dem Gebäude der ehemaligen Oberschule mit 550 Schüler und Schülerinnen eine vollklassige Schule im Sinne der Schulreform vom Kindergarten bis zur Hochschulreife eingerichtet wurde. Eine noch bessere Instandsetzung des Gebäudes und Neueinrichtung von Klassen wird angestrebt. Der Bürgermeister sagt: **Die Schulspeisung muß im kommenden Winter in ganz umfassendem Maße einsetzen. Noch in diesem Monat wird es möglich sein, jedem Schulkind täglich 50 gr Brötchen in der Schule zusätzlich zu verabfolgen.**

Auch die Berufsschule ist anfangsfertig. Das Arbeitsamt wird sich in ganz besonderer Weise mit der Beschäftigungsmöglichkeit und der Lehrstellenvermittlung für Schulentlassene einsetzen. Ebenso ernsthaft wird an das Problem der Beschäftigung der Kriegsversehrten und der Unterstützung der Heimkehrer herangegangen werden.

Die SED will Kulturarbeit treiben und hat sich als Ziel gesetzt, auch in Wittstock den Willen zur Aneignung wertvollen Gedanken- und Ideengutes zu fördern. Es wird die Errichtung einer Volkshochschule geplant.

Das ist das Programm eines Jahres für eine Stadt von 10000 Einwohnern! Wer wollte nicht zustimmen, wenn es gilt, tatkräftig einen Weg aus dem Elend in eine bessere Zukunft zu gehen.

Auch hier soll man wissen: Wer die SED wählt, wählt die Arbeit, wählt den Frieden, wählt den Fortschritt!

Wir bitten, das Aufbauprogramm der SED aufzubewahren und zu kontrollieren, ob die SED auch tatsächlich ihr Programm erfüllt.

Sozialistische Einheitspartei Deutschlands
Ortsgruppe Wittstock (Dosse)

Aufruf der SED an die Bevölkerung für die Gemeindewahlen am 15. September 1946 „Weber der ehemaligen Tuchfabrik haben von sich aus mit drei alten Webstühlen die Arbeit wieder aufgenommen. Sie haben einen ansprechenden Stoff hergestellt. Die Partei wird die Bestrebung nach Verbesserung des Webereibetriebes unterstützen und Rohstoffbeschaffung ermöglichen. Die Facharbeiter sollen in ihrer Branche bleiben [...]"
Der letzte Satz des Aufrufes – schwarz eingerahmt – sollte sinngemäß auch heute noch für die Wahlkampfprogramme aller politischen Strömungen gelten

Aber er wurde komplett (auf der Grundlage des SMAD-Befehls Nr. 124) enteignet. Zur Verhandlung der Sequestierung der Firma Gebr. Draeger in Pritzwalk im Herbst 1946 war keiner der beiden Geschäftsführer geladen worden. Nach Protest und auf Anfrage beim Ministerium der Justiz erhielt Werner Quandt die Information, dass *„das Enteignungsverfahren selbst* [...] *eine Angelegenheit der Sequestierungsbehörden [war]. Die Gerichte sind nicht befugt, die Rechtswirksamkeit dieser Verfahren nachzuprüfen* [...]."[142] Nach der Verordnung der Deutschen Wirtschaftskommission zur Ausführung des SMAD-Befehls Nr. 64 (Ziffer

4) waren Rechtsmittel gegen die Enteignung und sonstige Maßnahmen zur Wiederaufnahme des Verfahrens nicht zulässig.

So erfolgte im Juli 1948 die Löschung der Fa. Gebr. Draeger OHG im Handelsregister auf Ersuchen des Rates des Kreises Ostprignitz. Im Rahmen des Verfahrens wurde das gesamte Firmen- und Privateigentum von Werner Quandt und wohl auch seiner Kinder enteignet.[143] Nach weiteren Schikanen gab Werner Quandt schließlich auf und verließ die Region. Eine Tuchproduktion in dem von ihm geleiteten Gebr. Draeger-Werk kam nicht wieder in Gang.

Mit dem SMAD-Befehl Nr. 124 gingen auch die Firmen Paul und Friedrich Wilhelm Wegener in Wittstock am 27. Dezember 1945 in die treuhänderische Verwaltung der Stadt Wittstock über.[144]

Wenig später, am 18. Januar 1946 wurden Gerhard Quandts Witwe und Friedrich Paul ins Rathaus geladen, wo sie auf Befehl des Kreiskommandanten ihr gesamtes Vermögen benennen sollten. Mit einer Erklärung versuchte Friedrich Paul, die Konfiszierung des gesamten Besitzes wegen seiner Flucht zum Kriegsende zu verhindern: *„Als ich am 27.4.45 abends Wittstock verließ, das als verteidigte Festung erklärt war, um die Familie in Sicherheit zu bringen, waren als Vertretung zurückgeblieben im Werk Gerhard Quandt, der Prokurist Hans Woellner und der Betriebsleiter Peter Esser und im Wohnhaus die Schwester Frau Munk geb. Paul mit Personal. Mitte Juni kehrte ich bei der ersten sich bietenden Möglichkeit zurück."* Nach seinen Ausführungen waren Beauftragte zur Beaufsichtigung seines Besitzes vor Ort zurückgelassen worden. Geholfen hat das nicht.

Einheiten der sowjetischen Armee besetzten wahrscheinlich schon unmittelbar nach dem Einmarsch beide Wittstocker Tuchfabriken. Die saalartigen Räume boten bis März 1947 einer großen Anzahl von Soldaten eine Unterkunft.

Offensichtlich gingen die Soldaten schon im Juli 1945 daran, alle Maschinen als Reparationszahlung abzubauen. Auf steilen Rutschen sollen die großen, gusseisernen Geräte aus der früheren Quandtschen Uniformtuchfabrik nach unten befördert worden sein, wobei offenbar schon ein Teil beschädigt oder zerstört wurde. Diese standen dann einige Zeit unter freiem Himmel am Dosseteich. Später sollen dann Traktoren die Webstühle, Spinnmaschinen und anderes auf floßartig zusammengefügten Baumstämmen quer durch die Stadt zum Bahnhof gezogen haben.[146] Insgesamt wurden 179 Webstühle (Fa. Paul 80, Fa. Quandt 99), 21 Selfaktoren, 12 Walkmaschinen, 11 Scherzylinder und zahlreiche andere Maschinen abgebaut, auf denen in guten Zeiten insgesamt 77 000 Meter Tuchwaren monatlich produziert worden waren.[147] Mehrere Monate standen diese Maschinen an der Laderampe am Wittstocker Bahnhof. Es hieß, dass sie nach Taschkent (Usbekistan) verbracht werden sollten, um dort in der Seidenproduktion eingesetzt zu werden. Danach standen die Maschinen angeblich längere Zeit auf einem Bahnhof in der Nähe der Oder. Wahrscheinlich wurden sie nie wieder irgendwo in Betrieb genommen.[148]

Auch die Bankguthaben wurden eingezogen und nicht einmal mit eventuell bestehenden Schulden auf anderen eigenen Konten verrechnet. Dabei veröffentlichte man die – vergleichsweise hohen – Firmeneinkünfte von Friedrich Paul und Gerhard Quandt. Als wenig später frühere Mitarbeiter in einer geheimen Abstimmung zur Enteignung von Friedrich Paul befragt wurden, sprachen sich 48 von 62 dafür aus.

Unmittelbar darauf, am 9.8.1946 verhandelte der Antifa-Ausschuss über die Enteignung. Er stellte zwar fest, dass es sich bei Friedrich Paul nicht um einen Kriegsgewinnler handelte, aber *„dass dann jeder, der ein höheres Einkommen hatte, sei es Arbeiter oder Unternehmer, ein Nutznießer der Zeit gewesen sei."*[149] Fünf Mitglieder des Ausschusses stimmten darauf hin für die Enteignung, bei drei Gegenstimmen und einer Enthaltung.

Das Wohnhaus der Familie Paul am Walter-Schulz-Platz, ursprünglich direkt vor der Tuchfabrik befindlich, war bis 1994 Sitz des sowjetischen Stadtkommandanten von Wittstock

Nach mehreren vergeblichen Versuchen verließ Friedrich Paul letztlich die Stadt. Er starb 1979 im Alter von 99 Jahren in der Schweiz.

Zum Zeitpunkt der Enteignungsentscheidung waren die beiden Fabriken aber noch mit russischen Soldaten (mit den Feldpostnummern 11836 und 48608) belegt. Nachdem im März 1947 der größte Teil der Soldaten auszog, verblieb wohl ein kleiner Rest auf dem Gelände der ehemaligen Quandtschen Fabrik.

Unmittelbar danach wurde der Viergeschosser vorübergehend an Berliner Holzfäller vermietet, die auf dem Gelände der Militärübungsplätze Zechlin und Rossow das in Berlin dringend benötigte Heiz- und Baumaterial einschlugen. Die Villa an der Fabrik nutzten der städtische Kindergarten und zwei Mieter. Im September 1948 bat der Bürgermeister der Stadt, Dr. Ulrich Freyer, die Hauptverwaltung *„Landeseigene Betriebe"* darum, den Viergeschosser und das Wohnhaus für Klassenräume, Lehrwerkstätten und ein Lehrlingsheim der hiesigen Berufsschule nutzen zu können, denn an Räumen herrschte in der Stadt ein akuter Mangel. Dazu kam es aber nicht.

Mit dem Schreiben vom 28. August 1947 übersandte der Kreis Ostprignitz dem Wittstocker Bürgermeister die Urkunden zur Enteignung für: 1) Tuchfabrik Friedrich Paul und Gerhard Quandt, Wittstock, 2) Tuchfabrik F.W. Wegener, Inhaber Gerhard Quandt, Wittstock, 3) Tuchfabrik Friedrich Paul, Inhaber Fritz Paul,

Stempel des Volkseigenen Betriebes Paul und Quandt Wittstock/Dosse, 1948

Einer der ersten, nach dem Krieg verwendeten Webstühle und provisorische Spinnräder (heute noch in der Sammlung der Museen Alte Bischofsburg)

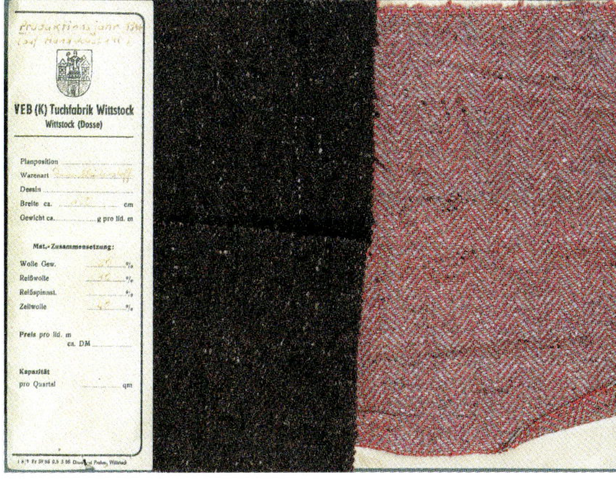

Stoffproben in Fischgrätmuster aus der ersten Produktionsphase in der Nachkriegszeit

Wittstock. Diese Urkunden sollten den bisherigen Eigentümern ausgehändigt werden".[150]

Ehemalige Beschäftigte der Fabriken konnten das Ende des Tuchmacherhandwerks in Wittstock nicht akzeptieren. Schon im August 1946 machten sich Richard Eckert, ehemals Webmeister der Tuchfabrik von Gerhard Quandt, dann bei der Tuchfabrik Friedrich Paul, und Georg Lemke, früher Werkleiter bei Quandt, Gedanken, wie die Tuchproduktion wieder in Gang kommen könnte.

Mit viel Engagement gründeten sie 1946 die kleine Handweberei *„Eckert & Lemke"*, die ab Herbst 1948 die *Genossenschafts-Weberei Wittstock* wurde. Firmensitz mit anfangs zwei (oder drei) Webstühlen war eine Gartenlaube in der Pritzwalker Straße auf dem Gelände der heutigen Fa. HTW Wittstock. Im Dezember 1946 zog die Tuchweberei in Räume der ehemaligen Tuchfabrik Paul in der Innenstadt (Heiliggeiststraße/Ecke Rosenwinkel, heute Stadtverwaltung). Dort befand sich schon die Zentrale der Konsumgenossenschaft.

Der Webbetrieb kämpfte mit den gleichen Problemen wie die früheren Tuchmacher: mit fehlendem Material. Kundenmaterial sowie Zellwolle, die man aus den Abfallhaufen der Zellstoffwerke Wittenberge herausgesucht und gemischt hatte, wurde in der Tuchfabrik Malchow zu Garn gesponnen. Dieses musste dann nach Wittstock transportiert werden, wo es gewebt, gewalkt, geschoren und zu *nadelfertigem* Tuch verarbeitet werden konnte.[151]

Eine Fabrikation in Zeiten des Mangels aufzubauen, war mehr als schwierig, denn die als Reparation ausgebauten Maschinen konnten kaum ersetzt werden. Irgendwo fand man Ersatzteile, die für die Montage von einer Handvoll Webstühle reichten.

Zunächst wurden Kostümstoffe in Fischgrätmuster gefertigt. Wegen Stromabschaltungen am Tage produzierte man oft nachts.

Anfang 1947 wurden in der Weberei auch Frauen eingestellt. Im Juni 1948 beschäftigte der kleine Betrieb bereits wieder neun Facharbeiter. Diese konnten an acht Handwebstühlen bei 48 Stunden wöchentlicher Betriebszeit 250 m Bekleidungsstoffe pro Woche fertigen, jedoch nur bei regelmäßiger Materiallieferung. Unerwartet fand man auf dem Dachboden der früheren innerstädtischen Paulschen Fabrik, die ja schon in den

Zugang zur ehemaligen Quandtschen Tuchfabrik, 1959, wo inzwischen als Bestandteil der Vereinigung Volkseigener Betriebe (VVB) Möbel eine Möbelfabrik arbeitete

Rechts: Abriss des markanten Schornsteins am Maschinenhaus, 1977

1920er Jahren endgültig aufgegeben worden war, noch fünf mechanische Webstühle, Baujahr 1910. Diese wurden jedoch erst 1950 nach dem Umzug in die Walkstraße wiederhergerichtet. [152]

Und die kontinuierliche Materialzufuhr blieb ein Problem. Deshalb baten die engagierten Tuchmacher die Stadtverwaltung um Fürsprache bei der Landesregierung für die Wiedererrichtung einer Tuchfabrik in Wittstock. Denn nur dann, wenn die Firma Bestandteil des Volkswirtschaftsplans wurde, hatte man überhaupt eine Chance auf eine bessere Ausstattung und die Belieferung mit Rohstoffen.[153]

Erst zum 1. Januar 1949 bekam die Stadt Wittstock rückwirkend die beiden ehemaligen Tuchfabriken in städtisches Eigentum übertragen und gab diese am 4. Mai 1949 in die Verwaltung des Kommunalen Wirtschaftsunternehmens (KWU). Wenig später trat der Bürgermeister Freyer in Verhandlungen mit der Landesregierung für eine Wiedereröffnung.[154] Diese scheiterten zunächst, denn die Landesregierung wollte zwar eine Volltuchfabrik[155] fördern, aber nicht nur die kleine, schon existierende Weberei.

Für die brandenburgische Textilbranche sahen die Planungen der Landesregierung zunächst die Förderung der Grundstoffindustrie (zur Sicherung der Materialbeschaffung) vor. *„Bei dieser Sachlage werden für die Erstellung neuer Tuchfabriken z.Zt. grundsätzlich keinerlei Gelder bewilligt. Die SMA* [Sowjetische Militäradministration] *lehnt die Bereitstellung von Mitteln hierfür strikt ab.“*, so die *Vereinigung der Volkseigenen Betriebe* [VVB] – Textil und Bekleidung – im April 1949. Sie kam nach wiederholten Verhandlungen zu dem Schluss,

An der Stelle der Maschinen zur Tuchproduktion standen nun Holzbearbeitungsmaschinen, um 1960

„daß zumindest für das Jahr 1949 von der Errichtung einer Tuchfabrik in Wittstock Abstand genommen werden muss."[156]

Aber die Herren der Fa. Eckert & Lemke gaben nicht auf: Sie zeigten einem Ministerialdirektor der brandenburgischen Landesregierung ihre Produktionsstätte. Dieser konnte im Oktober 1949 von der Leistungsfähigkeit und dem Entwicklungspotenzial überzeugt werden. Bei einem weiteren Termin bestimmte er die ehemalige Quandtsche Fabrik – zu dieser Zeit als großes Getreidelager von der Vereinigung Volkseigener Erfassungs- und Aufkaufbetriebe Kyritz (VVEAB) genutzt – zur künftigen Möbelfabrik. Die VVEAB sollte deshalb in die ehemalige Paulsche Tuchfabrik umziehen.

Gegen den Widerspruch der VVEAB wurden der künftigen neuen Tuchfabrik ebenfalls Räume in der früheren Tuchfabrik Paul zugewiesen. VVEAB und Tuchfabrik mussten sich nun zunächst das Paulsche Fabrikgebäude teilen. Die von der VVEAB genutzte Fläche sollte mit dem Anwachsen der Textilproduktion immer weiter schrumpfen.[157]

Bereits am 3. November 1949 gestattete die Hauptabteilung Industrie im brandenburgischen Wirtschaftsministerium dem KWU Wittstock die Übernahme der sechs Webstühle für die Firma Eckert & Lemke.

Das KWU bezog seinen Sitz in der Paulschen Villa. Mit seiner Auflösung zum Dezember 1950 wurde das Gebäude wohl unmittelbar – und dann bis 1994 – Sitz des sowjetischen Militärkommandanten von Wittstock.

Mit Beschluss der Verwaltungsratssitzung vom 6. Dezember 1949 übernahm das KWU zum 1. Januar 1950 die Fa. Eckert & Lemke unter dem Namen KWU, Abt. Tuchfabrik. Die beiden Gründer Eckert und Lemke sollten finanziell entschädigt werden.[158] Rückwirkend zum 1. 1. 1951 wurde das Fabrikgrundstück Paul am 21. Mai 1951 an die Tuchfabrik übertragen. Damit waren die Bestrebungen zur Aktivierung der Tuchproduktion vor Ort erfolgreich und Wittstock bekam wieder eine Perspektive.

Auch am neuen Standort hatte Georg Lemke die Leitung des Betriebes, Richard Eckert wurde Produktionsleiter.

Ein Kostenvoranschlag vom 31. Januar 1950 sah 245 000 DM für den Wiederaufbau einer Volltuchfabrik vor. Vor allem die Dampfkesselanlage und die Transmission mussten wieder in Gang gebracht werden. 10 Webstühle und ein Spinnereisatz galten in der Anschaffung als prioritär. Wenig später standen die gewünschten 10 Webstühle in den früheren Räumen der ehemaligen Paulschen Tuchfa-

VOLKSEIGENE ÖRTLICHE INDUSTRIE DES KREISES OSTPRIGNITZ

TUCHFABRIK WITTSTOCK/DOSSE

Fernsprecher: Wittstock 370
Sparkasse des Kreises Ostprignitz
Hauptzweigstelle Wittstock (Dosse)
Konto Nr. 1702
Deutsche Notenbank Kyritz, Konto

FINANZAMT Kyritz
Eingeg. 17. SEP. 1951
Eingb. Nr.

② Wittstock/Dosse, den 12. September 1951.
Walkstraße 4

Unser Zeichen: Ihr Zeichen:

An das
Finanzamt
Abt. Besteuerung VEB, IV/15,
Kyritz.

Kopfbogen der Tuchfabrik Wittstock/Dosse 1951

Ehemalige Friedrich Paul Tuchfabrik, nun VEB Tuchfabrik Wittstock, mit Maschinenlager, Weberei, Spinnerei, Färberei Appretur, rechts Metallbau

brik an der Walkstraße. Im August 1950 trafen einige Spinnmaschinen aus Forst ein.[159]

Nach der Auflösung des KWU zum 31.12. 1950 ging der Betrieb nun in die Trägerschaft der *Volkseigenen Örtlichen Industrie des Kreises Ostprignitz* über, mit der Neugründung der Kreise 1952 an den Kreis Wittstock (wiederum an die Abteilung Örtliche Industrie). 1952/53 erhielt die Tuchfabrik als sogenannte zweite Produktionsstufe eine Spinnerei, die sich als zu klein erweisen sollte. Die in der DDR republikweit angelieferten Materialmengen waren viel zu groß und hätten auf Flächen eingelagert werden müssen, über die der Betrieb nicht verfügte.

In jenem Jahr hatte die Tuchfabrik bei Streichgarn/Wolle 17 000 qm und bei Streichgarn/Zellwolle fast 96 000 qm Tuche gefertigt. Im Durchschnitt des Jahres waren 90 Mitarbeiter beschäftigt, außerdem 10 Lehrlinge. Ein Jahr später waren es schon 96, davon 7 Mitarbeiter in der Verwaltung.

In der Nacht zum 20. März 1954 wurde das Wittstocker Rathaus durch ein Feuer erheblich zerstört. Und obwohl die Tuchfabrikation eigentlich gerade erst begonnen hatte, „*ver-*

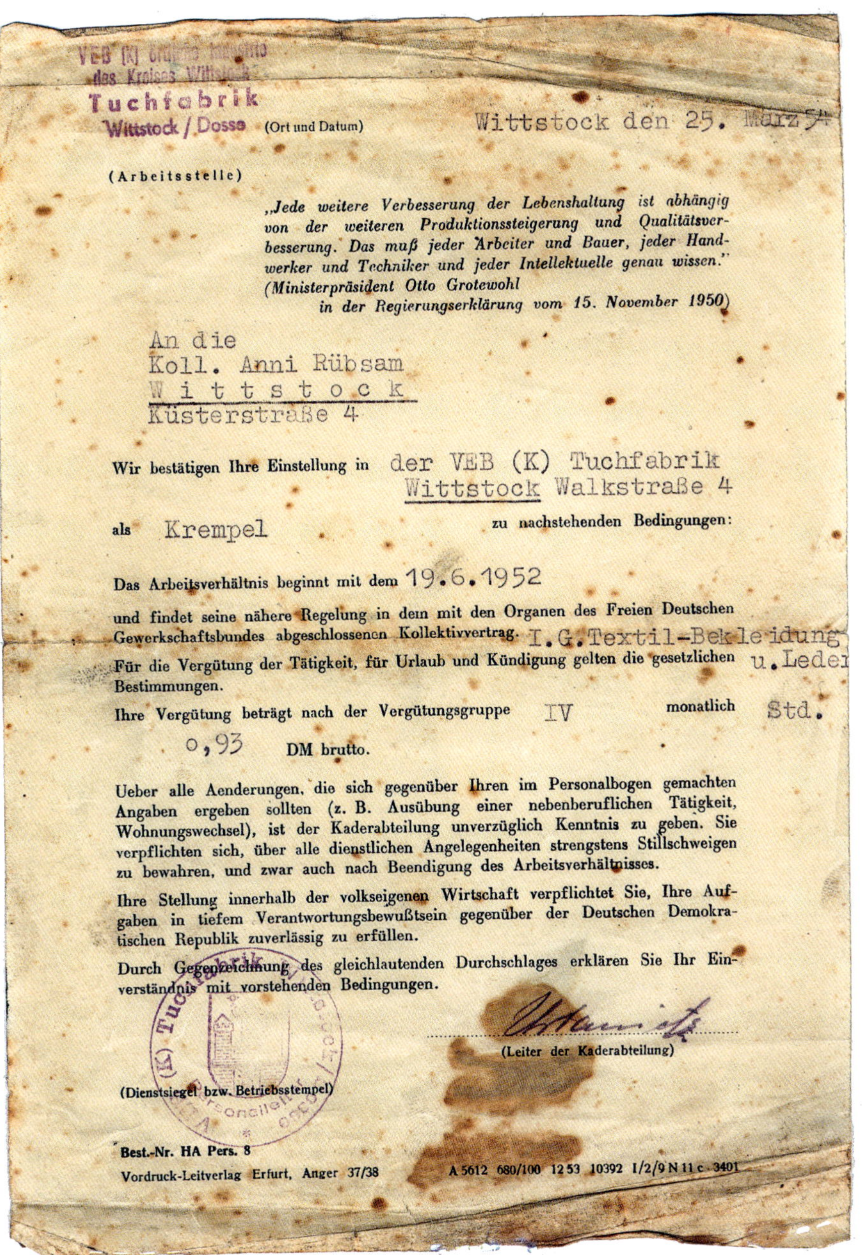

VEB (K) Örtliche Industrie des Kreises Wittstock
Tuchfabrik
Wittstock / Dosse (Ort und Datum) Wittstock den 25. März 54

(Arbeitsstelle)

„Jede weitere Verbesserung der Lebenshaltung ist abhängig von der weiteren Produktionssteigerung und Qualitätsverbesserung. Das muß jeder Arbeiter und Bauer, jeder Handwerker und Techniker und jeder Intellektuelle genau wissen."
(Ministerpräsident Otto Grotewohl in der Regierungserklärung vom 15. November 1950)

An die
Koll. Anni Rübsam
W i t t s t o c k
Küsterstraße 4

Wir bestätigen Ihre Einstellung in der VEB (K) Tuchfabrik Wittstock Walkstraße 4

als Krempel zu nachstehenden Bedingungen:

Das Arbeitsverhältnis beginnt mit dem 19.6.1952

und findet seine nähere Regelung in dem mit den Organen des Freien Deutschen Gewerkschaftsbundes abgeschlossenen Kollektivvertrag. I.G. Textil-Bekleidung u. Leder
Für die Vergütung der Tätigkeit, für Urlaub und Kündigung gelten die gesetzlichen Bestimmungen.

Ihre Vergütung beträgt nach der Vergütungsgruppe IV monatlich Std.

0,93 DM brutto.

Ueber alle Aenderungen, die sich gegenüber Ihren im Personalbogen gemachten Angaben ergeben sollten (z. B. Ausübung einer nebenberuflichen Tätigkeit, Wohnungswechsel), ist der Kaderabteilung unverzüglich Kenntnis zu geben. Sie verpflichten sich, über alle dienstlichen Angelegenheiten strengstens Stillschweigen zu bewahren, und zwar auch nach Beendigung des Arbeitsverhältnisses.

Ihre Stellung innerhalb der volkseigenen Wirtschaft verpflichtet Sie, Ihre Aufgaben in tiefem Verantwortungsbewußtsein gegenüber der Deutschen Demokratischen Republik zuverlässig zu erfüllen.

Durch Gegenzeichnung des gleichlautenden Durchschlages erklären Sie Ihr Einverständnis mit vorstehenden Bedingungen.

(Dienstsiegel bzw. Betriebsstempel) (Leiter der Kaderabteilung)

Best.-Nr. HA Pers. 8
Vordruck-Leitverlag Erfurt, Anger 37/38 A 5612 680/100 12 53 10392 I/2/9 N 11 c 3401

Arbeitsvertrag ab 19.6.1952 im VEB (K) Tuchfabrik mit 0,93 DM/h in der Vergütungsgruppe IV – Die Berufsbezeichnung wurde mit „Krempel" angegeben

pflichtet[e] sich die gesamte Belegschaft 1000 Stunden Sonderschicht zu leisten und stellt[e] diesen Betrag zum Wiederaufbau des Rathauses zur Verfügung."[160]

Damals wurde der Betrieb vorwiegend mit Materialien aus Chemnitz, Forst, Großenhain Liebschwitz, Luckenwalde und Malchow beliefert.

Pausenraum für die Beschäftigten der Tuchfabrik, um 1954

Belegschaft des VEB (K) Tuchfabrik am 1. Mai 1955

Demonstration am 1. Mai 1956 auf dem Marktplatz mit gestaltetem LKW des VEB Tuchfabrik Wittstock, im Hintergrund das im Wiederaufbau befindliche Rathaus

Schaufenster des VEB Tuchfabrik in der Wittstocker Innenstadt mit Mänteln, die aus Tuchen der eigenen Herstellung gefertigt worden waren, um 1956

Gepresste Ballen im Materiallager, wohl um 1960

Spinnerei des VEB Tuchfabrik, um 1960

Tuchfabrik um 1960 – MAB/Traditionszimmer OTB

Appretur, wohl um 1960

Stoffmusterkarte aus der Produktion von 1955

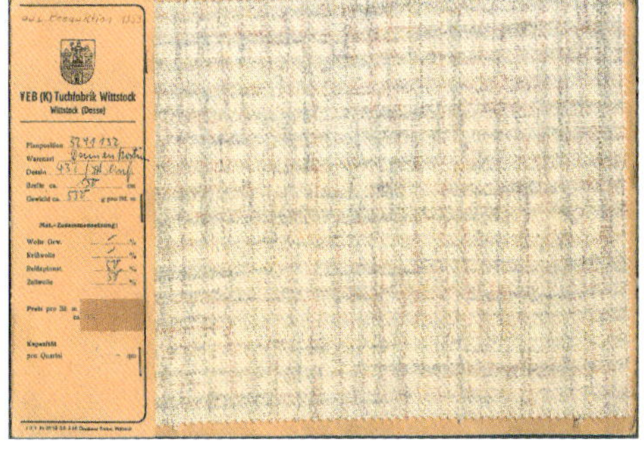

Stoffmusterkarte aus der Produktion von 1959

Eine Betriebsprüfung 1953 wies gegenüber der früheren Firma Eckert und Lemke noch immer Verbindlichkeiten von fast 280 000 DM aus. Eigentlich hätte der Betrieb auch die Schulden begleichen können, musste die vorgesehenen Mittel aber dann für die Bezahlung eigener Transporte verauslagen.[161]

1954 kam eine Veredlungstrecke hinzu, eine Stückfärberei mit Nass- und Trockenappretur, aufgebaut aus alten Maschinen.

Zunächst wurde von Montag bis Freitag in der Zeit von 7.00 bis 17.00 Uhr gearbeitet, mit einer Stunde Mittagspause; Samstag nochmal von 6.00–13.00 Uhr. Die Beschäftigten verdienten durchschnittlich 94 Mark im Monat. Ihnen wurden 12 Tage Urlaub gewährt.

Darstellung des Produktionsprozesses im VEB Tuchfabrik[162]

Produkte: Streichgarngewebe Wolle und Streichgarngewebe Zellwolle

1. Lagerung – (von Wolle, Reißwolle, Chemiefasern)

Werbung auf der Leipziger Messer, wohl 1958/59

2. Färben loser Wolle – (Flockenfärberei)
3. Manipulation – Zusammenstellen der einzelnen Partien nach Qualität und Farbe
4. Wolferei – Mischung und Auflockerung des Roh- und gefärbten Materials, Besprühen (Schmälzen) des geschichteten Rohmaterials mit einer leicht auswaschbaren, öligen Flüssigkeit, um es spinnfähig zu machen
5. Krempelei – wichtigster Arbeitsschritt in der Streichgarnspinnerei, Verarbeitung des gewolften Materials zum Vorgarn, Fertigung eines gleichmäßig starken Vorgarns
6. Feinspinnerei – Auflegen der Vorgarnwalze auf den Selfaktor, Verspinnen des Vorgarns auf die Spindel zum Feinspinngarn
7. Zwirnerei – Verzwirnen (Verbinden) mehrerer Einzelfäden zum Effektgarn
8. Kettschärerei – Aufziehen der Kette (beim Weben Fäden in Längsrichtung) in der Reihenfolge der vorgeschriebenen Farben und Sorten nebeneinander
9. Spulerei – Umspulen des Zwirnmaterials für die Verarbeitung
10. Weberei – Verkreuzen der Fäden, so dass eine Bindung entsteht – drei verschiedene Bindungen: Tuch-, Köper- oder Atlasbindung
11. Ausnäherei – Kontrolle der Rohware und Ausstopfen der Fehler
12. Walke und Wäsche – Beginn der Veredlung des Stoffes, Verfilzen des Materials durch die Walke, Entfernen der Ölreste aus der Wolferei
13. Färberei – Stückfärberei, sofern der Abnehmer eine einfarbiges Material wünscht
14. Appretur – veredelnde Behandlung (manuell, chemisch oder mechanisch) = letzter Arbeitsschritt in einer Volltuchfabrik
15. Fertigwarenschau – Kennzeichnung und Beseitigung aller noch vorhandenen Fehler, Vorbereitung des Tuches im Tuchlager für den Versand

Aus Streichgarngewebe (Zellwolle) und Wolle wurden im VEB Tuchfabrik vor allem Stoffe für Damen- und Herrenwintermäntel gefertigt. Aus Zellwolle entstanden Loden- und Anzugstoffe sowie Stoffe für Skitrikots und sogenannter Whipcord für Hosenstoffe. Die Zulieferung von Zellwollkammgarn erfolgte aus den im Süden etablierten Werken, zum Beispiel aus dem VEB Strick- und Haargarnwerke Kotteritz bei Altenburg, dem VEB Kammgarnspinnerei Karl-Marx-Stadt (Chemnitz) sowie aus dem VEB Leipziger Wollkämmerei. Bis 1961 arbeitete die Wittstocker Tuchfabrik auch für den Westteil Berlins. Fehlerhafte Ware und Reststücke konnten noch an eine Pantoffelfabrik in Leipzig verkauft werden.[163]

Im Februar des Jahres waren bereits 144 Mitarbeiter in der Tuchfabrik beschäftigt, davon 101 in der Produktion und wahrscheinlich acht Lehrlinge.[164]

Obwohl der Betrieb für gute Leistungen ausgezeichnet wurde (im 4. Quartal 1959 z. B. die Wanderfahne des Bezirkes Potsdam) blieb die Qualität ein Problem. So verpflichteten sich die Brigaden I und II im selben Jahr, zumindest 80-prozentige Qualität zu liefern, und die Mitglieder der Jugendbrigade sollten 75 Prozent erbringen. Insgesamt waren 255 000 qm Tuch geplant.

Am 1. Oktober 1960 ging der bisherige Betriebsleiter Richard Lemke in den Ruhestand und Klaus Wolff übernahm seine Funktion.

Mit der Einführung neuer Technik Ende 1960 konnte der seit Jahren verfolgte Plan eines Zweischichtsystems für die Produktion umgesetzt werden.[165] Schon in dieser Zeit arbeitete der Betrieb nach sogenannten Methoden, die in der DDR-Produktion bis in die 1980er Jahre populär waren. 1958 war das die *Seifert-Methode* (benannt nach einem Erich Seifert). Diese lief auf eine Verringerung der eigentlich festgelegten Fertigungszeiten durch Rationalisierung und Durchsetzung höherer Arbeitsnormen hinaus. 1961 arbeitete der Betrieb mit der *Mitrofanow-Methode*, die gemeinsame Lösungsstrategien über die Abteilungen hinaus erforderte (benannt nach den Vorschlägen eines S. P. Mitrofanow).

Eine 1961 durchgeführte Revision ermöglicht einen Einblick in die betrieblichen Verhältnisse. Dabei wurde unter anderem festgestellt, dass der Betrieb nicht mehr gängige oder fehlerhafte Gewebe herstelle, auf Verdacht arbeite und Planrückstände hätte. Die Ursache für die Untererfüllung des Plans war ein typisches Beispiel für die teilweise schwierigen Planungsumstände in der DDR. Ganz klar formulierte der Revisor die Gründe für die Nichterfüllung. Diese lagen darin, *„daß der Betrieb zu Beginn des Jahres nicht seinem Plan entsprechende Wollkontingente [erhielt…] und in den ersten vier Monaten des Jahres die Produktion nur notdürftig durch Beschaffung von Zusatzkontingenten aus anderwärts freien Kapazitäten aufrechterhalten werden konnte."* Durch diesen Materialmangel musste die eigentliche Bedienung von zwei Webstühlen auf einen reduziert werden, bei gleichem Lohn, denn die Facharbeiter hätten den Betrieb sonst verlassen. Erst im Mai bekam der Betrieb *„in feierlicher Form seine staatlichen Aufgaben für 1961* […] *und erst am 3. Juli die Bestätigung des Plans"*[166] – und damit auch das erforderliche Material für die Produktion. Zwar wurde in den ersten Monaten des Jahres produziert, aber wahrscheinlich nicht unbedingt das, was mit dem Handel vereinbart worden war.

Als weitere Schwachstelle nannte der Bericht die schon erwähnte, verhältnismäßig kleine Spinnerei, für die nicht die benötigten Kleinmengen geliefert werden konnten. Der Revisor wies auch deutlich darauf hin, dass *„die Belegschaft für die nicht entsprechende Arbeitsweise übergeordneter Stellen nicht bestraft werden kann".*[167]

Der offensichtlich einzige Betriebs-LKW musste zudem voll ausgelastet werden und fuhr daher nur, wenn er mit 100 Ballen Tuch beladen werden konnte. Bemühungen, Transporte auf die Schiene zu verlagern, wurden dann wegen der Unzuverlässigkeit im Bahnverkehr nicht mehr weiterverfolgt.

Zu diesem Zeitpunkt verfügte die Tuchfabrik über 150 Beschäftigte, davon 109 in der Produktion, die 257 800 qm Zellwoll- und Wollgewebe herstellten.[168] Bereits in den 1960er Jahren – und wahrscheinlich auch schon davor – kamen Mitarbeiter des Betriebes aus der gesamten Region und hatten tägliche Fahrwege, z. B. aus Pritzwalk, zu absolvieren.[169]

Die Tuchfabrik belastete auch die Finanzierung von Ernteeinsätzen, zu denen die Belegschaft durch den Rat des Kreises verpflichtet wurde und deren Kosten der Betrieb zu tragen hatte. Aus heutiger Sicht kaum vorstellbar wurde die gesamte Belegschaft beispielsweise am 5. Juli 1957 (Freitag) auf Anordnung des Vorsitzenden des Rates des Kreises in die Hackfruchternte (Kartoffeln) geschickt, d. h. an diesem Tag stand der Betrieb still und alle Mitarbeiter unterstützten die landwirtschaftliche Produktionsgenossenschaft im Dorf Blandikow, was durch einen Patenschaftsvertrag geregelt war.

Stoffproben des VEB Tuchfabrik aus den 1960er Jahren

Visitenkarte des VEB Tuchfabrik Wittstock – TUFAWIT – 1964

Andere, scheinbar willkürliche Anordnungen der Behörden kamen hinzu. So wurde der Betrieb am 01.9.1961 angewiesen, seinen – einzigen – PKW an den Rat des Kreises abzustellen. Das Fahrzeug kam am 1. November reparaturbedürftig zurück. Wer die Reparaturkosten tragen sollte, war offensichtlich nicht klar.

Schon im Mai 1961 war man bestrebt, die Zulieferungen von *„Wollen aus dem kapitalistischen Ausland einzusparen und somit wertvolle Devisen zu erhalten."*[170] Das neue Programm lief unter dem Namen *„Arkalaine"*. Dabei handelte es sich um ein Wollgewebe, das in einem DDR-weiten Sonderprogramm von 1962 bis 1969 zur Verarbeitung grober sowjetischer Wolle aufgelegt worden war.[171] Die Regionalzeitung *„Märkische Volksstimme"* berichtete darüber 1961 unter der Überschrift *„Arkalaine-Programm hilft Devisen sparen"*. *„[...] Diese hochwertigen Stoffe [Arkalaine] werden entsprechend dem Anfall der jeweiligen Materialien in Form von Mischwollen aus den sozialistischen Ländern hergestellt und entsprechen durchaus dem gegenwärtigen Weltstandard in diesem Genre. Da es sich bei der Tuchfabrik um einen Noveauté-Betrieb [? wohl Neuheiten-Betrieb] handelt, ist die Anwendung von DDR-Standards nicht möglich."*[172] Dafür legte man im Betrieb eigene Werkstandards fest. Kurz zuvor waren sechs neue Großraumwebstühle geliefert worden. Aber vermutlich war die Verarbeitung der wohl doch minderwertigeren Wolle nicht ganz so einfach und erforderte mehr Zeit als üblich. Die Hoffnungen in das Arkalaine-Programm erfüllten sich nicht.

1965 beschäftigte die Tuchfabrik 116 Mitarbeiter – davon 59 Prozent weibliche Arbeitskräfte – und 16 Lehrlinge, die vorwiegend Streichgarnwolle und Zellwolle verarbeiteten. Daraus wurden fast 240 000 qm solide, aber nicht mehr unbedingt dem Zeitgeschmack entsprechende Tuche gefertigt.[173]

Mit dem Konzept zur Umprofilierung der Tuchfabrik zeichneten sich schon 1965 gravierende Veränderungen ab. So sollte sich ab 1968 alles ändern.

Der VEB Obertrikotagenbetrieb „Ernst Lück"

Beginn eines Großprojektes

Anfang der 1960er Jahre hatte die DDR festgestellt, dass sie dem Welttrend „hinterherhinkte". Während die Bundesrepublik 1964 23 000 t Texturseiden und die USA sogar 100 000 t produziert hatten, lag die Produktion in der DDR im genannten Jahr bei nur 400 t.[174] Eigentlich wollte man die traditionel-

Namenszug und Logo am Verwaltungsgebäude des OTB,

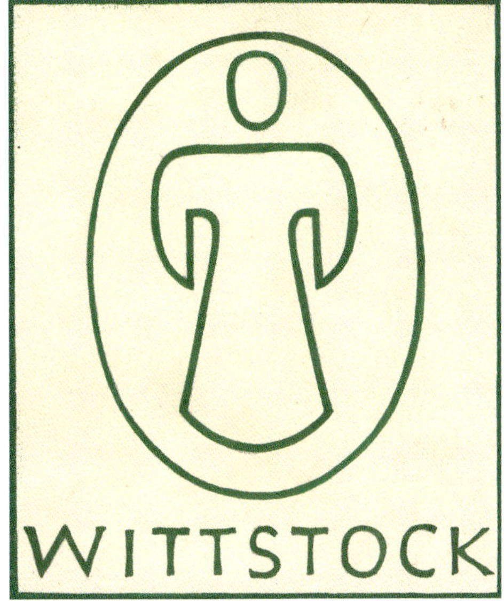

Logo aus dem Traditionszimmer

len Tuchmacherstandorte in Sachsen um die Chemiefaserproduktion erweitern, scheiterte aber an den dort fehlenden Gebäude- und Arbeitskräftekapazitäten. So geriet der agrarisch geprägte Norden der DDR in den Fokus der Planer. *„Eine Aussprache zwischen den beteiligten Organen [1965] anläßlich der Leipziger Messe ergab nach wie vor, daß die Variante Wittstock als volkswirtschaftlich günstigste Lösung zu betrachten ist."* [175] Auch die frühere Tuchfabrikationsstadt Pritzwalk war zuvor als möglicher Standort geprüft worden.[176]

Die Wahl fiel tatsächlich auf Wittstock, das die gesuchten Voraussetzungen für einen unmittelbaren Start bot: vorläufige Produktionsräume, Arbeitskräfte, Flächen zur Erweiterung des Standortes sowie Wasser und Energie. Zu diesem Zeitpunkt griff die Tuchfabrik auf drei Brunnen mit einem Wasseraufkommen von 90 cbm/h (= 2 160 cbm/Tag) zurück.[177]

In der unmittelbaren Nachbarschaft der Fabrik befand sich eine große unbebaute Kleingartenanlage mit wenigen Scheunen, die für die Erweiterung und den Neubau von Produktionsanlagen als geeignet befunden wurde. Für den Standort Wittstock sprachen außerdem eine gute Verkehrsanbindung durch die Schiene und den zukünftigen Autobahnanschluss.

Diese sich ankündigenden Veränderungen waren Teil der DDR-weiten Realisierung des Polyesterprogramms. Gleichzeitig entsprach die Entscheidung für Wittstock den Planungen, den wirtschaftlich unterentwickelten, agrarisch geprägten Norden zu industrialisieren und damit die Lebensbedingungen von Stadt und Land einander anzunähern.[178]

Die Errichtung eines Textilbetriebes sollte die Erwerbstätigkeit von Frauen fördern, was sie stärker in *die Entwicklung der sozialistischen Gesellschaft einbinden* würde. Mit der zunehmenden Mechanisierung in der Landwirtschaft waren dort insbesondere weibliche Arbeitskräfte freigesetzt worden, die dann auch der Textilindustrie zur Verfügung standen.[179] Für den ständig steigenden Bedarf an Ober- und Untertrikotagen, Sport- und Freizeitbekleidung, Strümpfen usw. sollte, *„eine moderne und volkswirtschaftlich wichtige Produktionsstätte, die sich sehr vorteilhaft auf das gesellschaftliche Leben im Kreis Wittstock auswirken würde"*, entstehen.[180]

Das neue Konzept sah vor, nun alle Fertigungsstufen der Trikotagenproduktion quasi unter einem Dach zu vereinigen, also von der synthetischen Faser bis zum Oberbekleidungsstück. Die aus diesem Material gefertigten Erzeugnisse waren schnell und relativ

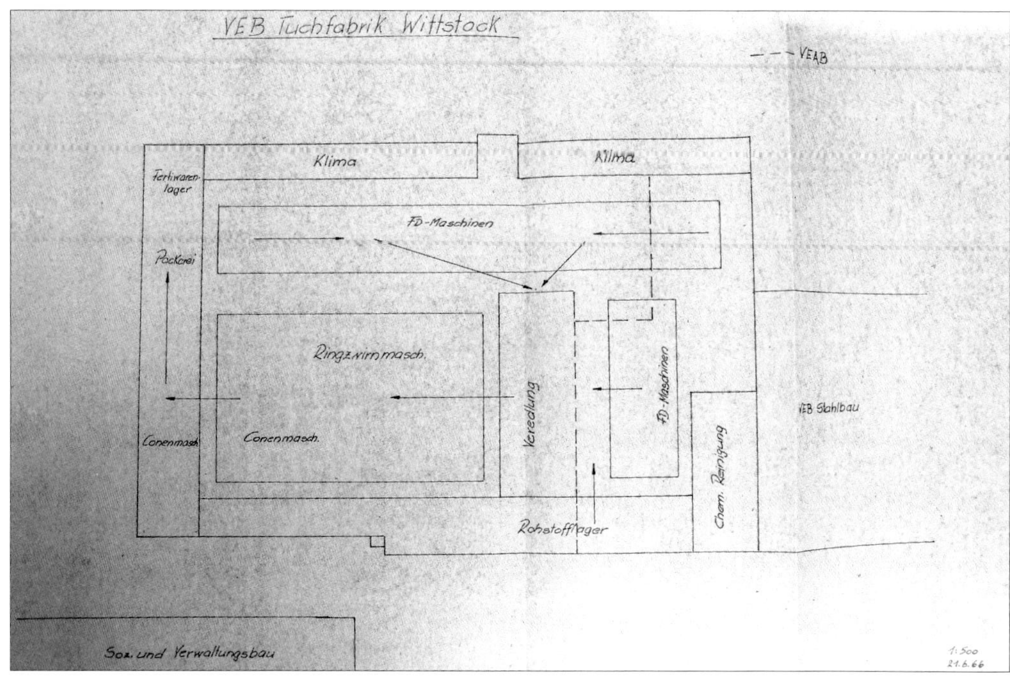

Skizze zur Neuausrichtung der Tuchfabrik im Juni 1966

preiswert herzustellen. Mit der Umstellung auf ein Kunstfaserprodukt entsprachen die Pläne für den Betrieb dem Zeitgeist.

Von nun an sollte die Texturseide für den Kreis Wittstock strukturbestimmend werden. Es war damals das drittgrößte Industrievorhaben in der DDR.

Zwar hatten gemessen an der Bevölkerungszahl immer viele Wittstocker in der Textilproduktion gearbeitet. Das, was jetzt geplant war, ging aber deutlich über alles Bisherige hinaus. Bereits im August 1966 wurden in einer Beratung verschiedene Voraussetzungen diskutiert und komplexe, weit über die bloße Neueinrichtung eines Betriebes hinausgehende Planungen der Infrastruktur entwickelt, wie Wohnungsbau, Arbeitsplätze für Partner, Bildungsmöglichkeiten, medizinische Versorgung, kulturelle Angebote, soziale Einrichtungen u. a. Da der neue Betrieb vorwiegend weibliche Mitarbeiter beschäftigen sollte, hieß das: *„Die Zuführung von je 80 weiblichen Arbeitskräften 1969 und 1970 kann nur erfolgen, wenn die in der Konzeption enthaltenen Kindereinrichtungen durch die VVB geschaffen werden* […]“[181] Die Bezirksplankommission sollte jährlich das Schulabgängeraufkommen in Wittstock für eine Berufsausbildung im OTB prüfen.

Schon im Sommer 1966 fand eine *„Grobuntersuchung ohne Aufmaß-Unterlagen“* statt. Etwa 6 000 qm von ca. 10 000 qm der früheren Friedrich Paul Tuchfabrik waren zu dem Zeitpunkt mit der Fertigung von Tuchen belegt. Ein weiterer Teil wurde vom VEB (K) Stahlbau genutzt, ein anderer war an eine kleine chemische Reinigung und an die VEAB (Nachfolger der VVEAB) vermietet. Der von der VEAB genutzte Teil sollte bereits 1967 geräumt werden, um dort den Maschinenpark für das An- und Umlernen der Arbeitskräfte unterzubringen. Diese enge Nachbarschaft so unterschiedlicher Industriezweige wurde von staatlicher Seite allerdings als Problem angesehen:

„Das würde bedeuten, daß in diesem relativ kleinen Gebäudekomplex drei Betriebe aus drei Industriezweigen untergebracht wären. Da es sich dabei um grundsätzlich verschiedene Industriezweige (Chemie, Schwermaschinenbau, Textil) handelt, die ein unterschiedliches Lohnniveau bedingen, ist mit großen Schwierigkeiten bei der Gewinnung von Arbeitskräften für die Texturseidenzwirnerei zu rechnen. Hierbei muss noch erwähnt werden, daß sich ein 4. Betrieb, und zwar der VEB Möbelfabrik Wittstock [in direkter Nachbarschaft im Gebäude der ehemaligen Quandtschen Tuchfabrik] befindet. Auf Grund der Technologie und der erforderlichen Grundmittelauslastung muß in dem zu bildenden Texturseidenbetrieb in drei Schichten und der rollenden Arbeitswoche gearbeitet werden. Demgegenüber ist z. B. in der Möbelfabrik erst in der Perspektive die 2. Schicht geplant."[182] Schon da war klar, dass sich auch der Standort des VEB (K) Stahlbau verändern würde. 1969 zog dieser Betrieb in die Röbeler Straße auf das Gelände der früheren Holzwarenfabrik Grimme.

Am 17. Januar 1967 unterzeichneten der Bezirkswirtschaftsrat, der Generaldirektor der Vereinigung Volkseigener Betriebe (VVB) Trikotagen und Strümpfe sowie der Minister für bezirksgeleitete Industrie und der Minister für Leichtindustrie die *„Gemeinsame Anweisung über die Änderung der Zuordnung des VEB (B) Tuchfabrik Wittstock Dosse"*. Diese verfügte: *„Der VEB (B)* [=bezirksgeleitet] *Tuchfabrik Wittstock wird mit Wirkung vom 31.12.1967 als juristisch selbständiger Betrieb aus dem Unterstellungsverhältnis des Rates des Bezirkes Potsdam, Bezirkswirtschaftsrat, ausgegliedert und mit Wirkung vom 1.1.1968 als VEB (Z)* [zentral geleitet] *und juristisch selbständiger Betrieb mit dem Sitz Wittstock/Dosse der VVB Trikotagen und Strümpfe in Limbach-Oberfrohna zugeordnet."* [183]

Die Grundlage für die völlige Veränderung der alten Tuchfabrik bildeten zwei Konzepte, eines zur *„Umprofilierung"* vom Juni 1966, das andere zur *„Entwicklung"* des VEB (K) Tuchfabrik vom 29. Juni 1967. Da es sich um ein Projekt mit einem großen finanziellen Volumen handelte, passierte es am 9. November 1967 auch den DDR-Ministerrat. [184]

Der Wittstocker Tuchfabrik standen damit enorme Veränderungen bevor, die von der zuständigen Vereinigung Volkseigener Betriebe in zwei Etappen umgesetzt werden sollten: Der erste Teil von 1968–70 mit dem Aufbau einer Texturseidenproduktion und Teilveredlung und der zweite 1970–75 mit dem Aufbau einer Produktion zur Herstellung von Obertrikotagen mit den Verarbeitungsstufen Strickerei/Wirkerei sowie Veredlung und Konfektion.

Obwohl die Umbauarbeiten schon 1968 beginnen sollten, betrug die Planauflage für die klassische Produktion an gewebten Stoffen im VEB Tuchfabrik immerhin noch 190 000 qm.[185] 1969 sollte die Produktion der Streichgarngewebe endgültig auslaufen.

Das hieß aber auch, dass die jahrhundertealte Produktionsweise der Tuchmacher in Wittstock, die Herstellung von Geweben, zugunsten von Gewirken – also Stoffbahnen, die durch Maschen gebildet werden – endgültig beendet war. Die bisherige Wittstocker Produktion wurde an die Tuchfabriken nach Forst/Lausitz und an die Pößnecker Volltuchwerke abgegeben.[186]

Schon im Januar 1968 gelangten die ersten vier Maschinen für die schrittweise Umstellung auf die Produktion von Texturseide nach Wittstock. Etwa zeitgleich begann der Zuzug von erfahrenen Mitarbeitern aus den etablierten Textilfirmen in Sachsen, Thüringen und der Lausitz nach Wittstock.

Damit startete der Aufbau eines Großbetriebes, der die fertigen Stoffe nicht mehr der Konfektionsindustrie zuführen, sondern selbst konfektionieren würde. Geplant war die Schaffung eines Großbetriebes mit vorerst 1 080 Beschäftigten.[187]

Zum 1. April 1968 zog die VEAB aus dem Gebäude der ehemaligen Tuchfabrik Paul aus und die Räumlichkeiten kamen zur Tuchfabrik hinzu. Damit galt das genannte Datum als Gründungsdatum für den Obertrikotagenbe-

Stillgelegte Walkerei, um 1970

Demontage der traditionellen Maschinen in der ehemaligen Tuchfabrik, um 1970

Beginn des Aufbaus des Obertrikotagenbetriebes, Blick auf die Reste der ehemaligen Tuchfabrik (Paul), um 1970

Blick auf den ersten Neubau (hinten links), die Betriebsberufsschule, in der die benötigten Arbeitskräfte ausgebildet werden sollten, um 1978

trieb. Eigentlich hatte sich aber noch nichts geändert, denn die Produktion verblieb zunächst in den Räumen der alten Paulschen Tuchfabrik (links der Walkstraße).

17 Tage später trafen sich mehr als 50 Verantwortliche, die den Weg für das Projekt ebnen sollten, darunter ein Beauftragter des Ministers für Leichtindustrie, der Direktor der VVB Trikotagen, Mitglieder der Bezirks- und Kreisplankommissionen, Energie- und Wasserversorger, Bürgermeister der Stadt und Räte des Kreises Wittstock, Vertreter der Polizei, des Fernmeldeamtes, der Hygieneinspektion u. v. a.[188]

Mit der Umstellung auf die Texturseidenproduktion erfolgte eine Neueinstufung des Betriebes und der Lohngruppen. Zuvor hatten die Arbeiterinnen einen Stundenlohn von 1,90 Mark. Nach der Höhergruppierung waren es 2,30–2,67 Mark. Durch das nun eingeführte Drei-Schicht-System und den daraus resultierenden Schichtzuschlag kamen 70 bis

Hierdurch wird bekanntgegeben, daß

der VEB Tuchfabrik

ab 1. 7. 1969 den Namen

VEB Obertrikotagenbetrieb „Ernst Lück"

trägt.

Telefon-Nr. bleiben unverändert.

Weiße, Direktor

Anzeige in der „Märkischen Volksstimme" vom 25. Juni 1969

100 Mark hinzu. Allerdings blieb auch in dem neuen Betrieb, der ein Frauenbetrieb werden sollte, der Unterschied zu den Verdiensten der Männer erhalten, denn diese erhielten durchschnittlich 3 M/h.[189]

Bis zum 1. Juli 1969 hieß der Betrieb weiterhin Tuchfabrik. Erst dann produzierte er unter dem Namen VEB Obertrikotagenbetrieb Wittstock (kurz OTB) mit dem Namenszusatz „Ernst Lück".[190] Man ehrte mit der Namensgebung einen Gewerkschaftsfunktionär und führendes Mitglied der Kommunistischen Partei in Wittstock, der für seine Partei von 1921 bis 1933 sowohl in die Wittstocker Stadtverordnetenversammlung als auch in den Kreistag Ostprignitz gewählt worden war.[191] Ernst Lück (1876–1945), der kurz vor Kriegsende im Zuchthaus Brandenburg inhaftiert war, starb dort noch am 2. Mai 1945.

Im Mai 1969 legte seine Witwe Frieda Lück den Grundstein für eine neue, große Produktionshalle des OTB.[192] Im September 1982 wurde unmittelbar im Eingangsbereich zum Betrieb ein Relief des Bildhauers Klaus Simon mit Szenen aus dem Leben von Ernst Lück eingeweiht. Auch die heutige Königstraße, das Kreiskulturhaus u. a. trugen bis kurz nach der Wende den Namen Ernst Lück.

1976 benannte man die Rheinsberger Straße, bisherige Adresse des OTB, in Wilhelm-

Einweihung des Denkmals für Ernst Lück, direkt am Zugang zum Betrieb, im Hintergrund der Schwimmhallen-Rohbau, 1982

Ernst Lück (1876–1945)

Pieck-Straße um, nach dem einzigen Präsidenten der DDR.

Schon zuvor hatte der Platz vor der ehemaligen Quandtschen Tuchfabrik (am Dosseteich) den Namen Walter-Schulz-Platz erhalten.[193] Walter Schulz (1894–1933), Arbeiter in der Quandtschen Tuchfabrik und wie Ernst Lück gewerkschaftlich engagiert, war im März 1933 von NSDAP-Mitgliedern, „verhaftet" und in das Wittstocker Polizeigefängnis eingeliefert worden. Dort wurde er noch am selben Tag – nach angeblichem Selbstmord – erhängt aufgefunden.

Die DDR steuerte ihre Wirtschaftspolitik aktiv. So beschloss der VIII. Parteitag der SED 1971 eine Neuausrichtung dieser Politik, die eine immer bessere Befriedigung der Konsumbedürfnisse der Bevölkerung vorsah. Unter dem Schlagwort der *„Einheit von Wirtschafts- und Sozialpolitik"* sollte fortan die Konsumgüterproduktion enorm gesteigert werden.

Eine Folge war auch, dass das Investitionsvorhaben OTB vorgezogen wurde. Das bedeutete für den OTB aber von Beginn an hohe Planvorgaben ohne Rücksicht auf die konkreten Arbeits- und Produktionsbedingungen. Tatsächlich gab es in dem noch jungen Betrieb keine eingespielten Arbeitsabläufe und ausreichend qualifiziertes Personal. Hinzu kam, dass fast alle Gebäude noch gebaut werden mussten. So befanden sich die Beschäftigten bis zum Ende der Baumaßnahmen 1982/83 permanent in der Unübersichtlichkeit einer Großbaustelle. Damit gingen auch ständige Umzüge einher, denn die fertiggestellten Abteilungen mussten eingerichtet und bezogen werden.[194]

Die Planziele unter den genannten Bedingungen zu erreichen, war eigentlich nicht möglich. Teilweise gab es Provisorien, wie zum Beispiel eine Fertigungshalle der Konfektion und eine Baracke in unmittelbarer Nachbarschaft für die Musterabteilung (= Entwicklung) am Rosenplan am anderen Ende der Stadt in beträchtlicher Entfernung vom Betrieb. Kaum zwei Jahre später zogen die Näherinnen in die neue Halle des Obertrikotagenbetriebes um. Die zuvor genutzte Halle am Rosenplan wurde zu Unterrichtsräumen und einer städtischen Turnhalle umgebaut, während die Baracke nun der *„Station junger Techniker und Naturforscher"* der Stadt Wittstock zur Verfügung stand.[195]

Bereits im Herbst 1971 begab sich eine Arbeitsgruppe des VVB Trikotagen und Strümpfe unter der Leitung des stellvertretenden Generaldirektors für Kader und Bildung nach Wittstock. Sie sollte noch für dasselbe Jahr eine größtmögliche Planerfüllung und für 1972 die Sicherung des Plananlaufes erreichen. *"Hauptziel [war] es* [...] *Leitungstätigkeit, Ordnung und Sicherheit, Arbeitsdisziplin, technologischen Durchlauf und Materialökonomie in Ordnung zu bringen."*[196] – im Prinzip ein Einsatz in allen Bereichen.

Von Anfang an blieben auch die Baumaßnahmen hinter den Plänen zurück. Des Öfteren traf man auf der Großbaustelle nur wenige Bauarbeiter des BMK Ost Potsdam an. Alle anderen hatten an anderen Orten noch weitere Bauvorhaben voranzubringen. Bereits seit April 1972 stand deshalb das Investitionsvorhaben VEB Obertrikotagen „Ernst Lück"' unter zentraler staatlicher Kontrolle. [197] Wie wichtig der DDR dieser zukünftige Großbetrieb war, zeigte die Teilnahme des Ministers für Leichtindustrie, Johann Wittik, an einer Arbeitsberatung im Juli 1972 in Wittstock.

Obwohl der Abschluss der ersten Aufbaustufe bereits für 1970 vorgesehen war, erfolgte die offizielle Übergabe der geplanten Bereiche erst am 7. März 1974.[198] Damit lag die Umsetzung des Planes um mehr als drei Jahre zurück. Aufgrund des bereits bestehenden Rückstandes in der 1. Aufbaustufe wurde für die 2. Aufbaustufe – statt wie geplant 1975 – die Fertigstellung zunächst für das Jahr 1977 festgelegt.

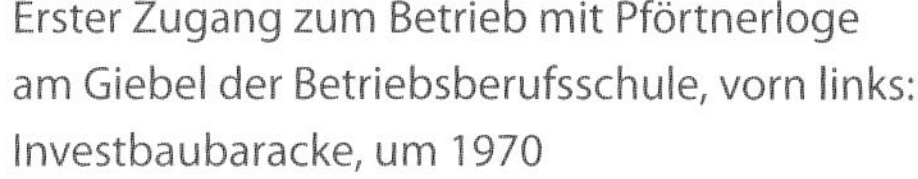

Erster Zugang zum Betrieb mit Pförtnerloge am Giebel der Betriebsberufsschule, vorn links: Investbaubaracke, um 1970

Erstes Produktionsgebäude, das über die frühere Paulsche Tuchfabrik gebaut wurde, um 1972

Fertigstellung der Gebäude
(soweit nachweisbar)

1970 Texturhalle mit Klimatrakt
1971 Kombinierte Kindereinrichtung I
Betriebsberufsschule
1972 1. Obertrikotagen-Halle mit Garnveredlung und Labor
Betriebsambulatorium
1973 Heizölwerk (letztes in der DDR errichtetes), Sporthalle
1974 Sozialgebäude – mit Friseursalon (April)

Abschluss der 1. Aufbaustufe 7. 3. 74[199]

1975 Ledigenwohnheim mit 252 Plätzen
Busbahnhof, Gleisanschluss[200]
1976 2. OT Halle (2,5 Monate vorfristig fertig)
Verwaltungsgebäude
Eröffnung des Traditionszimmers zum 100. Geburtstag von E. Lück
1978 Kinderkombi II
Lehrlingswohnheim(damit 380 Lehrlinge und 210 Jungfacharbeiter in beiden Wohnheimen)
1980 Erweiterung des Mehrzwecktraktes, Fertigstellung des Wasserwerkes
1982 Hochregallager mit Flachstrick-Konfektion und Endkontrolle an der Bahnlinie nach Neustrelitz
1983 Innenhofgestaltung mit Springbrunnen
1984 Rohbraunkohlewerk
Flächenveredlung (Jugendobjekt)[201]
1987 Freizeitzentrum
Einweihung eines Kinderferienlagers des OTB in Strietfeld bei Röbel
1988 Neubau des Musterabteilungs-Gebäudes, das aber für vietnamesische Vertragsarbeiter gebraucht wurde

1979 betrug die geschaffene Nutzfläche des OTB für Produktion, Transport und Lagerzwecke etwa 25 000 qm (u. a. für die Stickerei und Konfektion je 7 500 qm, Textur 5 380 qm).

Schon 1968 und 1972 wurden zentral auf dem Betriebsgelände Verkaufsstellen der Handelsorganisation (HO) eingerichtet, um den Frauen die Versorgung ihrer Familien zu erleichtern. Später kam die Verkaufsstelle ins Erdgeschoss des Verwaltungsgebäudes. Besondere Angebote, wie Südfrüchte u. a., sorgten immer wieder für Arbeitspflichtverletzungen. Denn die Frauen kauften – aus Sorge, dass nach Schichtende nichts mehr da sein könnte – teilweise während der Arbeitszeit ein.

Seit dem Frühjahr 1974 gab es eine Schwesternstation und sogar einen Friseur-

Transport einer Dampflok, die der OTB sogar kaufen wollte, mitten durch die Innenstadt (Königstraße) zur Aufstellung an der Walkstraße – Von März bis Juni 1973 wurde dort wohl mit der Lokomotive die Baracke der Betriebsleitung mit Wärme versorgt

salon im Sozialgebäude. Im Juni 1975 folgte dort noch die Einrichtung einer Annahmestelle des Dienstleistungsbetriebes für Reparaturen aller Art sowie 1977 eine Bibliothek.[203]

Die Weiternutzung der Tiefbrunnen der ehemaligen Paulschen Tuchfabrik durch den OTB ist genauso anzunehmen wie auch eine erhebliche Erhöhung des Wasserverbrauchs und einer ebensolchen Belastung für die Umwelt.

Wenn der OTB in den 1980er Jahren nach dem Färbeprozess das Abwasser abließ, so Zeitzeugen, die damals im benach-

Sozialgebäude mit noch ungestaltetem Hof

Blick in das Hochregallager, wohl 1982 Unglückliche Umstände sorgten hier im Juni 1986 für eine Fehlauslösung der Ionisationsmelder. Durch großflächiges Verschäumen des Bereiches wurden dabei Waren im Wert von 1,6 Mio. Mark unbrauchbar. Danach nahm man diese Technik nicht wieder in Betrieb[202]

barten Wittstocker Küchenmöbelkombinat arbeiteten, drückte wohl Abwasser aus dem Gullischacht hinter dem Sechsgeschosser nach oben (durch Havarie der Kläranlage?). *„Wir wussten immer, in welcher Farbe gerade gefärbt wurde."*[204]

Die von den Tuchfabriken Paul und Quandt angelegten Brunnen sind inzwischen stillgelegt. Heute befindet sich unweit der ehemalige Brunnen der Quandtschen Tuchfabrik das Wittstocker Wasserwerk, zu dem das Wasser aber aus der Gemarkung Babitz herangeführt wird.

Leitung, Beschäftigte und Ausbildung

Im September 1967 verkündete der 1. Sekretär der SED-Kreisleitung Wittstock, Adolf Gottwald, in der Zeitung *„Märkische Volksstimme"* die Pläne zur Umwandlung der Tuchfabrik.[205]

Da hatte die Kreisleitung schon die Ablösung des Betriebsleiters der Tuchfabrik beschlossen, der aus ihrer Sicht für die neuen Aufgaben nicht geeignet schien.[206] Auch sein 1968 berufener Nachfolger übte das Amt nur bis Mitte des Jahres 1969 aus. Er war der erste von insgesamt fünf Direktoren, die in den ersten 10 Jahren in relativ kurzen Abständen ausgewechselt wurden. Schon 1969 trat bereits der zweite Direktor an und sollte in einem Betrieb, der eine Großbaustelle war, mit ungelernten Kräften und einer Diskontinuität bei der Materialzuführung hohe Planvorgaben erfüllen. Erst der 1978 berufene Betriebsdirektor Hubert Oertel, ein Spezialist für Textiltechnik, erreichte Plankorrekturen, veränderte die Arbeitsorganisation und besetzte Leitungsfunktionen neu. Damit sorgte er für stabilere, offensichtlich auch tragfähige Strukturen.[207] Wahrscheinlich hatte sich auch die Erkenntnis durchgesetzt, dass ein schneller Wechsel innerhalb der Leitungsebene die eigentlichen Probleme nicht löste.

Die Betriebsleitung des OTB setzte sich 1987 wie folgt zusammen:

- Betriebsdirektor
- Stellvertreterin des Betriebsdirektors
- Direktor – Ökonomie
- Direktor – Produktion und Materialwirtschaft
- Direktor – Technik
- Direktor – Absatz
- Direktor – Kader/Arbeit/Bildung
- Direktor – Betriebsschule
- Direktor – Forschung und Entwicklung
- Werkleiter I, II, III, IV, V, VI
- Hauptbuchhalter (nicht dem Betriebsleiter, sondern dem Hauptbuchhalter des Kombinates Trikotagen und Strümpfe unterstellt)
- TKO-Leiter[208] (nicht dem Betriebsleiter, sondern dem Ministerrat der DDR – Amt für Standardisierung, Messwesen und Warenprüfung – unterstellt)

Unter den neun Direktoren befand sich nur eine Frau.

Das Leitungspersonal gewann man aus den Textilbetrieben in Sachsen, Thüringen und an den Hochschulen.

Häufig erhielt der OTB Besuch vom 1. Sekretär der SED-Kreisleitung, der Druck auf die Betriebsleitung aber auch auf die Beschäftigten ausübte.[209] Nicht nur dadurch war der OTB ungewöhnlich oft in der örtlichen Presse mit fast täglichen Meldungen präsent: Mitteilungen über Plandiskussionen, über das Erreichen von Ehrentiteln im Rahmen der sogenannten politischen Massenarbeit (Titeln, wie *„Kollektiv der sozialistischen Arbeit", „Kollektiv der Deutsch-Sowjetischen Freundschaft", „Bereich der vorbildlichen Ordnung und Sicherheit"*)[210], Berichte über Initiativschichten, über die Arbeit nach *„persönlich- und nach kollektiv-schöpferischen Plänen"*, über den Stand der Mitgliederwerbung für die DDR-Organisationen FDJ, DSF, DRK, DTSB, über den Kontakt zu den sowjetischen Soldaten und Lehrern der Garnison Wittstock[211] sowie der Einsatz von

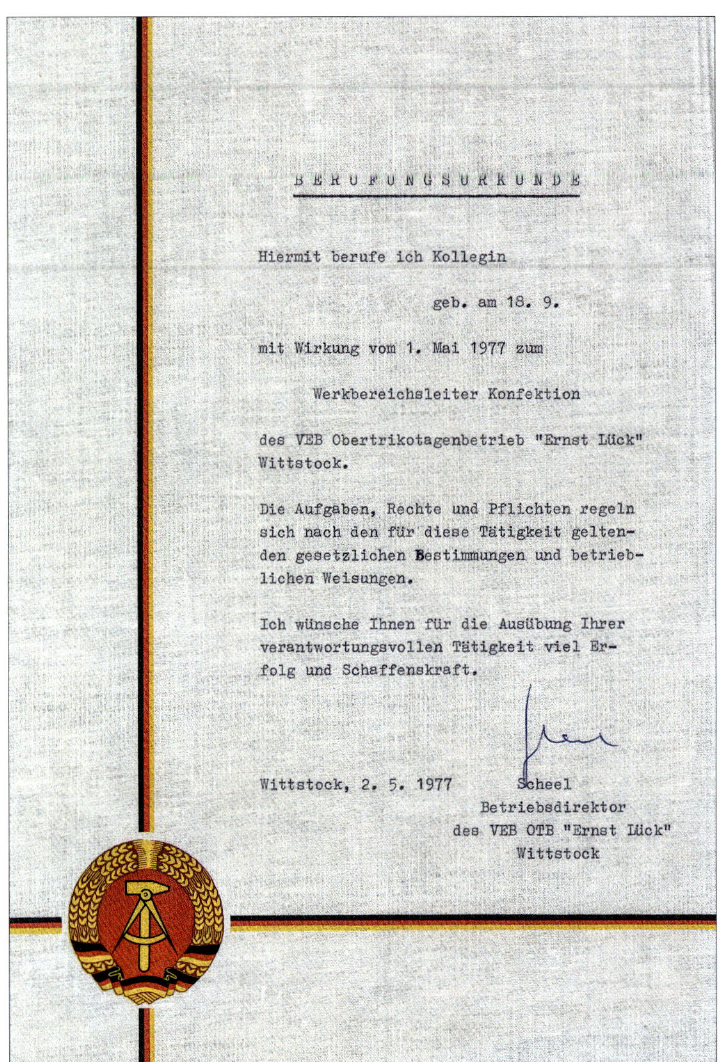

B E R U F U N G S U R K U N D E

Hiermit berufe ich Kollegin

geb. am 18. 9.

mit Wirkung vom 1. Mai 1977 zum

Werkbereichsleiter Konfektion

des VEB Obertrikotagenbetrieb "Ernst Lück" Wittstock.

Die Aufgaben, Rechte und Pflichten regeln sich nach den für diese Tätigkeit geltenden gesetzlichen Bestimmungen und betrieblichen Weisungen.

Ich wünsche Ihnen für die Ausübung Ihrer verantwortungsvollen Tätigkeit viel Erfolg und Schaffenskraft.

Wittstock, 2. 5. 1977

Scheel
Betriebsdirektor
des VEB OTB "Ernst Lück"
Wittstock

Berufungsurkunde zur Leiterin des Werkes III (Konfektion) 1977 für die spätere stellvertretende Betriebsdirektorin

meistens sowjetischen Neuerermethoden (*Bassow-, Smirnow-Methode oder Saratower System* usw.)[212] Die 1. Sekretärin der SED-Kreisleitung übernahm auch den Empfang ausländischer Gäste im OTB.[213]

Als der Betrieb 1968 startete, verfügte er über 164 Arbeitskräfte. Die Zahl stieg in kurzer Zeit rasant an. 1972 bot der Betrieb schon 600 Menschen, darunter 450 Frauen, eine Arbeit. Außerdem wurden 275 Lehrlinge ausgebildet. 1974 waren es bereits 1000 Mitarbeiter, 1976 1534 – mit jeweils zwischen 270 und 340 Lehrlingen[214], 1985 dann 2800 Beschäftigte (wahrscheinlich auch unter Berücksichtigung der nicht in Wittstock befindlichen drei Betriebsteile Schönwalde, Krampnitz, Rhena). Der OTB galt als Frauenbetrieb, denn er beschäftigte ca. 75 Prozent weibliche Mitarbeiter.

Von den im Betrieb tätigen Hoch- und Fachschulabsolventen waren 1976 55 Prozent Frauen; 53 Prozent der Leitungsfunktionen (einschließlich Gruppenleiter und Meister) waren mit Frauen besetzt. Der Frauenanteil an den Facharbeitern betrug 70 Prozent.[215]

1971 lag das Durchschnittsalter der Beschäftigten bei 27 Jahren. Es sank 1975 sogar auf 23 Jahre und stieg bis 1987 auf 30 Jahre an.[216]

Wie rasant die Entwicklung im Obertrikotagenbetrieb tatsächlich voranschritt, zeigt die Aussage der 1. Sekretärin der SED-Kreisleitung Wittstock, Erika Hauptmann, im April 1974: *„In diesem Jahr werden in einem Monat fast zweimal so viel Obertrikotagen produziert wie im ganzen Jahr 1970."* [219] 1983 wurde die Jahresproduktion von 1969 an einem Tag erreicht.

In der schon 1971 fertiggestellten betriebseigenen Berufsschule bildete man vor allem Schülerinnen und Schüler nach dem Abschluss der 10. Klasse innerhalb von eineinhalb bzw. drei Jahren zu Facharbeitern (für Textiltechnik, BMSR-Technik, Schreibtechnik, als Schlosser, Mechaniker, Elektriker und Wirtschaftskaufmann) aus. Außerdem gab es die Möglichkeit der Berufsausbildung mit Abitur.

Zunächst waren es jährlich 125 Lehrlinge, die hier ihre Lehrausbildung begannen. Die Zahl stieg dann auf etwa 300 pro Jahr. Auch 14-jährige konnten hier anfangs eine Lehre aufnehmen.[220] Die Planungen sahen vor, innerhalb von fünf Jahren (1976–1980) 1450 Fachkräfte fast ausschließlich über die Ausbildung in der eigenen Berufsschule abzusichern. Aber viele Jungfacharbeiter verließen den Betrieb alsbald wieder. Teilweise betrug ihre Fluktuationsrate bis zu 65 Prozent.[221] Für so manchen war es wohl nicht der Wunschberuf. Nicht selten kam es aber auch vor, dass Jungfacharbeiter wenige Monate nach Facharbeiterabschluss schon als Lehrausbilder im OTB tätig waren.[222] Damit waren diese Ausbilder kaum älter als ihre Lehrlinge. Man richtete außerdem Frauensonderklassen zur Qualifizierung zu Meistern ein. Über ein Frauensonderstudium an Fach- oder Hochschulen, das die speziellen Bedingungen der Vereinbarkeit von Beruf und Familie berücksichtigen sollte, qualifizierten sich Frauen zum Ingenieur.

Die Übersicht zeigt das Anwachsen des Betriebes

Jahr	Texturseide	Obertrikotagen	Untertrikotagen	Beschäftigte
1968	120 t	–	–	164
1969	207 t	7000 Stück	–	261
1975	1727 t	1654000 Stück	–	1299
1981	1965 t	3063000 Stück	1770 000 Stück	2213
1985	1395 t	3150000 Stück	8999000 Stück	2800[217]
1989	–	4900000 Stück	10700000 Stück	über 2800[218]

(Untertrikotagen wurden nicht in Wittstock, sondern im Außenstandort Rhena gefertigt.)

Entwicklung von Leitungspersonal im OTB[223]

	Beschäftigte	Hochschulabschluss	Fachschulabschluss	Meister
1968	172	3		8
1973	920	13		34
1978	1842	49	96	153
1983	2360	55	142	
1987	2740	64	169	159

Zwar kam aus den alteingesessenen Betrieben im Süden der Republik erfahrenes Personal in den OTB, allerdings nur in geringer Zahl, so dass sich erst nach und nach ein Stammpersonal entwickelte. 1974 und 1975 arbeiteten im OTB gut 40 Prozent nicht ausgebildete Arbeitskräfte.[224] Schon in den ersten Jahren bot der Betrieb daher Qualifizierungen (Anlernlehrgänge) zum Facharbeiter für Textur, für Strickerei, für Konfektion, Meisterlehrgänge oder Meistervorbereitungslehrgänge an. 1976 richtete der OTB eine geschützte Abteilung für leistungsgeminderte Personen ein.

Der Betrieb warb schon früh um den Nachwuchs: Im Rahmen des Unterrichtsfaches Produktive Arbeit (PA) stellte er für Schüler unterschiedliche Produktionsmaschinen für die Einarbeitung zur Verfügung. Schon von Beginn an verfolgte der OTB eine offensive Berufsberatung für Schüler ab der 6. Klasse. Mehrere Brigaden hatten außerdem Patenschaftsverträge mit Klassen der städtischen Schulen.

Texturierung und Veredlung wie auch die Mitarbeiter in der Küche, in der Instandhaltung, im Heizhaus, Transport und Werkschutz arbeiteten in rollender Schicht, die Strickerei und Konfektion im Drei-Schicht-System, sofern keine Sonderschichten notwendig waren. Normale Tagschicht galt in der Verwaltung, in der Ambulanz und auf Schonarbeitsplätzen.[225] 1979 waren 75 % der Beschäftigten im 3- bzw. 4-Schicht-System tätig.

Im Bereich Zuschnitt/Näherei lag der Bruttolohn im August 1986 (nach Erhöhung) bei 892,92 Mark (vorher 826,87). Arbeitete die Näherin im Drei-Schicht-System, so wurden 971 M Bruttolohn gezahlt, bei über 110 Prozent Erfüllung des Solls 1160 Mark. Gerade im Bereich Konfektion erreichten viele aber die geforderten Stückzahlen nicht. Das Leitungspersonal erhielt oft weniger.

Binnen kurzer Zeit wurden ständige Busverbindungen entsprechend dem Schichtrhythmus eingerichtet. Diese Busse brachten die Frauen aus einem Umkreis von 60 km aus den Kreisen Wittstock, Kyritz, Pritzwalk und Röbel zur Arbeit.[226] In den ersten Jahren funktionierte der Transfer weniger gut, so dass die auswärtigen Arbeiterinnen noch mehrere Stunden nach Schichtende auf die Busse im regulären Feierabendverkehr warten mussten.[227] Das änderte sich, als die Busfrequenz erhöht wurde und die Busse den OTB direkt anfuhren. Deshalb entstand 1975 vor dem Verwaltungsgebäude ein Busbahnhof. Ca. 900 Personen wurden dort pro Tag befördert.[228]

Eine wesentliche Aufgabe der Gewerkschaft FDGB bestand in der Absicherung der Planerfüllung. Dazu wurden Wettbewerbe unter den Arbeitskollektiven organisiert.

Diese Erfüllung der Produktionspläne war auch eine politische Aufgabe, deren Erfüllung die SED-Parteileitung des Betriebes kontrollierte. Dadurch, dass die staatlichen Leiter zumeist Mitglieder der SED waren, unterlagen sie der Parteidisziplin. Sie nahmen die Planerfüllung unter Parteikontrolle und gaben persönliche Verpflichtungen ab. 1969 waren 51 Mitarbeiter Mitglied der SED, 1987 275.[229] Über die Parteiorganisation wurden die Vorgaben durchgestellt. Initiativen von Produktionswettbewerben der Brigaden gingen oft von Parteimitgliedern aus.[230]

Planrückstände beseitigten Sonderschichten am Wochenende, die bei kontinuierlicher Materialzufuhr gar nicht nötig gewesen wären.[231] 1986 gab es bis Oktober bereits 120 Sonderschichten, an denen sich aber nicht alle Beschäftigten beteiligten.[232] Den ebenfalls durchgeführten sogenannten Initiativschichten konnten sich die Beschäftigten jedoch nicht entziehen.[233]

Bereits seit dem 8. Mai 1973 war der OTB *„Kreisjugendobjekt Konsumgüterproduktion"*. Als er 1981 *„Betrieb der Jugend"* werden sollte, nahmen das der stellvertretende Minister für Leichtindustrie Paul Liehmann sowie der Kombinatsdirektor Dr. Manfred Beier zum Anlass für einen Besuch.[234] Nicht nur dass der Betrieb diesen Titel 1982 verteidigen wollte, er setze sich zudem das hohe Ziel *„Betrieb der ausgezeichneten Qualitätsarbeit"* zu werden.

Dem VEB Obertrikotagenbetrieb Wittstock wurde im Dezember 1981 der Titel „Betrieb der Jugend" verliehen

Wettbewerbsinitiativen im OTB für die Planerfüllung(1977)[235]

Es arbeiten:

- 937 Werktätige nach persönlichen und kollektiv-schöpferischen Plänen
- 270 Werktätige nach *„Notizen zum Plan"*
- 340 Werktätige ab November 1977 nach Kennziffern für 1978
- 562 Werktätige nach der *„Bassow-Methode"*
- 72 Werktätige nach einem persönlichen Meisterplan
- 85 Werktätige nach der Methode der *„Selbstprüfer"*
- 326 Lehrlinge nach „Mein persönlicher Plan des Lehrlings"
- 236 Werktätige verpflichten sich zur *„Schichtgarantie"*
- 54 Kollektive führten den Kampf um den Titel *„Kollektiv der sozialistischen Arbeit"*
- 26 Kollektive führten den Kampf um den Ehrentitel *„Kollektiv der Deutsch-Sowjetischen Freundschaft"*, 11 Kollektive wurden bisher [1977] mit diesem Titel ausgezeichnet
- 4 Kollektive kämpften um den Titel *„Bereich der vorbildlichen Ordnung und Sicherheit"*
  Auch der seit 1977 republikweit ausgerufene *„Tag der Jugendbrigade"* wurde im Betrieb begangen, denn es gab zu diesem Zeitpunkt 22 Jugendbrigaden im Werk, davon die meisten im Werk III (Konfektion) mit 11.[236]

Ab September 1982 bildete der OTB auch 50 kubanische Staatsangehörige und dann noch einmal ab 1986 70 zu Textilfacharbeitern aus, die 1990 wegen der veränderten, politischen Situation statt erst im August schon im Juni nach Hause zurückkehrten.[237]

Bereits im April 1980 hatte die DDR auch ein Abkommen mit Vietnam über Vertragsarbeiter unterzeichnet. Im August 1987 kamen die ersten 50 Vietnamesen zur Verstärkung vor allem der Konfektion in den Betrieb. Schon nach relativ kurzer Zeit leisteten diese an den Bändern – nach Einschätzung deutscher Kolleginnen – eine bessere Arbeit als manche von ihnen selbst. Die vietnamesischen Mitarbeiter zogen in den für die

Zur Erfüllung der Aufgaben bei der Steigerung der Konsumgüterproduktion stellen wir ein:

weibliche Produktionsarbeiter
für Konfektion im 3-Schicht-System
(aus der nichtberufstätigen Bevölkerung)
Elektromonteure
Schlosser
Instandhaltungsmechaniker
Mitarbeiter für Berufsausbildung
Köchinnen
Reinigungskräfte

Wir bieten Ihnen:

- Entlohnung nach dem Rahmenkollektivvertrag der IG Textil-Bekleidung-Leder
- Schichtprämie
- Jahresendprämie bei Planerfüllung
- Zielgerichtete und den gesellschaftlichen Bedürfnissen entsprechende Aus- und Weiterbildung
- Pausenversorgung in allen Schichten
- Ärztliche Betreuung im Betriebsambulatorium
- Berufsverkehr
- Teilnahme der Kinder am Betriebsferienlager
- Kindergarten- und Kinderkrippenplätze

Bewerbungen bitten wir zu richten an den

VEB Obertrikotagenwerk „Ernst Lück" Wittstock

193 Wittstock, Rheinsberger Straße, Kaderabteilung

Stellenanzeige in der „Märkischen Volksstimme" vom 3. August 1973

Musterabteilung errichteten Neubau hinter den beiden Kinderkombinationen. 1990 waren noch 214 in der Konfektion beschäftigt. Allerdings erfolgte der Einsatz hier ohne Reisemöglichkeit, denn die Pässe waren in der vietnamesischen Botschaft hinterlegt.[238]

Hoher Leistungsdruck, insbesondere in der Konfektion, keine gleichmäßigen Arbeitsabläufe durch diskontinuierliche Materiallieferungen, die schmutzige, lärmgeprägte Arbeit in fensterlosen Hallen, die längeren Anfahrtswege und nicht zuletzt familiäre Gründe führten zu einer sehr starken Fluktuation der Arbeitskräfte von jährlich insgesamt mehr als 20 Prozent.

1973 sprach man von einer „*unbefriedigenden Entwicklung*" des OTB-Projektes. Als Ursachen wurden das Fehlen von ökonomischen Fachkadern (speziell für die Bereiche Rechnungsführung, Statistik, Betriebsanalyse, Finanzkontrolle) sowie Fehlzeiten durch gesellschaftliche Verpflichtungen, Krankheit, Stillstands- und Wartezeiten und außerdem durch unentschuldigtes Fernbleiben von der Arbeit genannt. Auch das geringe Durchschnittsalter hatte aus Sicht der Betriebsleitung keinen positiven Einfluss auf die Entwicklung des OTB. „*Es ist ganz deutlich, dass aufgrund der geringen Berufserfahrung unserer verantwortlichen Leiter und aufgrund des geringen Durchschnittsalters der Werktätigen sowie* [...] *durch die Dreischichtarbeit Situationen und Probleme entstehen, deren Lösung außerordentlich kompliziert ist.*"[239]

Allerdings wurde bei jeglicher zentraler Planung offensichtlich nicht berücksichtigt, dass es sich bei den Arbeitskräften mehrheitlich um junge Frauen im gebärfähigen Alter handelte, die durch Schwangerschaft, Geburt und Krankheit der Kinder natürlicherweise regelmäßig ausfielen, und so Stillstandzeiten der Maschinen eigentlich unvermeidbar waren.

1975 verließen von 1299 Beschäftigten 421 den Betrieb, 275 waren neu eingestellt worden.[240] Noch bedenklicher muss die personelle Lage 1976 gewesen sein, als allein 124 Arbeitskräfte aus der Konfektion den Betrieb verließen, somit ca. ein Drittel der Mitarbeiter in diesem Bereich. Diese mussten sowohl durch Lehrlinge als auch die Einstellung an- und ungelernter Kräfte ersetzt werden. Gleichzeitig hatte der Direktor um Abberufung gebeten und mehrere wichtige Leitungskader hatten ihre Kündigung eingereicht bzw. ankündigt.[241] Im Vergleich mit anderen Industriebetrieben des Bezirkes Potsdam wies der OTB die höchsten Ausfallzeiten von 22,1 Prozent auf. Lag der Durchschnitt der Normuntererfüller in den Betrieben, die 1977 zur VVB Trikotagen und Strümpfe gehörten, bei 13 Prozent, so betrug er im OTB mehr als das Doppelte.[242]

Mit Stellenanzeigen versuchte der Betrieb daher regelmäßig, das Arbeitskräftedefizit auszugleichen. Meistens wurden Produktionsarbeiterinnen gesucht, aber auch Küchenpersonal, Reinigungskräfte, Transportarbeiter, Schlosser, Elektriker, Klempner und Sekretärinnen bzw. Sachbearbeiterinnen.[243]

Blick auf den Obertrikotagenbetrieb, um 1976

VEB Obertrikotagenbetrieb Wittstock/Dosse

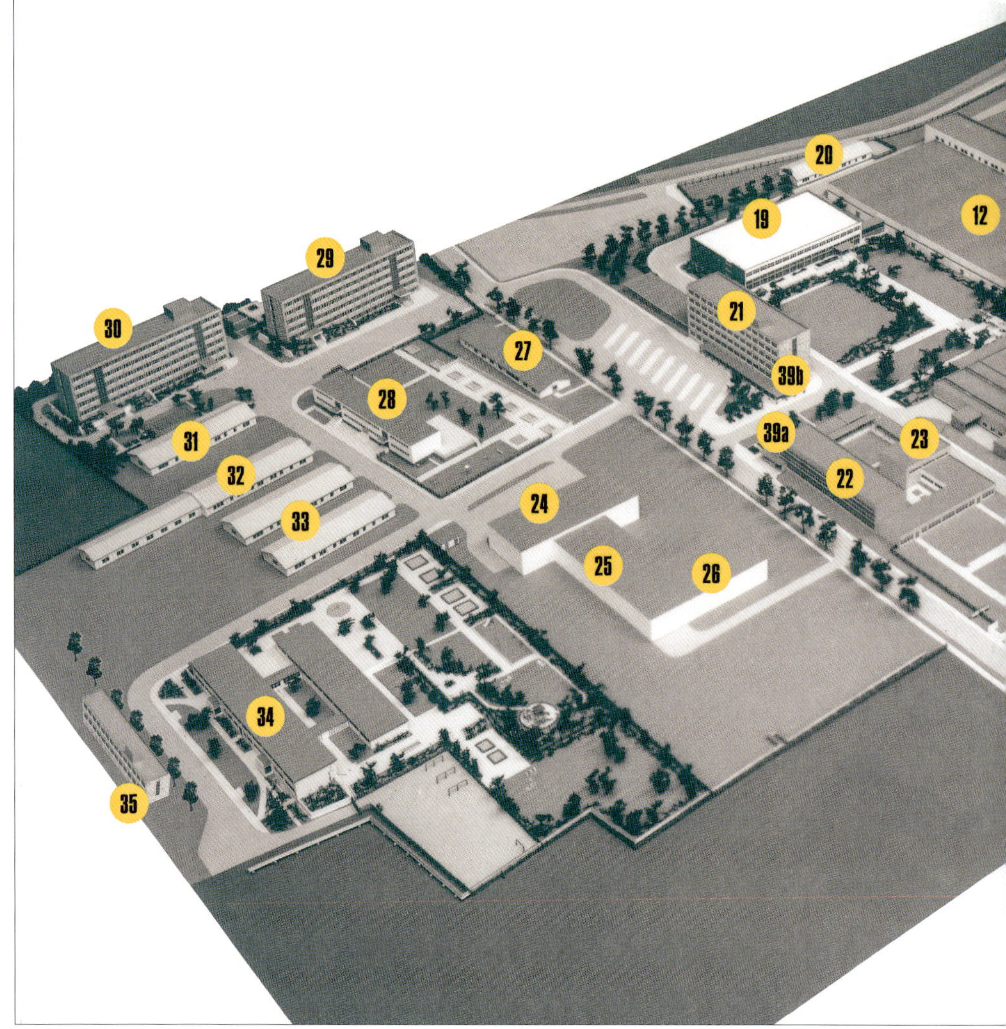

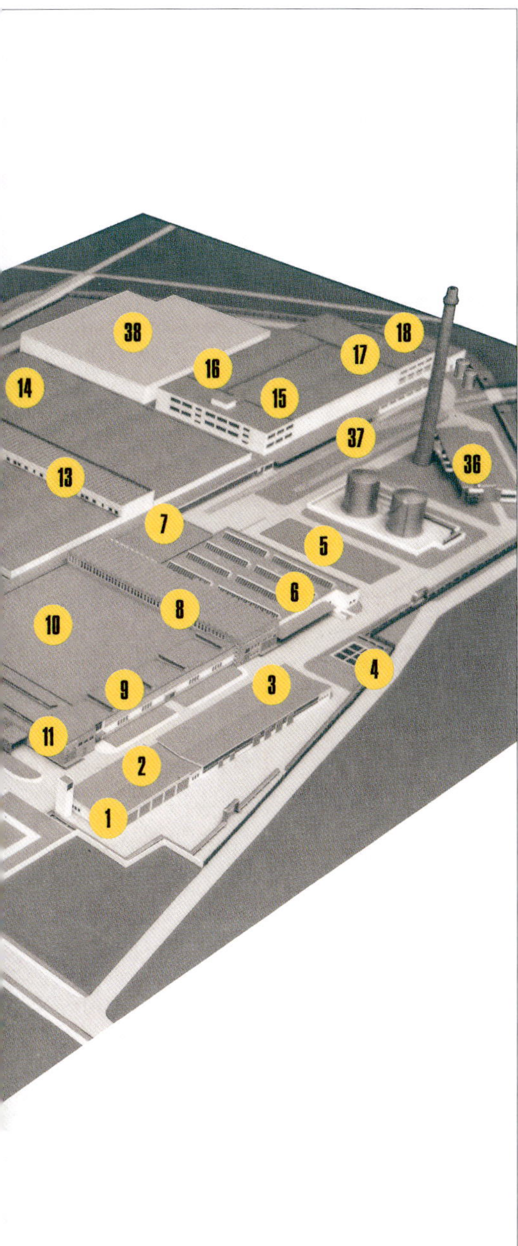

1 Schlosserei
2 Lager/Elektriker
3 Feuerwehr
4 Ausgleichsbecken
5 Sekundärrohstofflager
6 Absatz, später 2. Spannrahmen
7 Chemiekalienlager
8 Veredlung/Färberei
9 Klimatrakt
10 Textur
11 Spulerei/Eingang – Lager Polyester Entdoublierung, Stoffschau
12 OT-Halle 1 (7 200 qm) – Großrund-, Flach-, Flachrundstrickerei, Zuschnitt, Flachstrickpressen
13 Klimatrakt, Verwaltung
14 OT-Halle 2 (7 200 qm) – Zuschnitt, Näherei, Siebdruck, Endkontrolle
15 Hochregallager
16 Näherei, Endkontrolle, Verpackung, TKO (Technische Kontrollorganisation), Werkleitung III
17 Kommissionierung, Versand, Direktor Absatz
18 Maschinenhaus für Verschäumungsanlage
19 Sozialgebäude mit Großküche und Kantine, Verwaltung Werkleitung II (Strickerei) Bibliothek, Traditionszimmer, Umkleideräume, Kellerräume teilweise Depot
20 Haushandwerker/Tischlerei
21 Verwaltung (Buchhaltung, Direktor, Ökonomie, Produktionslenkung, Technologie, Verkaufsstelle, EDV, Betriebsgewerkschaftsleitung, Partei, Arbeitsschutzinspektor, Brandschutzinspektor, Wissenschaftliche Arbeitsorganisation, Neuererwesen, Forschung und Entwicklung, Personal)
22 Berufsschule
23 Turnhalle
24 Freizeitzentrum/Schwimmhalle
25 Freizeitzentrum/Sauna, Empfang
26 Freizentrum/Bowling, Restaurant
27 Musterabteilung, Abriss, nachdem Abteilung in Ausbildungsbaracke zog
28 Kindertagesstätte
29 Lehrlingswohnheim
30 Ledigenwohnheim
31 Ambulatorium
32 Ausbildung, später Musterabteilung
33 Lehrausbildung
34 Kindertagesstätte
35 Wohnheim für vietnamesische Mitarbeiter
36 Heizhaus (Öl)
37 Anschlussgleis
38 Geplante Halle 3 (nicht mehr gebaut)
39 a Alte Wache
39 b Neue Wache

1984 wurde noch das Rohbraunkohlekraftwerk hinter der Rheinsberger Siedlung in Betrieb genommen.

Der OTB gliederte sich in sechs Werke (nach 1984):

Werk I Wittstock, Texturierung und Veredlung
Werk II Wittstock, Strickerei
Werk III Wittstock, Konfektion

In Freyenstein befand sich seit April 1976 zudem eine Außenstelle der Konfektion.

Der Betrieb bestand damit aus vier Verarbeitungsstufen, der Textur (bis November 1987), der Veredlung, der Strickerei und der Konfektion von Damen-, Herren- und Kinder-Obertrikotagen. Außerdem verfügte er über eigene Betriebshandwerker: Maurer, Maler, Tischler und Schlosser. Zum OTB gehörte noch ein Bereich der Dampfversorgung (Fernwärmeerzeugung).

Die Werke IV–VI befanden sich nicht in Wittstock:

Werk IV Schönwalde, Flachrundstrickerei und Konfektion (seit 1980, ca. 100 Beschäftigte)
Werk V Krampnitz, Konfektion (seit 1980, 53 Beschäftigte)
Werk VI Rhena/Hagenow, Strickerei und Konfektion (seit 1984, ca. 325 Beschäftigte)[244]

Nachdem der OTB seit 1968 zur VVB Trikotagen und Strümpfe Limbach-Oberfrohna gehört hatte, wurde er 1979 mit der Gründung des „Trikotagen Karl-Marx-Stadt" einer von 158 Betrieben dieses Kombinates.[245]

Produktion und Produkte

Als vollstufiger Betrieb vereinigte er alle Fertigungsstufen von der Musterentwicklung bis zum Verkauf der Erzeugnisse unter einem Dach.

Zunächst wurden die Polyester- und Polyamidseiden in der Textur und Veredlung gekräuselt, in Spulen gepresst, fixiert und gefärbt. Die Fäden konnten nun an den Großrundstrickmaschinen der Strickerei zu Schläuchen (in der Breite von 65 bis 85 cm) verarbeitet werden. In der Entdoublierung wurden die Silastik-Strickschläuche durch das Aufschneiden zu Stoffbahnen von 130 bis 170 cm Breite. Die zu großen Ballen gewickelten Gestricke gelangten dann auf Spannrahmen, später in den Zuschnitt. Mit Flachstrickmaschinen wurden die sogenannten „Zutaten" – Bündchen Ärmel, Kragen – aber auch Teile für Strickjacken, Pullover, Pullunder usw. gefertigt.

30 bis 60 Lagen aus den Stoffrollen mussten spannungsfrei übereinandergelegt werden. Dann erfolgte mit dem Bandmesser der Zuschnitt. Schon kleinste Abweichungen führten immer wieder dazu, dass die Näherinnen die Teile nicht oder nicht korrekt zusammennähen konnten, wodurch qualitätsgeminderte Trikotagen entstanden. Das Nähen von Damen-, Herren- und Kinder-Obertrikotagen erfolgte an großen Bändern. Bis zu 40 Frauen saßen an einem solchen Band, über das die zusammengefügten Teile zu den Näherinnen gelangten.[246] Meistens hatten diese eine Spezialisierung und nähten nur Kragen, Ärmel usw. Je nach Entwurf kam dann noch ein modischer Aufdruck in der Siebdruckanlage auf die Trikotage.

Die Endkontrolle sorgte für die Zuordnung zur 1. oder 2. Wahl bzw. zum Ausschuss. Über die Verpackung, die in den ersten Jahren per Hand erfolgte, danach automatisch, gelangten die fertigen Trikotagen letztlich zum Absatz.[247]

Den Wünschen der Konsumenten entsprechend wurden später mehr und mehr Mischgarne verarbeitet.

Der Betrieb entwickelte sich zum größten Produzenten für Kindertrikotagen in der DDR. In der 2. Hälfte der 1970er Jahre entstand bereits jede 5. in der DDR gefertigte Trikotage aus Kunstfaser in Wittstock.[248] Damit bestimmte der OTB die Versorgungssituation der Bevölkerung entscheidend mit.

Für die Organisation des gesamten Materials, das in der Produktion gebraucht wurde, war die Abteilung Materialwirtschaft mit 20–25 Mitarbeitern zuständig. Diesem Bereich oblagen die Materialplanung (Jahresplan), der Materialeinkauf (für den Binnenhandel, Rasno-Export, NSW-Export), die Warenannahme (Eingangsprüfung zwecks Reklamation), Bestandshaltung und Lagerwirtschaft (für das Zutatenlager und das Hochregallager), die auftragsgerechte Auslieferung an die Produktion sowie Leihgut- und Reklamationsbearbeitung.

Auswahl wichtiger Zuliefererbetrieben und der Produkte (1980er)

Garne

Chemiefaserwerk Guben: Rohseide (Polyamid, Polyester)
Chemiefaserwerk Rudolstadt/Schwarza: Rohseide (Polyamid, Polyester)
Baumwollspinnerei Flöha: Baumwolle
Baumwollspinnerei Leipzig: Baumwolle
Baumwollspinnerei Nauenhof: Baumwolle
Baumwollspinnerei Hohenfichte: Baumwolle
Baumwollspinnerei Hartmannsdorf: Baumwolle
Baumwollspinnerei Glauchau: Baumwolle
Baumwollspinnerei Leinefelde: Baumwolle
Texturseidenwerke Flöha: Texturseide
Japan: Polyacrylnitrilfaser
Chemiefaserwerk Premnitz: Wolpryla
Textilkombinat Cottbus: Texturseide

Konfektionszutaten

Intexhandel Schmölln: Knöpfe, Reißverschlüsse
Rathenow: Reißverschlüsse
Bandtex Pulsnitz: Nahtband, Zahlenband, Einnähetiketten
Zeulenroda, Erfurt, Burgstädt: Preisetiketten, Splinte und Fäden für Etiketten
Buntstickerei Eibenstock: Applikationen
Intexhandel Berlin (Hersteller Oederan): Nähgarn
Ohorn: Gummibänder
Verpackungsmittelwerk Zwönitz: Zuschnittpappe

Verpackungsmaterial

Wellpappenwerk Waren: Kartonagen für den Versand
Vulkanfiberwerk Werder: Vulkanfiberkartonagen für den Versand
Löwenberg, Werdau: Holzkisten
Forstbetrieb Heidelberg: Euro-Paletten
Metallurgiehandel Potsdam: Bandeisen
Hartmannsdorf: Bandeisenverschlüsse und Verschlussapparate
Optima Aschersleben, Berlin: Polyestertüten für Trikotagen
Verpackungsmittelwerk Zwönitz: Pappe
Chemiehandel Potsdam: Packpapier zum Ausschlagen der Behälter

Die Designer der Musterabteilung entwickelten halbjährlich neue Modelle.

Diese jeweils neue Kollektion musste in Apolda vor einem Gremium verteidigt werden. Dort erhielten die einzelnen Produkte die Kategorie *Spitzenleistung (SL)* oder *gute Leistung (GL)*. Hier bestellten die Bezirke ihre gewünschten Trikotagen.

Dadurch, dass die Ausgangsmaterialien für den DDR-Markt kontingentiert waren, konnten gerade bei begehrten Kollektionen oft nicht die von den Bezirken gewünschten Stückzahlen gefertigt werden. Um aber den Plan zu erfüllen, verzichtete man nicht selten auf die Herstellung komplizierter Obertrikotagen. Obwohl diese den Einkäufern gefielen, produzierte man stattdessen weniger aufwendige.

Beim Absatz der fertigen Produkte waren die sogenannten vorrangigen Bedarfsträger, die Exportpartner, immer zuerst zu bedienen.[249]

1987 wurden gemeinsam mit der Jugendmode Rostock *„ausgefallene Formen von T-Shirts, nabelfrei bis knielang, Sonnentops und Kastenform entwickelt"*. Damit beteiligten sich beide Partner am Ideenwettbewerb Jugend-

Beispiele aus den Kollektionen der frühen 1970er Jahre

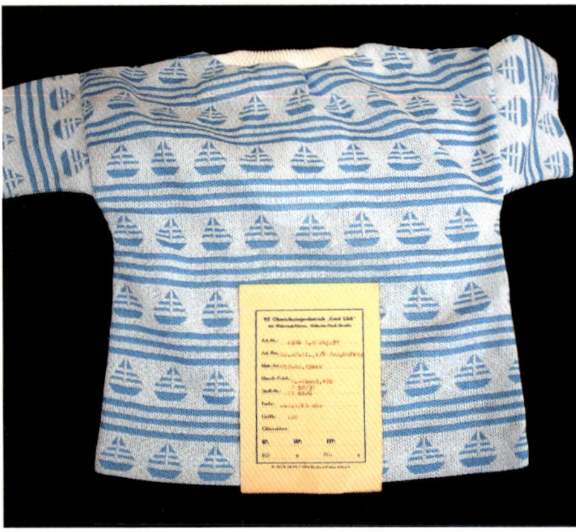

Kleidchen 1974 (oben), Kinderpullover 1977

Knabenpullover mit Farbkartei, 1978 – Die Art des Pullovers wurde in den Farben Hellblau, Rot, Dunkelblau und Gelb produziert

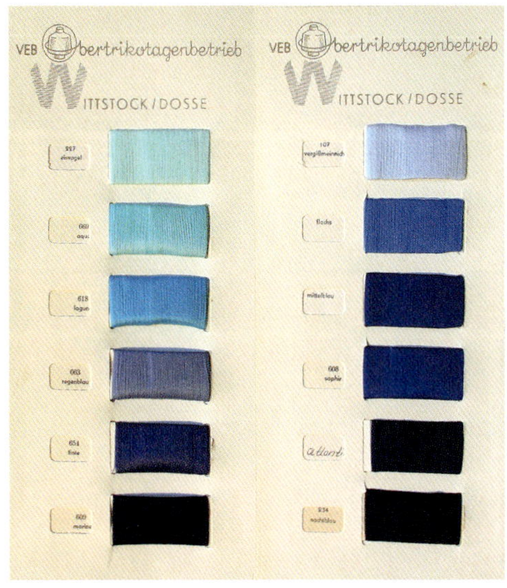

Farbmusterkarte des VEB Obertrikotagenbetriebes von 1976 mit den Farbbezeichnungen, wie man sie auch heute kennt: Eisvogel, Aqua, Lagune, Regenblau, Vergissmeinnicht oder auch Saphir

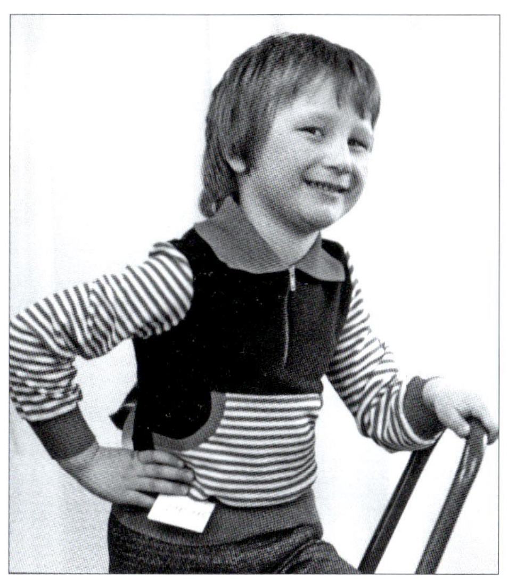

Entwurf Sweatshirt: Helma Heiler, 2. Halbjahr 1978
Mit Hilfe der Aufnahmen und Prototypen in den Größen 104 und 152 nahm der Handel auf der Binnen-Handelsmesse in Leipzig seine Bestellungen vor

Zweiteiliges Kleid: Entwurf von Marie-Luise Marx

Entwürfe Martina Nest, um 1985

Entwürfe von T-Shirt-Aufdrucken und ihre Umsetzung – Alle Entwürfe dieser Seite Martina Nest, um 1985

mode des FDJ-Zentralrates.[250] Ob die Entwürfe in den Verkauf gelangten, ist nicht bekannt.

Im Juni 1976 meldeten vier Wissenschaftler des VEB Wissenschaftlich-Technisches Zentrum Trikotagen und Strümpfe in Limbach-Oberfrohna eine Fasermischung, genannt „Wolytex", zum Patent an. Im darauffolgenden Jahr wurde es unter der Nummer 126 379 beim Patentamt der DDR eingetragen.[251] Einer der Erfinder, die innerhalb des großen Kombinates zusammengearbeitet hatten, war ein Chemiefaser-Ingenieur des OTB Wittstock.

Die Mitarbeiter und der Betrieb selbst bekamen seit 1980 zahlreiche Auszeichnungen, darunter die Wanderfahne der SED Kreisleitung Wittstock (1980) und auch die Wanderfahne des Partnerkreises Beroun (u. a. 1983,

Shirtjacken 1970er Jahre und Ende 1980er Jahre

Kindershirts aus Wolytex 1979

1984). Mit einer der höchsten Auszeichnungen der DDR, dem Banner der Arbeit, Stufe I, wurde der gesamte Betrieb 1984 geehrt, als auch der Betriebsdirektor mit dem Titel *„Held der Arbeit"* ausgezeichnet wurde. Im April 1986 verlieh man dem OTB das *„Ehrenbanner des ZK der SED"*, wie auch 1989.

Auszeichnungen des Obertrikotagenbetriebes (Auswahl)

1981	Betrieb der Jugend
1981	Energiewirtschaftlich vorbildlich arbeitender Betrieb
1984	Banner der Arbeit, Stufe I
1984	Betrieb der vorbildlichen Ordnung und Sicherheit
1986	Ehrenbanner des ZK der SED
1987	Betrieb der vorbildlichen Ordnung und Sicherheit
1988	Betrieb der vorbildlichen Ordnung und Sicherheit
1989	Ehrenbanner des ZK der SED

VEB OBERTRIKOTAGENBETRIEB „ERNST LÜCK"
193 WITTSTOCK/DOSSE · WILHELM-PIECK-STRASSE

INFORMATION

Wolytex - eine neue Fasermischung

aus den bekannten Chemiefasern DEDERON-textur und GRISUTEN-textur mit ausgezeichneten Pflegeeigenschaften, hervorragenden Gebrauchswerten und besonderen Trageeigenschaften.

WOLYTEX ist geeignet für Beruf, Sport und Freizeit.
WOLYTEX ist leicht, weich, anschmiegsam.
WOLYTEX ist leicht waschbar,
schnell trocknend,
maßhaltig,
formbeständig,
waschmaschinenfest,
knitter- und filzfrei.

WOLYTEX hat einen neuartigen Oberflächencharakter in Naturoptikfaser.
WOLYTEX ist wollartig, jedoch filzfrei.
WOLYTEX ist außerordentlich pillresistent.
WOLYTEX besitzt ausgezeichnete bekleidungs-hygienische Eigenschaften,
ist hautverträglich,
besitzt hohes Wärmerückhaltevermögen,
garantiert eine gute Feuchtigkeitsaufnahme und einen guten Feuchtigkeitstransport.

Wolytex - Erzeugnisse im Test

Die DDR-Radsportmannschaft testete Erzeugnisse aus Wolytex während der Algerienrundfahrt 1977 unter hohen körperlichen Belastungen und extremen klimatischen Bedingungen. In Auswertung der hervorragenden Testergebnisse entschloß sich der Verbandstrainer des DRV der DDR, Wolfram Lindner, die DDR-Mannschaft zur Jubiläumsfriedensfahrt mit diesen hochwertigen Erzeugnissen auszustatten.

Steckbrief „Wolytex" – Das Grundmaterial kam aus den Chemiefaserbetrieben Cottbus und Guben und wurde im OTB weiterentwickelt

Der Betrieb galt in den ersten Jahren als massiver Planschuldner.[253] Per 30. 11. 1972 wies er Verluste in Höhe von 895 000 M aus, statt des geplanten Gewinns von fast 2,2 Mio. Mark. Die Ursachen lagen in einer schlechten Materialqualität (unterschiedliche Farbpartien) und auch in Fehlern des Produktes durch wenig qualifizierte Näherinnen.[254]

Es erfolgte ein finanzieller Ausgleich durch die VVB in Höhe von 1,2 Mio. Mark.

Da der Staatsplan für die Produktion von Obertrikotagen im OTB oft um jeden Preis erfüllt werden sollte, ging das Erreichen der Stückzahlen häufig zu Lasten der Qualität. Teilweise wurden Verwaltungskräfte auch in der Produktion eingesetzt, wenn die Ausfallzeiten zu hoch waren.[255]

Zum 40. Jahrestag der DDR im Oktober 1989 erhielt der Betrieb nochmals das Ehrenbanner des Zentralkomitees der SED.[252]

Auszeichnung „Banner der Arbeit" (Stufe I), dem OTB am 27. September 1984 verliehen

Qualitätsentwicklung 1975[257]

Woche	3.–7.3.	10.–14.3.	17.–21.3.	24.–31.3.	1.3.–31.3.
1. Wahl	60,6 %	59,8 %	66,9 %	68,2 %	64,2 %
2. Wahl	35,3 %	37,2 %	30,5 %	29,4 %	32,8 %
Partieware	4,2 %	3,0 %	2,6 %	2,4 %	3,0 %

Strick-, Konfektions- und Nahtfehler sowie unmodische Trikotagen führten immer wieder zu massiven Reklamationen des Handels. Infolgedessen kam es im März 1975 zur Aberkennung sämtlicher Gütezeichen.[256]

Die SED-Spitze sah die Hauptursache darin, dass es *„ungeklärte ideologische Fragen in der Leitungstätigkeit"* geben würde. Gute Musterentwicklungen des Betriebes würden stets an der ungenügenden Qualität der Arbeit in den produzierenden Abteilungen scheitern, heißt es in einer Einschätzung der SED-Bezirksleitung.[258] Die Hoffnung, dass der OTB *„durch modische Spitzenerzeugnisse mit hohem Gebrauchswert den nationalen und internationalen Markt mitbestimmen* [würde]*"*, erfüllte sich nicht.[259]

Offensichtlich fehlten überhaupt kontinuierliche Kontrollen in allen Bereichen des Betriebes. So wurden Kontrollgruppen schon 1975 installiert: eine für Planerfüllung und Qualität der Erzeugnisse, eine für Materialökonomie und Sekundärrohstoffe und eine für Probleme bei den Arbeits- und Lebensbedingungen.[260] Diese Idee scheint sich nicht bewährt zu haben.

1976 überschritt der Betrieb die sogenannten ANG-Kosten – Kosten für Ausschuss, Nacharbeit und Garantieleistungen – um über 4 Mio. Mark. Außerdem war das Fertigwarenlager angefüllt mit 150 000 Obertrikotagen, die aufgrund ihrer langen Lagerdauer in mindersortiert eingestuft werden mussten.[261]

Erst nach mehreren Jahren wurde beispielsweise über eine Weiterverwendung von Schnittresten nachgedacht: *„[Beim Zuschnitt] bleiben mehr als handtuchgroße Reste übrig"*, schilderte die *„Märkische Volksstimme"* am 10. 2. 1975 in ihrem überregionalen Teil sehr kritisch den sorglosen Umgang mit Schnittresten. Kreative Mitarbeiterinnen des OTB hatten aus diesen Schnittresten Prototypen, *„schicke Kinderjäckchen, Blusen und Hemden"*, gefertigt. Die Abteilung Absatz des Betriebes lehnte diese Entwürfe aber damit ab, *„dass Vater, Mutter und Kinder nicht ähnliche Pullis oder so tragen dürfen."*[262]

Große Abfallmengen, sogar in Ballengröße, wurden dem VEB Altstoffhandel Potsdam als Abfall angeliefert, so dass selbst die Staatssicherheit darauf aufmerksam wurde. [263] Überliefert ist auch, dass zweimal in der Woche in große Würfel gepresste Reste in die Deponie (nach Scharfenberg) gefahren wurden, wo sie Hobbyschneiderinnen u. a. schon erwarteten. So musste noch 1989 der Betriebsdirektor zu Resten und Abfällen in der örtlichen Presse Stellung nehmen. Die zulässigen Verlustmengen, die unvermeidbar beim Zuschnitt entstehen, wurden in jenem Jahr bis September um 3 Prozent gesenkt, was einer Abfallmenge von 52 t entsprach. 45 % der Abfälle wurden dem VEB SERO Potsdam zur Aufbereitung übergeben und 14 Prozent im eigenen Betrieb nutzbar gemacht. Trotzdem landete eine große Menge auf der Deponie. Im Vergleich zum Vorjahreszeitraum wurde aber die Abfallmenge von 300 auf 170 t abgesenkt.[264] Generell fiel beim Zuschnitt jedoch zwingend und nicht vermeidbar Abfall an (ca. 25 Prozent, d. h. bei 100 t Stoffbahnen ca. 25 t).

Teilweise wurden erst zwei Drittel der Vertragsmenge des zu verarbeitenden Materials im letzten Drittel des Monats geliefert, wodurch keine gleichmäßige Produktion möglich war. Deshalb hatte der OTB seinerseits Vertragsrückstände beim Handel oder anderen Vertragspartnern, wie dem Feinstrumpfwerk Esda sowie dem VEB Strickmoden „mülana“, die wiederum selbst große Exportverpflichtungen hatten. Wegen des fehlenden Materials kam es in den Bereichen Strickerei und Konfektion auch zu Stilllegungen der Produktion.

Für die Nichterfüllung von Verträgen wurden Vertragsstrafen erhoben. Dies galt auch, wenn der OTB statt des vereinbarten Produkts ein höherwertigeres, attraktiveres lieferte.

Schon aus dem Jahr 1976 datiert ein zwanzigseitiger Maßnahmenplan zur Stabilisierung des VEB OTB „Ernst Lück“ Wittstock, der auch vom Minister für Leichtindustrie bestätigt wurde.[265] Diesen Plan sollte eine vom Generaldirektor der VVB eingesetzte Arbeitsgruppe des Ingenieurbüros umsetzen. Sie arbeitete in den Schichten gemeinsam mit den Beschäftigten an der Aufdeckung von Reserven. Außerdem wurden die besten Erfahrungen aus dem Industriezweig Trikotagen und Strümpfe an Wittstock weitergegeben. Der Arbeitsgruppe wurde ein erheblicher Anteil an der Verbesserung von Leistung, Qualität, Ordnung und Arbeitsdisziplin zugesprochen.[266]

1977 erschien der Betrieb zwar nicht mehr als Planschuldner.[267] Für die unbedingte Erfüllung der Vorgaben wurden jedoch deutlich mehr Ressourcen eingesetzt als geplant (wie Mehrverbrauch an Material, mangelnde Qualität und Zuschnittverluste, Zinsen für Kredite, Verspätungszinsen, Vertragsstrafen und Preisnachlässe u. a.). Diese beliefen sich bis zum 31.5. des genannten Jahres auf fast 4,7 Mio. Mark.[268] Manche Exportaufträge mussten bis zu dreimal neu produziert werden, um dann in der Endkontrolle festzustellen, dass die Stoffqualität die Anforderungen nicht erfüllte.[269]

Obwohl das Niveau der Haupterzeugnisse oft nicht ganz den Wünschen der Bevölkerung entsprach und auch die Qualität nicht so gut war, erwirtschaftete der Betrieb 1979 – für die DDR-Planer eher überraschend – erstmals Gewinn. Eigentlich hatte man Verlust geplant.[270]

Berichte der Staatssicherheit am Beginn der 1980er Jahre vermerkten dennoch Schwierigkeiten mit der Erfüllung der Pläne, bedingt durch einen hohen Krankenstand oder eine starke Fluktuation, aber auch durch die Erhöhung der Plankennziffern seitens des Kombinates, ohne Absprache mit der Betriebsleitung.

Trotz weiterhin unregelmäßiger Materialzulieferungen gelang es dem Betrieb 1985 offensichtlich, alle wesentlichen Plankennziffern zu erfüllen.

In den 1980er Jahre waren T-Shirts und Sweatshirts aus dem OTB inzwischen auch im Inland gefragt. So gelangten 85 Prozent der Produkte des OTB auf den einheimischen Markt. 10 Prozent wurden in die sozialistischen Länder (Schwerpunkt Sowjetunion) exportiert, 5 Prozent in das sogenannten NSW (= Nichtsozialistisches Wirtschaftsgebiet) in die BRD, nach Österreich und Finnland.

Die Produktion von Obertrikotagen für den Export machte den Betrieb für die DDR-Wirtschaft zu einem wichtigen Partner. Während die sowjetische Firma Rasno Export 1977 noch 26 000 Obertrikotagen übernommen hatte, waren es 1983 bereits 655 000.[271] Als die sowjetischen Handelspartner Mitte der 1980er Jahre ein anderes Material forderten – Baumwolle – gerieten die Vertragsbeziehungen ins Stocken.[272]

Probleme hatte der Betrieb auch mit Diebstählen von Obertrikotagen, Werkzeugen, Elektromotoren, Bohrmaschinen, Elektromaterial und anderem. Immer wieder fanden deshalb Kontrollen am Werktor 1 (Hauptzugang) oder in den Umkleideräumen statt. Mehrfach wurden Mitarbeiterinnen des Betriebes dabei ertappt, dass sie mehrere übereinander gezogene Trikotagen unter weiten Mänteln und Jacken nach Draußen zu schmuggeln versuchten. Trotz wiederholter Forderung der Staatssicherheit gelang es in drei Jahren nicht, das mit der Begründung von Baumaßnahmen ständig geöffnete Werktor 3 regelmäßig zu schließen.

Einer der negativen Höhepunkte dürfte 1976 der Diebstahl von 660 Kinder- und 330 Herren-Obertrikotagen gewesen sein, die zufällig bei einem Unfall im Anhänger des Wagens eines leitenden Angestellten entdeckt wurden. Die Staatssicherheit konstatierte dann auch, dass das Nichtbemerken des Diebstahls charakteristisch für die Situation in diesem Betrieb sei: Neben dem Ausschleusen würde das Fehlen der Obertrikotagen auch buchmäßig nicht bemerkt.[273]

Wie andere Betriebe und Verkaufseinrichtungen in der DDR erwarb auch der OTB inoffiziell Waren von der Gruppe der sowjetischen Streitkräfte (GSSD). So wurde im August 1984 von der Staatssicherheit ein solcher Handel mit GSSD-Angehörigen aktenkundig gemacht, bei dem Lebensmittel aus angeblichen Überbeständen der sowjetischen Armee an die Küche des OTB geliefert wurden. Beobachtet wurden vier oder fünf, im September zwei weitere Lieferungen von begehrten Delikatesswaren. Eine Revision ermittelte im Februar 1985 für diesen Handel ein Gesamtvolumen von 190 000 M. Da mehr Waren übernommen wurden, als Lagermöglichkeiten vorhanden waren, blieben sie zunächst teilweise auf den Fluren stehen und verschwanden.[274]

Mitte der 1980er Jahre kam ein weiteres Problem hinzu. Immer wieder reichten Mitarbeiter sogenannte Übersiedlungsanträge in die BRD ein.[275] Auch diese Arbeitsplätze mussten wiederbesetzt werden.

1988 fertigte der OTB 15 Mio. klassische Untertrikotagen sowie Obertrikotagen für Damen, Herren und Kinder und verarbeitete schon etwa 65 Prozent Baumwolle und Viskose und nur noch 35 Prozent Kunstfaser (20 Prozent PAN-B-Typ (Polyacryl) und ca. 15 Prozent Polyesterseide). Im genannten Jahr waren 80 Prozent der Beschäftigten im OTB weiblich.[276]

Bildteil: Obertrikotagenbetrieb

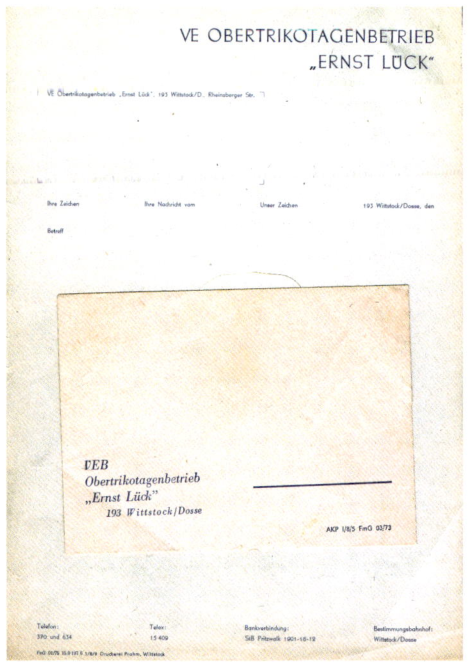

VE OBERTRIKOTAGENBETRIEB
„ERNST LÜCK“

VE Obertrikotagenbetrieb „Ernst Lück“, 193 Wittstock/D., Rheinsberger Str.

Ihre Zeichen | Ihre Nachricht vom | Unser Zeichen | 193 Wittstock/Dosse, den

Betreff

VEB
Obertrikotagenbetrieb
„Ernst Lück“
193 Wittstock/Dosse

AKP I/8/5 FmG 03/73

Telefon: 370 und 634 | Telex: 15 409 | Bankverbindung: StB Pritzwalk 1901-18-12 | Bestimmungsbahnhof: Wittstock/Dosse

FmG 01/75 15.0 197 5 1/8/9 Druckerei Prahm, Wittstock

Kopfbogen mit der Bezeichnung VE Obertrikotagenbetrieb „Ernst Lück“ und Briefumschlag mit VEB Obertrikotagenbetrieb „Ernst Lück“

Standort der Konfektion am Rosenplan, um 1970 – Später wurde das Gebäude durch die Diesterweg-Oberschule für zwei Klassenräume und als Turnhalle genutzt.
Nach einem Teilrückbau befindet sich hier heute eine Physiotherapie

Seit 1976 befand sich im Schloss in Freyenstein ein Teil der Näherei

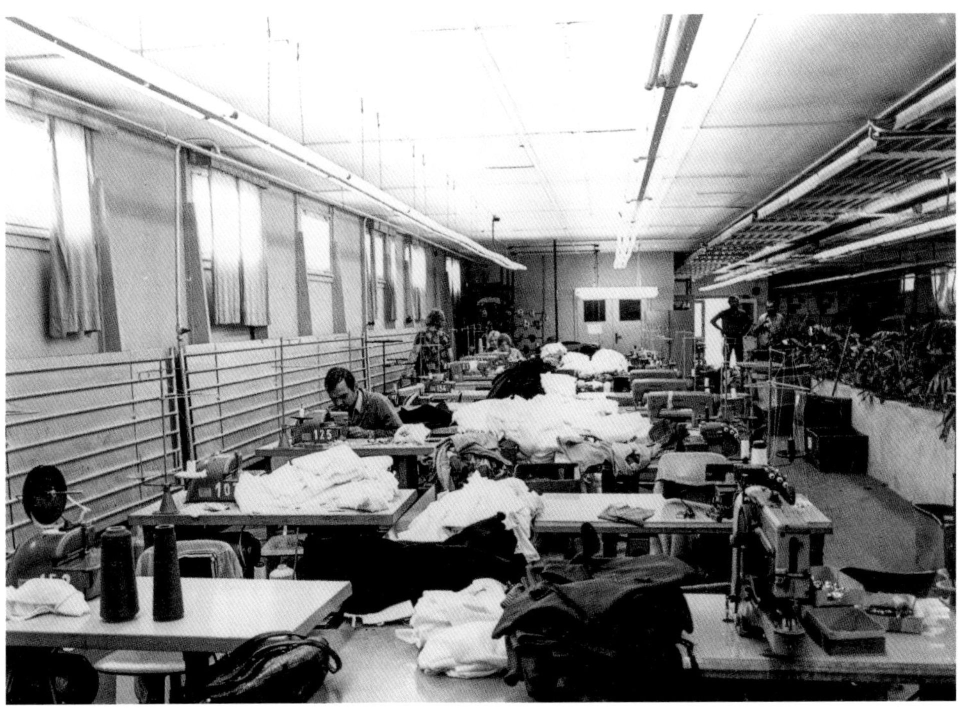

Standort der Musterabteilung (Design) am Rosenplan, um 1970 – Später wurde das Gebäude als „Station Junger Techniker und Naturforscher" genutzt, dann als Möbelmarkt, heute als Wohnhaus

Um- und Neubau der Texturhalle. Dabei wurden hier die Gebäude der Tuchfabrik Paul überbaut und erweitert, 1970

Bau der Färberei, 1970

Färberei, um 1972

Färberei – Garnrollen nach Färbeprozess, um 1972

Spulerei, um 1975

Spulerei, um 1975

Großrundstrickmaschinen, die „Schläuche" strickten, wohl 1982/83

Großrundstrickmaschinen, wohl 1982/83

Flachstrickmaschinen für die Fertigung von Bündchen, Patenten u. a., wohl 1982/83

Die Ballen gelangen in die Entdoublierung und zum Spannrahmen, wohl 1982/83

Lagenlegemaschine mit 30 bis 60 übereinander gelegten Bahnen (ganz links Zuschnitt, wohl 1982/83)

Druckstrecke für die Motive auf den Shirts, wohl 1982/83

In der Näherei saßen bis zu 40 Frauen an einem Band, wohl 1982/83

Näherei, um 1985 – Die Frauen trugen als Arbeitsbekleidung den sogenannten „Frauenberufsmantel", eine Schürze, meist aus Kunstfaser

Der Bereich Absatz mit zwei Gleisen (eines für Heizöl, eines für Waren) zum OTB, im Vordergrund die Bahnstrecke nach Neustrelitz, um 1990

Schichtende am Busbahnhof vor dem Verwaltungsgebäude des OTB, um 1985

Pausenhof vor dem Sozialgebäude mit dem 1983 fertiggestellten Brunnen, um 1985

Das Braunkohle-Heizwerk ging im Januar 1984 als Ersatz für das Ölheizwerk in Betrieb

Auswirkungen auf Stadt und Kreis

Als sichtbares Zeugnis der propagierten Einheit von Wirtschafts- und Sozialpolitik sollte neben dem Ausbau des Wirtschaftsstandortes auch die Lebensqualität wachsen. Die auf die Mitarbeiter des OTB zugeschnittenen sozialpolitischen Maßnahmen hatten eine komplexe Auswirkung auf die gesamte Infrastruktur in Stadt und Kreis Wittstock, ob Bevölkerungszuwachs, Wohnqualität, kulturelles Angebot oder medizinische Versorgung.

Als das Projekt OTB 1968 startete, reichte die Anzahl der Wohnungen für das geplante Großprojekt in Wittstock bei weitem nicht aus. So brachte der Anstieg der Beschäftigten auch das Problem ihrer Unterbringung. Ein Mitarbeiter des OTB, der 1968 aus dem Süden der DDR nach Wittstock gezogen war, beschrieb seinen ersten Eindruck von der Stadt in etwa so: *Man hatte den Eindruck, man sei hier in Wittstock direkt im Mittelalter gelandet…* Die vielen, noch erhaltenen Fachwerkgebäude mögen seinen Blick beeinflusst haben, aber tatsächlich wusste man zunächst nicht, wo man die ankommenden Fachleute unterbringen sollte. Die Ingenieure bewohnten die zugewiesenen Zimmer auch zu zweit. Schwierig wurde es, wenn sie Familien hatten.

Ein großes Ledigenwohnheim in Wittstock (1975), ein Internat in den Räumen einer früheren Lungenheilstätte Alt Daber (dessen Kellerräume 1933 als frühes KZ genutzt worden waren), Unterbringungsmöglichkeiten in den Dörfern Wernikow und Heinrichsdorf, später ein Lehrlingswohnheim in Wittstock (1978) versorgten die unverheirateten Betriebsangehörigen.

Auch für Familien wurden dringend Wohnungen benötigt. So begann 1974 in Wittstock auch ein gigantisches Wohnungsbauprogramm mit der Grundsteinlegung für die als Wohngebiet der Deutsch-Sowjetischen-Freundschaft bezeichnete Neubausiedlung.

1979 starteten auch die Baumaßnahmen im Wohngebiet an der Rosa-Luxemburg-Straße.[277] Mehrere hundert Betriebsangehörige erhielten hier innerhalb kurzer Zeit eine fernbeheizte Wohnung.

Grundsteinlegung am 5. Juli 1974 für die Siedlung der Deutsch-Sowjetischen Freundschaft, heute Waldrandsiedlung

Das Wohngebiet der „Deutsch-Sowjetischen Freundschaft“ (heute Waldrandsiedlung)

So wie der Obertrikotagenbetrieb die Anzahl seiner Arbeitskräfte erhöhte, wuchs auch die Einwohnerzahl der Stadt Wittstock.

1971 hatte der Kreis Wittstock 22 810 Einwohner und zählte damit in der DDR zu den am dünnsten besiedelten Kreisen. Die größten Arbeitgeber waren bis dahin die Land-

Grundsteinlegung für das Wohngebiet Rosa-Luxemburg-Straße (heute Bohnenkamp) im August 1979

Obere Perspektive sechs Jahre später (1985) mit einer Kaufhalle an der Ecke Polthier-/Rosa-Luxemburg-Straße

und Forstwirtschaft. Während in den Nachbarkreisen die Einwohnerzahl zwischen 1960 und 1989 weiter zurückging, stieg sie im Kreis Wittstock bis 1989 auf 24540 an.

Um Mitarbeiterinnen zu gewinnen und die Fluktuation zu verhindern, wurden verschiedene Maßnahmen ergriffen. Wollte man die Frauen an diesem Standort halten, mussten auch Arbeitsplätze für die Ehemänner zur Verfügung stehen, wie etwa im VEB Rationalisierung (der u.a. Industrieroboter fertigte) oder im VEB Projektierung Wasserwirtschaft Halle, Betriebsteil Wittstock, der Wassertechnik, (später auch im VEB Zahnradwerk Pritzwalk).[279]

Den Verantwortlichen war von Anfang an klar, dass der Aufbau eines von Frauen dominierten Betriebes eng mit der Betreuung ihrer Kinder verbunden sein musste. Zu den ersten Bauten des neuen Großbetriebes gehörten deshalb auch Kinderbetreuungseinrichtungen. Denn die Frauen im OTB waren in der Regel vollzeitbeschäftigt und arbeiteten zudem im Schichtsystem. Dafür mussten die entsprechenden Voraussetzungen geschaffen werden. Bereits seit Februar 1971[280] unterhielt der OTB eine Kinderkrippe und einen Kindergarten mit je 70 Plätzen.

180 Kindergarten- und 80 Krippenplätze kamen durch einen weiteren Neubau 1978 hinzu. Das Angebot ergänzte zunächst ein Wochenkindergarten für im rollenden

Beschäftigte des OTB und Einwohnerentwicklung der Stadt Wittstock

Jahr	1968	1971	1976	1984	1987	1989
Beschäftigte	~ 200	600	1534	2424	2740	2900
Einwohner	~ 10500	10716	~11500	13532	~14500	~15000

Entwicklung der Einwohnerzahlen in den Kreisen der Region zwischen 1960 bis 1989[278]

	Wittstock	Kyritz	Neuruppin	Pritzwalk	Perleberg
1960	23026	39784	67560	37269	87601
1971	22810	38642	66098	35798	83606
1981	23280	34680	64372	32894	76831
1989	24540	33800	64848	32130	73229
EW/qkm (1989)	43	42	51	42	69

Die sogenannte Kinderkombination direkt gegenüber vom Betriebseingang, dahinter entstand die zweite Kinderkombination, 1970er Jahre

Für die Unterbringung der Ledigen und Lehrlinge wurden direkt am Betrieb zwei Neubaublöcke errichtet

Schichtsystem arbeitende Mütter, die keine anderen Unterbringungsmöglichkeiten hatten. Hier wurden 1976 12 Kinder regelmäßig betreut.[281]

In einer eigenen Betriebsambulanz standen den OTB-Mitarbeitern schon seit September 1972 Allgemein- und Zahnmediziner sowie ein HNO-Arzt und eine Gynäkologin zur Verfügung, außerdem ein Labor und eine Physiotherapie.

Lediglich die Schließung der gynäkologischen Abteilung des Krankenhauses zum 1. 1. 1973 wegen Geburtenrückgangs infolge der Einführung der Pille und der Legalisierung des Schwangerschaftsabbruchs bleibt in diesem Zusammenhang fragwürdig.[282] Seitdem mussten die werdenden Mütter nach Kyritz, Pritzwalk oder Neuruppin zur Entbindung fahren. Damals hatte der OTB bereits gut tausend Beschäftigte, überwiegend junge Frauen, und es sollten noch mehr als das Doppelte hinzukommen.

Der OTB war auch an anderer Stelle eine Art Dienstleister. 1978 gingen rund 50 Prozent der im Heizkraftwerk erzeugten Wärme in Wittstocker Betriebe, Wohnungen und Institutionen: zum VEB Rationalisierung, zur Wittstocker Holzindustrie, zum VEB Holzwaren, ab 1979 zum VEB Wassertechnik. Auch das Wohngebiet der Deutsch-Sowjetischen-Freundschaft (heute Waldrandsiedlung) – mit 730 Wohnungen, einer Kindereinrichtung, einer Schule mit Sporthalle und einer Kaufhalle – wurde versorgt, später dann auch die Wohngebietsgaststätte mit Schülerspeisung. Mit der Fertigstellung des zweiten Neubaugebietes an der Rosa-

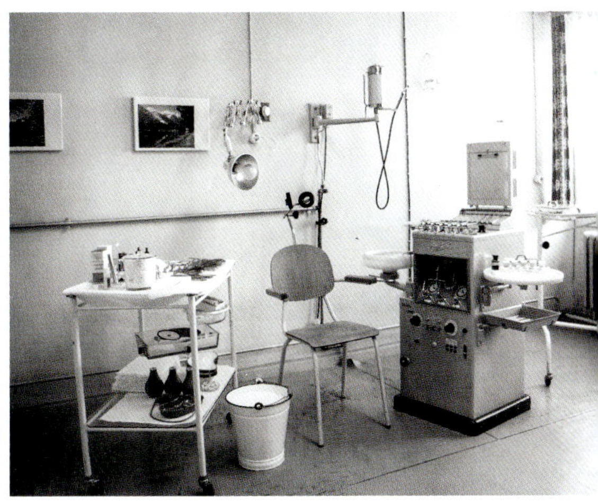

HNO-Praxis im Betriebsambulatorium des OTB, um 1980

Leitung für die Fernwärmeversorgung an der Eisenbahnstrecke nach Neustrelitz, um 1985

Speisesaal im Sozialgebäude des OTB, um 1980

Luxemburg-Straße schloss man auch diese Wohnungen an die Fernwärme an. Sichtbares Zeichen dafür war ein Netz großer, zum Teil dampfender Leitungsstränge für die Fernwärme.[283] Im Januar 1984 wurde das neue Rohbraunkohleheizwerk in Betrieb genommen, denn das Ölheizwerk auf dem Betriebsgelände konnte aufgrund von Rohstoff- und Devisenmangel nicht weiter betrieben werden.

Im Oktober 1986 eröffnete in der Ernst-Lück-Straße eine sogenannte Kooperationsverkaufsstelle, die Erzeugnisse des Obertrikotagenbetriebes anbot.

Außerdem unterhielt der Betrieb Partnerschaftsverträge, darunter einen mit dem Krankenhaus.[284] Über einen Kommunalvertrag mit der Stadt Wittstock übernahm der OTB weitere Aufgaben, wie etwa den Um- und Ausbau von Wohnungen. Darüber hinaus war er u. a. beteiligt an der Finanzierung der Heiztrasse zum Wohngebiet der DSF, spendete 50 000 Mark zur Rekonstruktion der Stadtmauer, übernahm bei Bedarf einen Teil des Schneeräumdienstes oder half bei der Beschaffung von wichtigen Gütern, die die Stadt benötigte, wie 1970 zur Errichtung der Straßenbeleuchtung in der Röbeler Vorstadt.[285] Ebensolche Kommunalverträge bestanden mit den Orten Freyenstein, Pritzwalk, Schönwalde, Hagenow und Rhena, in denen sich Betriebsteile des OTB befanden bzw. aus denen Arbeitskräfte kamen.

Bereits im Dezember 1970 hatte der Betrieb eine Pausen- und Arbeitsplatzversorgung in dem gerade errichteten Sozialgebäude eingeführt. Dadurch wurden die Beschäftigten während aller Schichten mit warmen und kalten Mahlzeiten versorgt. Aber die Betriebsküche des OTB versorgte auch andere, wie beispielsweise die neue Oberschule im Wohngebiet der Deutsch-Sowjetischen Freundschaft oder die Mitarbeiter des Autobahnkombinates, die im Autobahnbau (heutige A 24) tätig waren. Später wurden auch noch das Sägewerk in Dossow, der Geflügelschlachthof, das Baukombinat sowie die „*Veteranen der Arbeit*" (Senioren) über die Betriebsküche des Obertrikotagenwerkes verpflegt.[286]

1979 waren 20 Beschäftigte des OTB im Kreistag, 11 in der Stadtverordnetenversammlung und 13 Schöffen.

In der DDR sollten die Menschen zu „*allseitig entwickelten Persönlichkeiten*" werden. Dazu gehörten auch kulturelle Betätigungen, die über die Betriebe angeboten wurden und für die ebenfalls ein Plan existierte. Neben einer Tätigkeit in einer Arbeitsgemeinschaft

Das im Rohbau befindliche Freizeitzentrum gegenüber vom OTB-Eingang, um 1986

– z. B. Textilgestaltung, Sportgruppen, Singegruppe, Zirkel schreibender Arbeiter oder einer Motorradfahrgruppe – wurden für den OTB auch Freizeit- und Kulturangebote, wie Konzerte, Theater, Kino, Tanzveranstaltungen, entwickelt, die der gesamten Region zur Verfügung standen.

Die Sektion *„Volleyball"* der Betriebssportgemeinschaft war bereits am 1. September 1970 mit 24 Mitgliedern gegründet worden und hatte 1982 schon 603 Mitglieder, davon 244 Frauen. Nach Fertigstellung der Turnhalle 1973 verfügte sie auch über eine eigene Trainingsmöglichkeit auf dem Betriebsgelände. 1984 erhielt der Betrieb die *„Wanderfahne für den besten volkssportlich organisierten Betrieb"* und die *„Ehrenvase des DTSB für sehr gute Nachwuchsarbeit"*. Der Betriebssportgemeinschaft gehörten 1987 824 Mitarbeiter an.[287]

Am Dosseteich entstand ein *„Klub der werktätigen Jugend"* (heute Hotel *„Röbeler Thor"*). Auch die gesamte dortige Umfeldgestaltung wurde mit Mitteln des OTB finanziert. Sogar die Kreisfilmstelle passte die Anfangszeiten im Kino dem Schichtrhythmus an, damit die Beschäftigten noch vor Schichtbeginn die Veranstaltungen besuchen konnten.[288]

Offiziell als Baustelleneinrichtung und Ergänzung für den Zivilschutz des Obertrikotagenbetriebes errichtet, entstand bis Oktober 1987 ein Freizeitzentrum mit Schwimmhalle, Bowlingbahn, Sauna und Gaststätte. Dabei hatten OTB und SED-Kreisleitung eng zusammengearbeitet, denn eigentlich war für Wittstock keine Schwimmhalle vorgesehen.

Schwimmhalle

Bowlingbahn

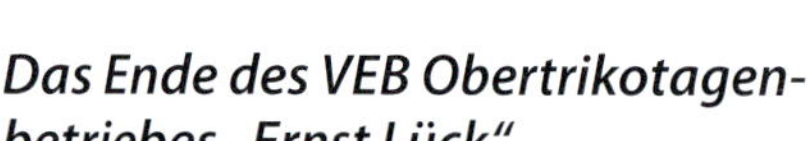

Das Ende des VEB Obertrikotagenbetriebes „Ernst Lück"

Vor allem die Versorgungslage, die Beschränkung der Reisefreiheit und die Unterdrückung von Kritik verstärkten die allgemeine Unzufriedenheit in der DDR und führten 1989 zu Diskussionen und Protesten. Am 25. Oktober 1989 fand auch in Wittstock die erste Demonstration statt und Mitarbeiter des OTB nahmen daran teil. Nun diskutierte man öffentlich – und kritisch – über Probleme mit Verantwortlichen aus dem Staatsapparat. Nur wenig später führte das zur Absetzung der Betriebsgewerkschaftsleitung und zur Auflösung der SED-Parteiorganisation des Betriebes.

Da der Name YELL bereits vergeben und entsprechend geschützt war, gab es juristische Auseinandersetzungen

Mit der politischen Wende in der DDR wurde es schwierig für den Betrieb, sich zu behaupten. Schon vor der Einführung der D-Mark musste der Großhandel Verträge stornieren, denn die DDR-Bürger hatten ihr Kaufverhalten geändert. Die komplizierte Auftragslage zwang die Leitung des OTB zu Personalentscheidungen. Deshalb betei-

Seite aus einer 1991 herausgegebenen Werbebroschüre von YELL

Freizeit-Moden GmbH

Wittstock, den 31.05.1991

Sehr geehrte Frau ....

Sehr geehrter Herr ....

Am 31.05.1991 wurden mit Unterschriftsleistung des Kaufvertrages unsere Bemühungen zur Übernahme der Firma erfolgreich abgeschlossen.

Damit konnte für 800 Belegschaftsmitglieder der Arbeitsplatz gesichert werden.
Ihnen ist durch persönliche Rücksprache bekannt, daß Sie zu dieser neuen Firma gehören werden.
Einzelheiten dazu werden in Kürze durch die Geschäftsführung der neuen Firma geregelt.

Wir bedanken uns für Ihre bisherige Arbeit und wünschen Ihnen für die Zukunft alles erdenklich Gute.

Oertel
Geschäftsführer

Wegner
Geschäftsführer

Zusage für eine Weiterbeschäftigung an die verbleibenden Mitarbeiter vom Mai 1991

ligten sich im Mai 1990 große Teile der Belegschaft an einem Streik. Aber es änderte nichts an der Situation, dass die Anzahl der Beschäftigten um 800 auf 1 720 reduziert werden musste.

Am 1.7.1990 übernahm die Treuhandanstalt als alleinige Gesellschafterin den gesamten Betrieb und setzte den ehemaligen Betriebsdirektor wie auch den Hauptbuchhalter als Geschäftsführer ein. Damit hörte der VEB Obertrikotagen „Ernst Lück" auf zu existieren. Aus dem Werk wurde die Freizeit-Moden GmbH Wittstock, die unter dem Label YELL produzierte. Ein weiterer Streik, der im September 1990 zur Durchsetzung höherer Löhne, angekündigt war, fand nicht statt, denn die 40-Stunden-Arbeitswoche bei vollem Lohnausgleich wurde vorher bestätigt.[289]

Dass die Lage weiterhin ernst blieb, belegte der Besuch des Ministerpräsidenten Manfred Stolpe in der Freizeit-Moden GmbH im Januar 1991. Von den inzwischen nur noch rund 1500 Arbeitsplätzen sollten weitere 660 abgebaut werden. Nach 22 Jahren wurde im Februar 1991 auch die Betriebsfeuerwehr, der zwischenzeitlich 60 Mitarbeiter des Betriebes angehört hatten, aufgelöst.[290]

Vorgeblich durch ein Anlegerkonsortium wurde die Firma am 31. Mai 1991 für 25 Mio. Mark erworben, in deren Auftrag eine Management- und Qualifizierungsgesellschaft den Betrieb führte.[291] Das Unternehmen lief nun unter dem Namen *„Wittstock Industriewerke GmbH" (WIW).*

Mit einem Großauftrag von 100 000 Poloshirts des bekannten Sportbekleidungsherstellers Fred Perry sollte sich die Situation der noch verbliebenen 800 Mitarbeiter entspannen.[292] Erfahrene Mitarbeiter des OTB reisten nach London, damit die Besonderheiten der T-Shirt-Fertigung beim Unternehmen Perry später in die Wittstocker Produktion übernommen werden konnten. In London arbeitete man jedoch (noch) nicht mit modernen Drei-Faden-Maschinen wie in Wittstock.

Im Vergleich zu den Lohnkosten der Billiglohnländer war der Wittstocker Konfektionsbetrieb klar im Nachteil. Monatelang galt daher eine Nachrichtensperre, bis Ministerpräsident Manfred Stolpe im Mai 1992 den Betrieb erneut besuchte. Sein Weg führte ihn an zahlreichen verwaisten Maschinen vorbei. Als Landrat Christian Gilde zwei Monate später der Wittstock Industriewerke GmbH einen Besuch abstattete, waren noch 233 Mitarbeiter in der Strickerei, Veredlung und Konfektion beschäftigt. Beide Besuche deuteten nicht auf eine Verbesserung der Lage hin.[293] Leider kamen keine weiteren größeren Aufträge. Auch der Erwerber des Betriebes besaß offensichtlich nicht den finanziellen Rückhalt, um den Fortbestand zu sichern. Weitere Rettungsversuche misslangen, denn zwei Unternehmensgruppen aus Thailand und Sri Lanka zogen ihre Übernahmeangebote wieder zurück.

So musste das Wittstocker Trikotagenwerk am 10. Oktober 1992 Gesamtvollstreckung anmelden.[294] Zu diesem Zeitpunkt lasteten auf dem Unternehmen 15 Mio. DM Schulden.

Durch die Schließung waren etwa 700 Beschäftigte von Arbeitslosigkeit betroffen.[295] Unter dem Druck der ausweglosen Situation stimmten bereits wenige Tage später 344 Beschäftigte der Aufhebung ihres Arbeitsvertrages zu. Viele gingen in die Arbeitslosigkeit. Der Wegfall dieses Frauenbetriebes sorgte auch dafür, dass rund 65 Prozent aller im Arbeitsamtsbezirk gemeldeten Arbeitslosen Frauen waren.[296]

Wittstock Industrie Werke GmbH

Frauenarbeitslosigkeit im Landkreis Wittstock[297]

04/1991	56,1 %
06/1991	57,3 %
08/1991	59,3 %
10/1991	61,2 %
12/1991	61,2 %
02/1992	61,7 %
04/1992	62,9 %
06/1992	63,6 %
08/1992	64,4 %
10/1992	64,9 %

Im Auftrag der zuständigen Bank und des Liquidators gelangten die Maschinen und Anlagen im Mai 1993 zur Versteigerung. Teile der Konfektion mit dem Zuschnitt gingen nach Amman (Jordanien) zur United Textil Group. Dort unterstützten ab November 1993 vier langjährige, ehemalige Mitarbeiter des OTB den Aufbau der Produktionsstrecke.[298]

Da die Treuhandanstalt im Sommer 1990 die Erlassung eines Vermögenszuordnungsbescheides zugunsten der Freizeit-Moden GmbH versäumt hatte, gestaltete sich die Auflösung schwierig und musste zunächst erst einmal für den VEB OTB vorgenommen werden.

Im Jahr 1997 wurde das Betriebsgelände an einen Investor verkauft, der die Gebäude an Firmen und Institutionen vermietete, die nichts mit der Produktion von Textilien verband.

Das Aus des Obertrikotagenwerkes Wittstock bedeutete auch nach sieben Jahrhunderten das Ende des Wittstocker Textilproduktionsstandortes.

Der Wittstock-Zyklus des Regisseurs Volker Koepp

Vielen sind der Obertrikotagenbetrieb und seine Entwicklung durch den dokumentarischen „Wittstock-Zyklus" (1975–1997) von Volker Koepp bekannt, der das Leben von drei Mitarbeiterinnen des OTB über einen langen Zeitraum verfolgte.

Diese Langzeitdokumentation sei *„eine existentielle Trauer über das Vergehen der Zeit, das Altern, das Verblassen von Träumen, den Verlust von Protestenergie"* schrieb der Journalist Stefan Reinecke.[299]

1974 begannen die Dreharbeiten zum ersten Film, „Mädchen in Wittstock", der mitten im Aufbau des OTB entstand. Und auch die Hauptdarstellerinnen hatten gerade ihre Arbeit im Betrieb aufgenommen. Die drei Frauen ließen einen sehr privaten Blick in ihr Leben zu, so dass über die lange Dauer des Filmprojekts eine fast vertraute Nähe mit dem Zuschauer entsteht.

Wahrscheinlich ahnte niemand etwas von der Dauer und der Tragweite, die das Wittstocker Filmprojekt bekommen sollte. Bis 1997 begleitete die beeindruckende Dokumentation das Leben der drei Frauen und die Entwicklung des Obertrikotagenbetriebes. Nicht zuletzt zeigt die Filmreihe auch den Alltag in einer Kleinstadt und die erheblichen Veränderungen, die mit dem Aufbau des OTB verbunden waren. Ohne Pathos wird auch vom Niedergang des Betriebes nach der politischen Wende in der DDR erzählt und davon, wie die drei Hauptdarstellerinnen in einem neuen System Fuß zu fassen versuchten.

Volker Koepp bei den Dreharbeiten in Wittstock, neben ihm zwei der Hauptdarstellerinnen

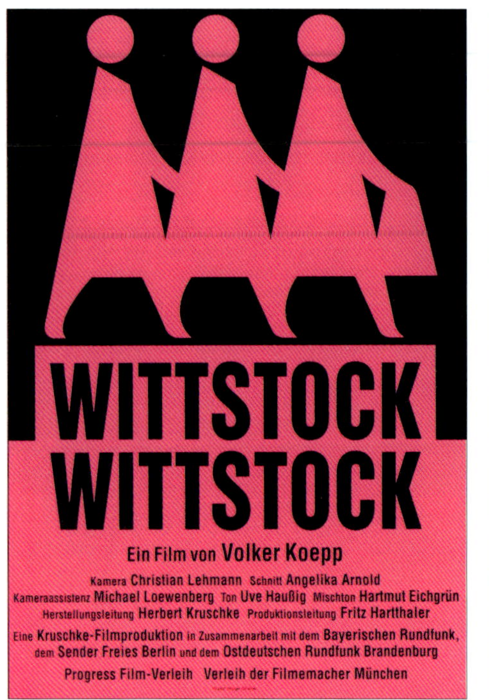

Postkarte nach dem Plakat für den Film „Wittstock, Wittstock" von Volker Koepp, 1997

URKUNDE

Die Internationale Jury des
35. Internationalen Leipziger Festivals
für Dokumentar- und Animationsfilm
verleiht eine

Goldene Taube

in der Kategorie Dokumentarfilm / Langmetrage
dem Film

„Neues in Wittstock"

Regie: Volker Koepp / Deutschland

Leipzig, den 1. Dezember 1992

Intendantin
Dr. Christiane Mückenberger

Präsidentin der Internationalen Jury
Deborah Lefkowitz

Auszeichnung „Goldenen Taube" 1992 für den Film „Neues aus Wittstock" von Volker Koepp

Die Wittstock-Reihe besteht aus den Filmen „Mädchen in Wittstock (1975), „Wieder in Wittstock" (1976), „Wittstock III" (1979), „Leben und Weben" (1981), „Leben in Wittstock" (1984), „Neues in Wittstock" (1992), „Wittstock, Wittstock" (1997) und ist weit über die Grenzen Deutschlands hinaus bekannt.

Volker Koepp erhielt für die Wittstock- Filme mehrere Auszeichnungen, wie etwa 1992 für den sechsten Teil „Neues in Wittstock" den Bundesfilmpreis und die „Goldene Taube" auf dem Internationalen Leipziger Festival für Dokumentar- und Animationsfilme.

Heute

Die ehemaligen Gebäude der Friedrich Paul Tuchfabrik in der Innenstadt sind zum Standort der Stadtverwaltung Wittstock umgebaut worden. Das frühere Geschäftshaus der Dänickes/Wegeners in der Kettenstraße 24/26 ist heute die *„Bibliothek im Kontor"*. Das daran anschließende Fabrikgebäude wird für Mietwohnungen genutzt.

Alle Gebäude der Uniformtuchfabrik Quandt am Dosseteich stehen seit 1996 leer und sind baulich inzwischen in einem schlechten Zustand. Die Stadt Wittstock bemühte sich seit längerem um Fördermittel des Landes für den Bau eines Schulkampus' in der früheren Fabrik. Bis 2022 konnten bereits 2,5 Mio. Euro für Planungskosten und die dringend notwendige Sanierung des maroden Daches vom Sechsgeschosser in-

Das große Gebäude (etwa Bildmitte) der ehemalige Tuchfabrik Wegener in der Innenstadt, links daneben: das Geschäftshaus der Dänickes/Wegeners – heute Bibliothek im Kontor; rechts neben der Wegenerschen Fabrikanlage die früheren Fabrikgebäude von der Fa. Paul, heute Stadtverwaltung, 2022

Von links nach rechts: ehemaliger OTB („graue Flächen"), Villa Paul (untere Bildmitte in weiß), direkt dahinter die überbauten Reste der Friedrich Paul Tuchfabrik, rechts: die ehemalige Fabrikanlage Quandt („Friedr. Wilh. Wegener Uniformtuchfabrik), vorn rechts: die Dosse mit Dosseteich, 2022

vestiert werden. Wegen den gegenüber der ursprünglichen Planung erheblich gestiegenen Baukosten versagten die Wittstocker Stadtverordneten im Dezember 2022 die Zustimmung zur Fortsetzung des Bauprojektes. Die Gebäude der Paulschen Tuchfabrik, später VEB Tuchfabrik, wurden – wie geschildert – beim Aufbau des Obertrikotagenbetriebes überbaut/zurückgebaut und sind nicht mehr erkennbar.

Lediglich die erwähnten Straßenbezeichnungen – Ketten- und Walkstraße – sowie Vorführungen des historischen Handwerks im Museum künden nach wie vor von der Tuchmachervergangenheit der Stadt Wittstock.

Die Kreismuseen Alte Bischofsburg Wittstock erzählten die Geschichte von Tuchen und Trikotagen in einer Ausstellung im Jahr 2018.

Eine Produktion von Textilien – Gewebe oder Gewirke – gibt es in Wittstock nicht mehr.

Anhang

Familiengeschichte Dänicke/Wegener/Polthier[300]

Die Rückkehr von Jöns Dancke (Dänicke) und seiner Frau Barbara Böldicke aus Schönberg (Ratzeburg um das Jahr 1645) machte die Erfolgsgeschichte der Friedr. Wilh. Wegener Tuchfabrik erst möglich. Die Schreibung der Namen variiert bisweilen sehr.

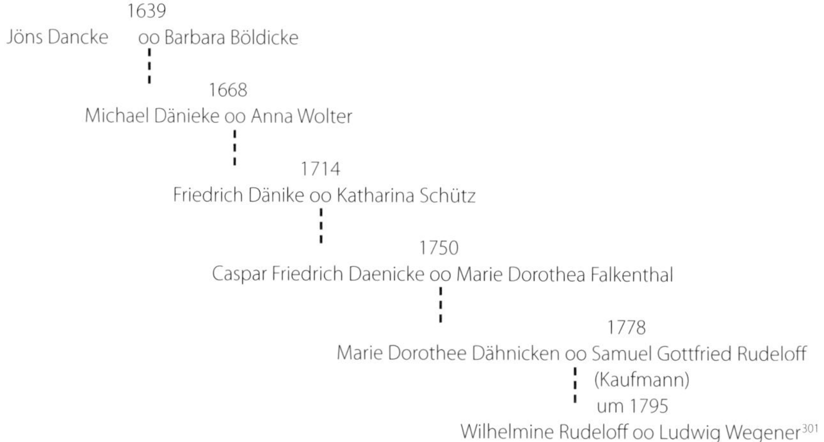

Aus dieser letztgenannten Verbindung gingen fünf Kinder hervor, von denen drei das Erwachsenenalter erreichten, darunter der älteste Sohn Friedrich Wilhelm Wegener:

(1. Ehe) 1822
Friedrich Wilhelm Wegener oo 1. Franziska Rabe (Domänenpächterstochter aus Dambeck)

(2. Ehe) 1862
oo 2. Marie Pintz (Kaufmannstochter aus Waren)

Nachdem die erste Ehe neun Jahre lang kinderlos geblieben war, wurden innerhalb von 12 Jahren neun Kinder geboren, die alle – in dieser Zeit ungewöhnlich – das Erwachsenenalter erreichten:

(1.) **Marie** Georgine Philippine (1831–1896)
(2.) **Paul** Georg (1833–1900)
(3.) **Hermine** Ulrike (1834–1885)
(4.) **Karl** Ludwig (1835–1873)
(5.) **Otto** Wilhelm (1836–1923)
(6.) **Ernst** August (1837–1905)
(7.) **Robert** Theodor (1840–1866)
(8.) **Emilie** Friederike (1842–1928)
(9.) **Richard** Franz (1843–1917)

Nach dem Tod seiner Frau 1856, heiratete der 64-jährige Friedrich Wilhelm Wegener 1862 die 37 Jahre jüngere Marie Pintz. Aus dieser Ehe gingen wiederum mehrere Kinder hervor, von denen zwei das Erwachsenenalter erreichten:

(10.) **Margarete** Sophie (1866–1913)
(11.) **Johanna** Magdalena (1868–1918)

Als Wilhelm Wegener und seine Frau Marie 1886 im Abstand von knapp drei Wochen verstarben, hinterließ der Vater seinen sechs überlebenden Kindern aus erster Ehe jeweils 20 100 M, während die beiden in der zweiten Ehe geborenen Kinder – vertreten vom Vormund – gemeinsam insgesamt 90 000 M erbten. Friedrich Wilhelms Tochter Marie (1.) und sein Sohn Ernst (6.) aus erster Ehe waren aufgrund geistiger Zerrüttung entmündigt worden und wurden ebenfalls von einem Vormund vertreten.[302]

Eine Rolle für die Wittstocker Ortsgeschichte spielten im Folgenden vor allem seine Kinder: Paul Georg Wegener (2.) als Erbe und Entwickler der Wegenerschen Fabrik, seine Schwester Emilie Wegener (8.), die den Tuchfabrikanten Otto Schultz heiratete, der – und auch zwei der Söhne – in den Tuchfabriken Wegener oder Quandt arbeitete, sowie Richard Wegener (9.), der die Familiengeschichte aufschrieb und dessen beide Söhne Alfred und Kurt für das erste Wittstocker Luftbild sorgten.

Robert Wegeners Name (7.) befand sich unter den Geehrten auf dem Kriegerdenkmal, das ursprünglich auf dem Wittstocker Marktplatz gestanden hatte.

Auch Otto Wegeners (5.) Sohn, Paul, muss hier Erwähnung finden. Er wurde einer der bekanntesten, deutschen Theater- und Filmschauspieler seiner Zeit (z. B. „Nathan der Weise", „Der Golem wie er in die Welt kam", „Kolberg" u. v. a.).

Friedrich Wilhelm Wegeners Großmutter Marie Dorothee Dänicke, verheiratete Kaufmann Rudeloff, hatte ihrem Enkel nicht nur das Geschäft vererbt. Auch in anderer Hin-

Marie Dorothee Dänicke, verheiratete Rudeloff

sicht lenkte sie vorausschauend und verantwortungsbewusst die Geschicke der Familie: Ihr dritter Sohn galt als *„harmloser Geisteskranker"*. Für ihn hatte sie einen Fond von 15 000 Talern angelegt. Nach dem Ableben des pflegebedürftigen Sohnes, der in der Familie auf Gut Streckenthin (Pritzwalk) bis an sein Lebensende 1868 gut versorgt wurde, sollten die vorhandenen Restbeträge als Stipendium für ihre männlichen Nachkommen Verwendung finden. Durch *Kabinetts Ordre* vom 28. Juni 1869 wurde die Rudeloffsche Stiftung landesherrlich genehmigt. *„Kuratoren sollen sein: zwei Männer aus meiner Familie und zwar die, welche mit mir am nächsten verwandt sind und wenn mehrere gleich nahe Verwandte vorhanden wären, so entscheidet das physische Alter."*, verfügte die Stifterin. So wurden die ersten Kuratoren ihre beiden Enkel Friedrich Wilhelm Wegener und sein Bruder Ludwig Augustin Aretin Wegener. Die Aufsicht über die Stiftung führte das Amtsgericht Wittstock.[303]

Ernst August Wegener (6.) war der Erste, der in den Genuss des durch seine Urgroßmutter finanzierten Stipendiums kam und studierte Philologie.

Auch der schon erwähnte Schauspieler Paul, seine Cousins Alfred und Kurt Wegener, Wilhelm und sein früh verstorbener Bruder Heinrich Polthier erhielten ebenfalls ein Stiftungs-Stipendium, alle Letztgenannten ebenfalls Enkelkinder des Friedrich Wilhelm Wegener.

Durch die Inflation der 1920er Jahre ging der größte Teil des Stiftungsvermögens verloren.[304]

Die Familie Wegener war auch mit dem damaligen Bürgermeister Johann Janentzky (Taufpate von Friedrich Wilhelm Wegener) verwandt, denn er hatte die Schwester von Marie Dorothee Dänicke/Rudeloff geehelicht.

Da die Ehe kinderlos blieb, galt das Paar den Wegenerschen Kindern als Erbonkel und -tante. Beide bewohnten ein großes Haus auf

Richard Wegener (9.), seine Frau Anna geb. Schwarz, ihre Kinder: Kurt, Alfred (stehend) und Toni Wegener, um 1900

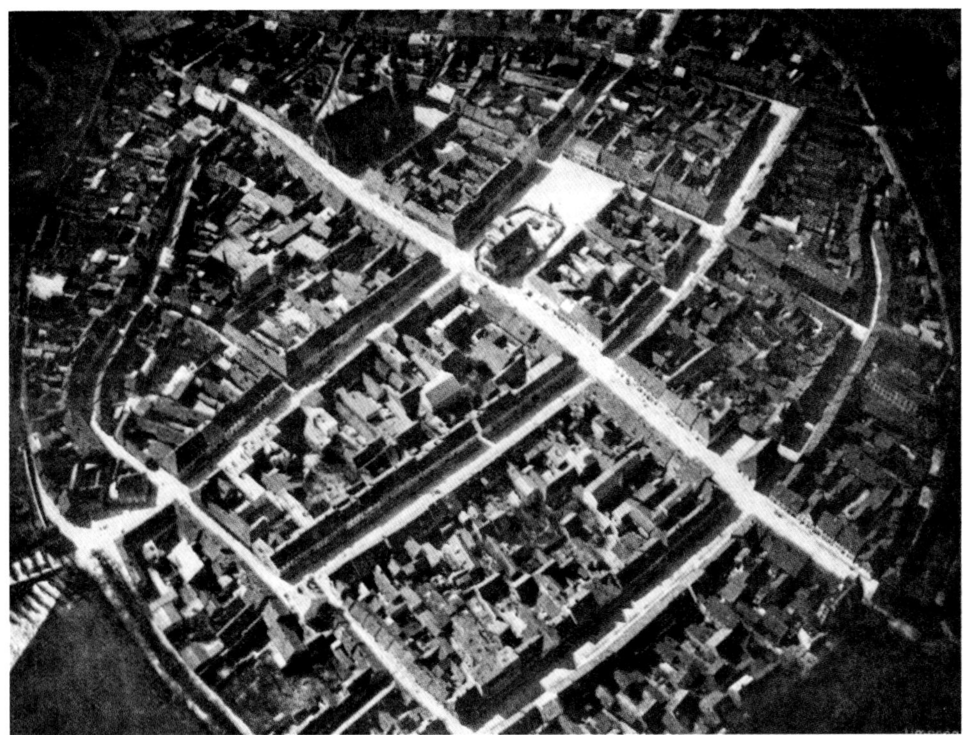

Alfred und Kurt Wegener fertigten bei ihrer Ballonfahrt am 5. April 1906 auch das erste Luftbild der Stadt Wittstock und hielten dabei nicht nur das frühere Wohn- und Firmengrundstück ihres Großvaters und ihres Onkels fest, sondern auch das gerade im Umbau befindliche Wittstocker Rathaus. – Kurt Wegener „Unsere 52stündige Ballonfahrt" in: Die Umschau, Nr. 22 vom 26. Mai 1906, X. Jahrgang, S. 423

der Westseite des Marktes (abgerissen, heute Sparkassenbau). Als beide verstorben waren, erbte zunächst Marie Dorothee Dänicke/Rudeloff das Haus. Später ging es an ihre Enkel, darunter Friedrich Wilhelm Wegener.

Die Familie war zudem verwandt mit dem Landmesser Johann Ludwig Hasse (Cousin von Marie Dorothee Dänicke/Rudeloff), der eine Reihe von Plänen des Amtes Wittstock zeichnete, die im Geheimen Staatsarchiv Berlin aufbewahrt werden und so heute die Kenntnisse zur Ortsgeschichten erheblich erweitern.

1820 hatte die einzige Schwester Friedrich Wilhelm Wegeners, Friederike Wegener, in Langerwisch den Gutspächter Karl Reichardt (Sohn des Wittstocker Kriegs- und Steuerrates Johann Friedrich Reichardt) geheiratet und zunächst auch in Wittstock gegenüber der Superintendentur gewohnt. Sieben Jahre nach der Heirat erwarb Karl Reichardt von seinem Onkel General Carl Gottlob von Bastineller das Gut Streckenthin (Pritzwalk), das von da an zum ständigen Reiseziel der Wegeners aus Wittstock wurde.[305] Als Friedrich Wilhelm Wegener und seine Frau binnen weniger Wochen starben, wurden die beiden Töchter zu Vollwaisen. Johanna, die jüngste, wurde von den kinderlosen Reichardts in Streckenthin aufgenommen.

Das Haus in der Kettenstraße 24/26 war auch das Geburtshaus des Vaters von Alfred Wegener, dem späteren Grönlandforscher und

Begründer der Kontinentalverschiebungstheorie.

Als die Brüder Alfred und Kurt Wegener im April 1906 eine Rekordfahrt mit einem Ballon unternahmen, führte sie der Wind direkt über die Stadt Wittstock hinweg. Bei eisigen Temperaturen hielten sie sich 52,5 Stunden in der Luft.[306]

Ohne Zweifel spielen der Ehemann und der Sohn von Margarete Wegener (10.) – Conrad Polthier (Gymnasiallehrer in Wittstock) und Wilhelm Polthier – die wichtigste Rolle für die Sammlung zur Wittstocker Ortsgeschichte. Beide trugen Schriftstücke, Fotos und vieles andere zusammen. Wilhelm Polthier veröffentlichte 1933 die „Geschichte der Stadt Wittstock".

Der Privatfriedhof der Familien Gabcke und Rudeloff

Da ein Privatfriedhof tatsächlich eine Besonderheit ist und in dieser Form seit gut 150 Jahren wohl auch aufgrund der bestehenden Gesetzeslage nicht mehr möglich wäre, soll dieser hier auch berücksichtigt werden, denn er gehört ebenso zur Familiengeschichte der Dänicke/Wegeners.

Dieser Abschnitt zum Friedhof folgt vor allem der Darstellung von Wilhelm Polthier aus dem Jahr 1930.[307]

Seit langer Zeit verfügte die Stadt Wittstock über zwei Begräbnisstätten an den beiden Kirchen Heiliggeist und St. Marien, außerdem an der St. Gertrudskapelle (heute am Dosseteich) sowie am Kyritzer Tor (heute Bahnhofsgelände nördlich des Bahnübergangs). Ob an der St. Annenkapelle in der Werderstraße jemals Begräbnisse stattfanden, ist nicht bekannt.

Der Überlieferung nach soll ein an der Südseite der St. Marienkirche befindlicher Grabstein an Caspar Dänicke und seine Frau Marie Dorothea Falkenthal erinnern.

Ab 1799 wurde ein Friedhof für die Stadtgemeinde auch vor dem Gröpertor angelegt (früher das Gelände am August-Bebel-Platz), den der Vater von Friedrich Wilhelm Wegener, Superintendent Ludwig Wegener einweihte. Dieser Gemeindefriedhof scheint wohl 1814 fast vollständig belegt gewesen zu sein.

Schon 1813 entschlossen sich daher der Färber Heinrich Friedrich Christoph Wolff und der Kaufmann Christian Friedrich Kaphengst ein Grundstück direkt neben diesem Gemeindefriedhof zu erwerben, um dort eine private Familienbegräbnisstätte einzurichten. Das Grundstück war ihnen jedoch zu groß, so dass sie es den Kaufleuten Carl Christian Gabcke und Samuel Gottfried Rudeloff (verheiratet mit Marie Dorothee Dänicke = Großeltern von Friedrich Wilhelm Wegener) anboten. Am 17. Mai 1816 wurde der Kaufvertrag unterzeichnet.

Offensichtlich galt eine der ersten Beisetzungen auf dem neuen Friedhof einem der Käufer selbst: 1818 wurde Kaufmann Samuel Gottfried Rudeloff (1746–1818), der Großvater F.W. Wegeners, hier bestattet (Nr. 28).

Wilhelm Polthier ging davon aus, dass auch „[…] *Paul Georg Wegener den Wunsch* [hatte], *auf diesem Friedhof beigesetzt zu werden. Dort steht auch die Ascheurne seines Vaters* [Friedrich Wilhelm]."

Auch Friedrich Wilhelm Wegeners Großmutter Marie Dorothee Dänicke, die letzte Dänicke, ist hier beigesetzt. Dort wurden auch Superintendent Ludwig Wegener und dessen Frau Wilhelmine Rudeloff (Eltern von F. W. Wegener) begraben. Außerdem ruhen hier auch F. W. Wegeners beide Ehefrauen sowie seine Tochter Hermine und deren Angehörige.

Der erste auf dem Gabckeschen Friedhofsteil Bestattete war 1826 auch der Käufer des Areals selbst, Kaufmann und Stadtältester Carl Christian Gabcke.

Als letzte Erinnerung auf dem Friedhof muss wohl die für Friedrich Wilhelms Sohn

Privatfriedhof um 1930

Otto Wegener 1923 angesehen werden, der eigentlich in Bischdorf (Schlesien) verstarb. Otto Wegener war – wie oben erwähnt – der Vater des bekannten Schauspielers Paul Wegener.

Einige, an die auf dem Gabckeschen Friedhofsteil erinnert wird, lagen aber tatsächlich wohl nie hier (zum Beispiel Nr. 2–4, 16, 17). Denn das Datum ihres Ablebens liegt vor dem Kauf des Areals. Eine Umbettung vom eigentlichen Begräbnisort ist eher unwahrscheinlich.

Der entmündigte Sohn von F.W. Wegener, Ernst August Wegener, der zuvor in Papenbruch als Privatlehrer gearbeitet hatte, starb dort 1905. Er wurde nicht auf dem Familienfriedhof beigesetzt, sondern in Papenbruch.

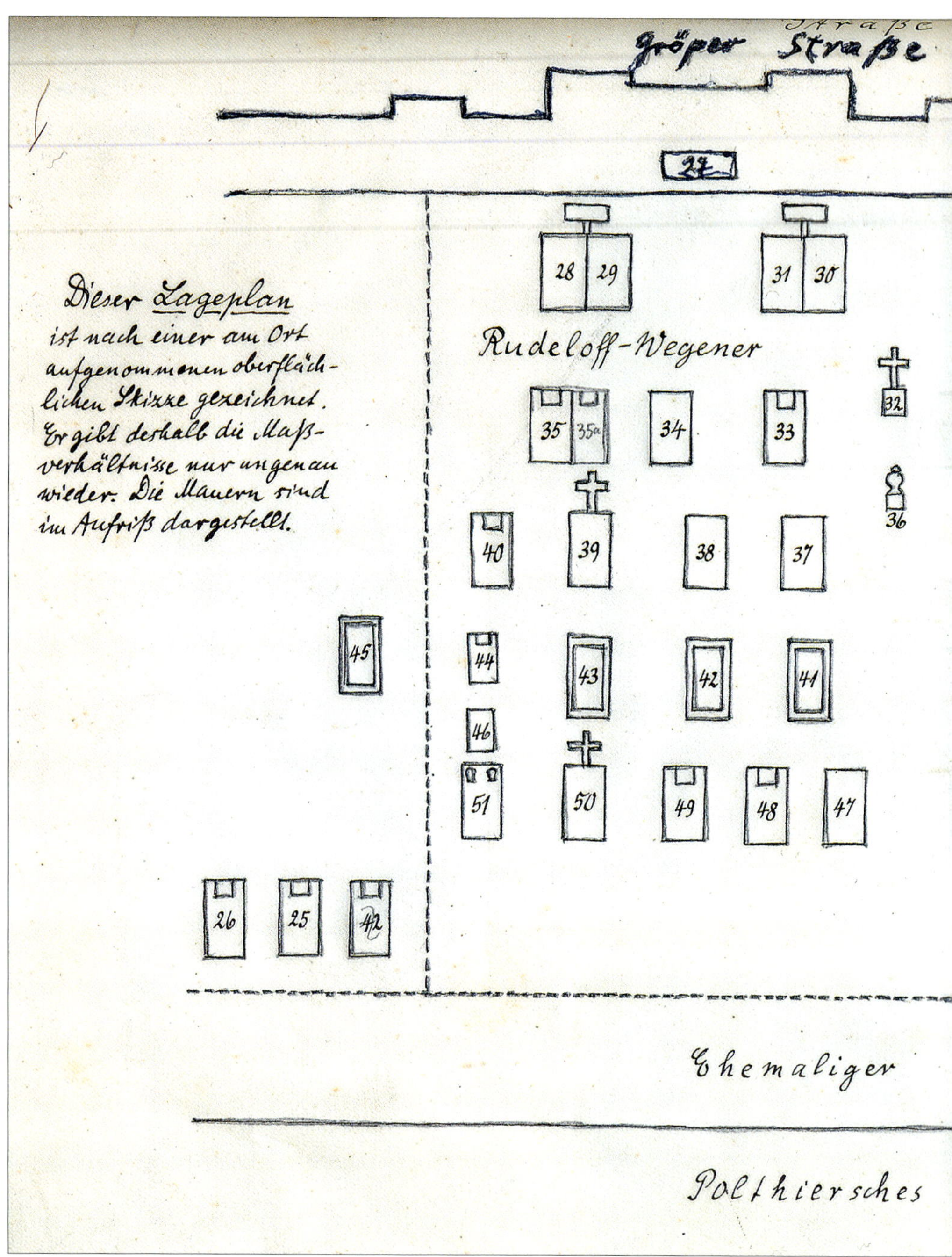

Lageplan des Privatfriedhofs gegenüber dem Gymnasium, gezeichnet von Wilhelm Polthier, um 1930

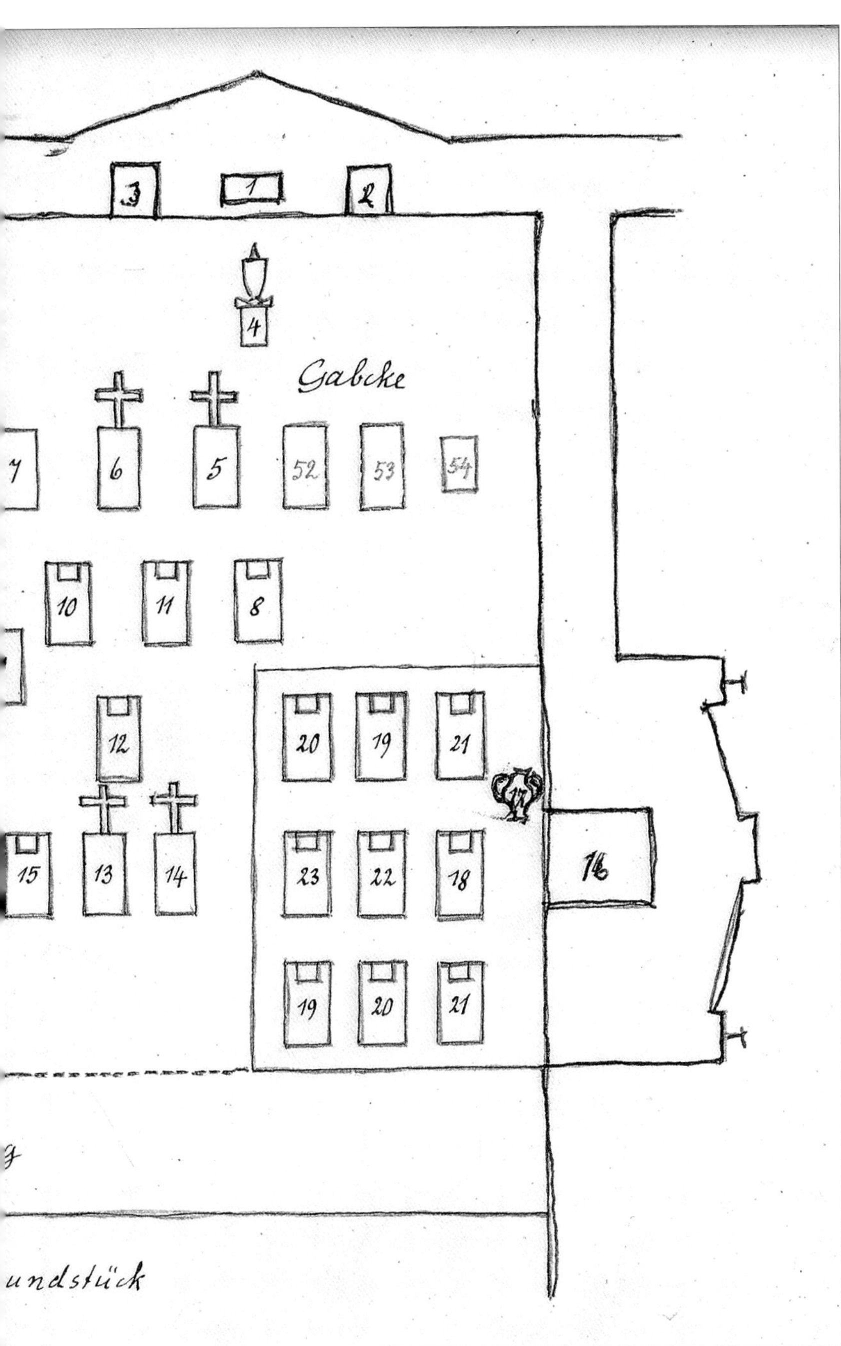

3
1
2
4
Gabcke
7
6
5
52
53
54
10
11
8
12
20
19
21
17
15
13
14
23
22
18
16
19
20
21
undstück

Friedhof Gabcke

1) Eisenplatte an der Mauer befestigt „Erbbegräbnis der Familie Gabcke"
2) Sandsteinplatte – Christine Barbara Gabcke (1775–1808)
3) Sandsteinplatte – Elisabeth Amalie Gabcke (1805–1808)
4) Eisernes Grabdenkmal – Catharina Elisabeth Rossow, zuerst verehelichte Gabcke, geb. Kober (1733–1812), Mutter von 9 Kindern
5) Eisernes Kreuz – Carl Christian Gabcke (1759–1826)
6) Eisernes Kreuz – Helene Charlotte Gabcke geb Lobeck (1776–1850)

7–9) Ohne Bezeichnung (Nr. 7 wohl Dr. Ludwig Friedrich Gabcke 1756–1835), dann wohl das Grab eines gleich nach der Geburt gestorbenen Sohnes von Conrad Polthier und Margarete geb. Wegener
Nicht mehr feststellbar auf dem Gabcke´schen Friedhof: Georg Wilhelm Krüger (1795–1848) und seiner Ehefrau Karoline geb. Gabcke (1802–1872), Otto Christian Gabcke (1804–1874) und seiner Ehefrau geb. Bogner. (Wilhelm Polthier vermutet ihre Grabstätten neben Nr. 5)

10) Carl Ludwig Friedrich Gabcke, Kaufmann und Stadtältester (1800–1891)
11) Leopoldine Gabcke geb. Hecht (1813–1900)
12) Christine Doering geb. Gabcke (1852–1912)
13) Kreuz aus weißem Mamor – Heinrich Gustav Gabcke (1803–1879)
14) wie 13, Caroline Auguste Gabcke geb. Hollefreund (1815–1902)
15) Kopfstein aus weißem Mamor – Auguste Hollefreund geb. Siber
16) In die Mauer eingelassene Sandsteinplatte – Johann Nicolas Pflughaupt (1734–1800)
17) Reich verzierte Amphore – Christian Friedrich Gabcke gest. 1811
18) Kopfstein aus weißem Marmor – Sophie Dorothea Johanna Gabcke geb. Pflughaupt
19) wie Nr. 18 für Johann Heinrich Friedrich Gabcke (1793–1875)
20) wie Nr. 18 Caroline Elisabeth Gabcke geb. Oderbrecht (1798–1873)
21) wie Nr. 18 Heinrich Ferdinand Gabcke (1798–1861)
22) wie Nr. 18 Carl Ludwig Friedrich Gabcke (1795–1884)
23) wie Nr. 18 Ernestine Bertha Gabcke geb. Tornow (1825–1884)
24) Kopfstein aus Granit Heinrich Gottlieb Hecht (1782–1862)
25) wie Nr. 24 Charlotte Hecht geb. Puhlmann (1787–1862)
26) Kopfstein aus Marmor – Marie Tornow geb. Lemke (1792–1869)

Friedhof Rudeloff/Wegener

27) Eisenplatte in der Mauer – Samuel Gottfried Rudeloff „[…] widmet diese Ruhestaette sich und den Seinigen zum unzertrennlichen Bunde" (= keine Grabstätte)
28) Eisenplatte mit kurzem Stiel – Samuel Gottfried Rudeloff (1746–1818)
29) wie Nr. 28 – Marie Dorothee Dänicke verehelichte Rudeloff (1755–1829)
30) wie Nr. 28 – Der königliche Superintendent und Oberprediger Georg Jacob Ludwig Wegener (1757–1840)
31) zu Nr. 30 Wilhelmine Marie Dorothea Rudeloff, verehelichte Wegener (1779– 1827)
32) Kreuz aus Stein – Robert Theodor Wegener (1840–1866) – (Sein Name befand sich auch auf dem Kriegerdenkmal auf dem Marktplatz)
33) Kopfstein – Franziska Antoinette Wegener geb. Rabe (1800–1856)
34) unbezeichnet
35) Kopfstein – Martin Philipp Wegener (1863–1863)

35 a) Kopfstein – Anna Louise Wegener (1864–1866)
36) Ascheurne aus Marmor – Otto Wegener (1836–1923)
37 und 38) unbezeichnet
39) Kreuz aus Eisen – Predigerwitwe Bindemann geb. Wegener (1760–1817?)
40) Kopfstein aus Marmor – Franz Friedrich Robert Theodor Wegner (1865–1867)
41) Große Grabplatte aus Sandstein – Wilhelm Heinrich Dieterich (1828–1859)
42) wie Nr. 41 – Heinrich Wilhelm Dieterich (1857–1879)
43) wie Nr. 41 – Hermine Ulrike Dieterich geb. Wegener (1834–1885)
44) Kopfstein aus weißem Porzellan – Hermann Heinrich Wegener (1868–1869)
45) Große Grabplatte aus Sandstein – **Paul Georg Wegener** (1833–1900)
46 und 47) unbezeichnet
48) Kopfstein aus Marmor – **Friedrich Wilhelm T. G. Wegener** (1798–1886)
49) wie Nr. 48 – Marie Wegener geb. Pintz (1835–1886)
50) Kreuz aus Granit – Gottfried Wilhelm Rudeloff (1782–1863)
51) Große Grabplatte aus Sandstein mit zwei eisernen Urnen am Kopfende – Louise Henriette Charlotte Wegener geb. Rabe (1835–1886)
52) Georg Wilhelm Krüger (–1848) Stadtgerichtsassessor
53) Karoline geb. Gabcke, verehelichte Krüger (–1873)
54) Ein in Wittstock geborenes, früh verstorbenes Kind (um 1860) von Marie Krüger, verehelichte Schultz

Richard Wegener (1843–1917, jüngster Sohn von Friedrich Wilhelm), seine Frau Anna Schwarz und seine Kinder Kurt und Toni wurden in Zechlinerhütte bestattet, wo die Familie ein Grundstück und Haus – erworben wohl mit den Mitteln aus dem Wegenerschen Erbe – besaß. Wo das bekann-

Grabstätte der Familie von Richard Wegener in Zechlinerhütte

teste Mitglied der Familie, Alfred Wegener (1880–1930), der 1930 von einer Grönlandexpedition nicht heimkehrte, seine letzte Ruhestätte fand, ist nicht bekannt. Seine Frau Else Wegener hat hier ebenfalls ihre letzte Ruhestätte.

In Zechlinerhütte befindet sich auch die Alfred-Wegener-Gedenkstätte mit einer Dokumentation über sein Leben.

Familiengeschichte Paul

1) Tuchmacher
Johann Erdmann Paul

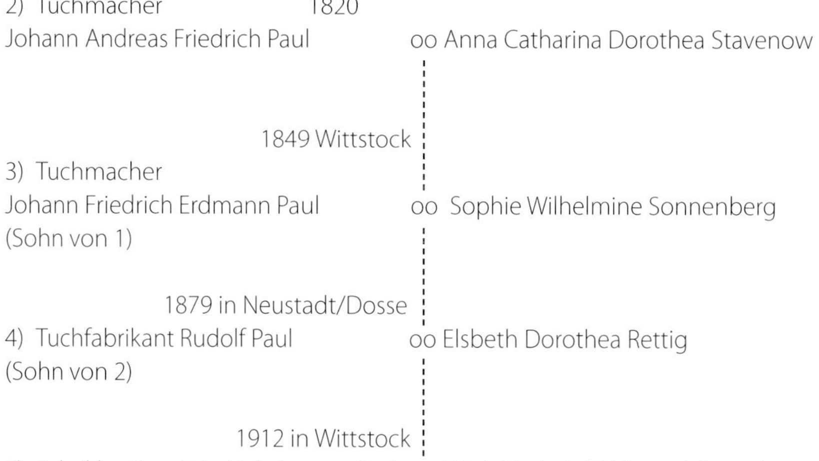

(Sohn von 3)

Mit den Töchtern von Friedrich Paul und Edith geb. Quandt – Ingeborg, Sigrid, Anneliese und Ute – endete die Verbindung der Familie Paul zur Tuchproduktion.

Chronologie der Wittstocker Tuch- und Trikotagenfertigung

1325 Ersterwähnung der Wittstocker Tuchmacher

1548 Ende der Bischofszeit durch Tod des letzten katholischen Bischofs

1523 Walkmühle am Werder (Werderstraße) wird erstmals erwähnt

1618–1648 Dreißigjähriger Krieg

1638 Viele Tuchmacher sterben 1638 während der großen Pestwelle

1639 heiraten Jöns Dancke und Barbara Böldicke in Wittstock (Urgroßeltern von Friedrich Wilhelm Wegener)

1667 Erbpachtvertrag des Wittstocker Tuchmachergewerks mit der Besitzerin des Amtes Goldbeck über die Nutzung der gerade errichteten Walkmühle am Splitterbach bei Dossow

1669 Gilde nimmt eine weitere Walkmühle am Brausebach hinzu

1674 errichtet der Tuchmacher, Kaufmann und Brauer Mich(a)el Dänicke das Haus in der Kettenstraße 24/26

1677 Feuer im Haus Kettenstraße 24/26

1687 Großes Wollmanufakturedikt

1697 110 Tuchmacher, 3 Färber, 6 Tuchscherermeister, 66 Gesellen, 19 Lehrjungen, 28 Spinster in Wittstock

1699/1705 zwei weitere Walkmühlen
Wittstock beherrscht in Brandenburg und in Teilen Mecklenburgs den Wollmarkt.

Um 1705 etwa 150 Tuchmachermeister in Wittstock tätig

1713 Edikt verpflichtet Wittstocker Tuchmachermeister zur Teilnahme an den althergebrachten Messen

Um 1730 etwa 200 Tuchmachermeister arbeiten in Wittstock, 600 Tuche monatlich

1757–(1806) Wollmagazin zur Erleichterung der Wollebeschaffung auf Befehl des Königs in Wittstock

1793–um 1810 lässt das Wittstocker Tuchmachergewerk im Landarmen- und Invalidenhaus spinnen

1803 Tuchmachermeister Samuel Jahnke nimmt erste Spinnmaschine in Betrieb

1806–1815 Auf die Niederlage der preußischen Armee gegen Napoleon und das Ende der Befreiungskriege 1815 folgt ein Rückgang der Tuchherstellung.

1811 sind von 36 Stadtverordneten 11 Tuchmacher (mit vier Tuchmacher-Stellvertretern)

1817 Gründung der Landkreise Ostprignitz und Ruppin

1819 betreiben 50 Tuchmacher Spinnmaschinen

1820 nach dem Tode seines Großvaters wird Friedrich Wilhelm Wegener Eigentümer des Geschäfts in der Kettenstraße

1821 besitzen 83 Tuchmacher mechanische Webstühle

1826 Wittstock hat 5 424 Ew, darunter ca. 275 Tuchmacher, 14 Tuchscherer sowie rund 100 Gesellen
(15.7.) erscheint mit dem „Wittstocker Wochenblatt" die erste Zeitung der Prignitz mit dem Herausgeber Friedrich Wilhelm Wegener

1828 Tod von Marie Dorothee Dänicke/Rudeloff
(1.7.) Friedrich Wilhelm Wegener betreibt das Geschäft in der Kettenstraße

1834 Zollverein, Wegfall der Zölle

1834 (31.5.) Fa. arbeitet zukünftig unter dem Namen Friedr. Wilh. Wegener

1837 Errichtung der Glinze-Mühle zur Nutzung als Walkmühle

1839 Gründung der Fa. Gebr. Draeger in Pritzwalk

1845 In die Fa. Wegener (Wollwarengeschäft) tritt Wilhelm Monicke als Teilhaber

1846 verabschiedet sich F.W. Wegener und geht mit seiner Familie nach Berlin

1846/47 Ernteausfälle und Hungernot

1848 Märzrevolution

1848 (April) ist F. W. Wegener wieder in Wittstock zurück

1849 Friedrich Paul gründet seine Fa. in der Heiligegeiststraße
149 Webstühle in Wittstock bei 91 Meistern (oder auf Rechnung arbeitend)

1852 ist die Fa. Wegener die einzige in der Prignitz, die Wollspinnerei, Tuchmacherei und Tuchschererei in einem Betrieb vereinigt

1853 P. G. Wegener vervollkommnet seine Ausbildung in Amerika

1854 gehören noch 120 Meister dem Tuchmachergewerk an

1855 P. G. Wegener übernimmt das Geschäft seines Vaters F.W. Wegener mit 54 Beschäftigten, 600 Spindeln und 26 Webstühlen
Jahresproduktion aller Wittstocker Tuchfabrikationen von 8 155 Stück Tuchen

1860 Jahresproduktion aller Wittstocker Tuchfabrikationen von 7 081 Stück Tuchen

1864/65–1886 betreibt P. G. Wegener Braunkohleschächte bei Papenbruch und Blandikow

1870 Jahresproduktion aller Wittstocker Tuchfabrikaktionen von 13 500 Stück Tuchen, davon 3 101 Stück bei Wegener und 1 919 bei Paul

1880 Emil Quandt und Hedwig Draeger heiraten

1882 P. G. Wegener und Max Draeger sowie Emil Quandt in Pritzwalk vereinbaren einen gemeinsamen Ein- und Verkauf

1883 P. G. Wegener übernimmt die Appretur von Gustav Loycke.
Die Firmen Wegener und Paul sowie das Tuchmachergewerk u. a. kaufen Aktien für den geplanten Eisenbahnbau

1884 (6. 9.) Firma Wegener feiert ihr 100 000. Stück Tuch

1885 Eröffnung der Prignitzer Eisenbahn Wittstock–Perleberg

1886 Tod des Firmengründers F. W. Wegener
Erweiterung der Fa. Friedrich Paul durch Ankauf der Scharfenberger Mühle und Einrichtung einer Spinnerei

1848/1880/1887 Brände in der Fa. Friedrich Paul und jeweils moderner Wiederaufbau

1887 Bertha Wegener heiratet Max Draeger

1890 P. G. Wegener kauft die Wollspinnerei, Wollwäsche und Walke von Otto Schultz (am Dosseteich)

1895 (17.12.) Die Fa. Friedr. Wilh. Wegener produziert ihr 200 000. Stück Tuch

1895 Eröffnung der Prignitzer Eisenbahnstrecke von Wittstock nach Buschof (Mirow)

1898 P. G. Wegener erwirbt die Gewerksspinnerei im Rote-Mühle-Weg sowie die Gewerkswalke und Appreturanstalt am Dosseteich

1898 (Febr.) Die Tuchfabrik Paul feiert ihr 100 000. Stück Tuch
Im selben Jahr löst sich das Tuchmachergewerk mangels Mitgliedern auf (Verteilung des Innungsvermögens und Verbrennen der Dokumente)

1899 Eröffnung der Kremmen–Neuruppin-Wittstocker Eisenbahn (KNW-Bahn)

1900 Fa. Wegener hat etwa 200 Arbeiter, Paul etwa 75–80
(14.5.) P. G. Wegener stirbt überraschend mit 67 Jahren

1901 (10. 1.) Emil Quandt, dem schon die Tuchfabrik Draeger in Pritzwalk gehört, kauft die große, gutgehende Tuchfabrik Friedr. Wilh. Wegener in Wittstock

1901–1906 Günther Quandt übernimmt den Neuaufbau der Tuchfabrik (am Dosseteich)

1905 Beginn der Bauarbeiten für die neue Tuchfabrik Paul, wieder in unmittelbarer Nachbarschaft der Fa. Wegener

1905/1906 Bau des Viergeschossers der Tuchfabrik direkt an der Straße

1906 Emil und Hedwig Quandt übersiedeln nach Wittstock
(5.4.) Alfred Wegener und sein Bruder Kurt unternehmen mit einem Ballon einen Rekordversuch. Dabei gelingt ihnen die erste Luftbildaufnahme von Wittstock.

1908 (Juli) Emil Quandt kann das 300 000. Stück Tuch der Fa. Friedr. Wilh. Wegener feiern.

1909 Übergabe der Firmen Draeger in Pritzwalk und der Fa. Wegener in Wittstock durch Emil Quandt an seine Söhne (Geschäftsvertrag), Günther und Gerhard Quandt werden Inhaber von Friedr. Wilh. Wegener, Günther und Werner übernehmen die Fa. Gebr. Draeger in Pritzwalk

1910 Allerhöchste Kabinettsorder zur Umstellung der Armeeuniformen von Preußisch-Blau auf feldgraue Montur

1911 (Okt.) Abschluss eines Geschäfts-Gesellschafts-Vertrages für die Draeger-Paul-Wegener Werke

1912 Friedrich (Fritz) Paul und Edith Quandt heiraten
Gründung einer Interessengemeinschaft von 10 großen deutschen Textilfirmen mit finanziellem Vorteil für die drei Firmen

1914–1918 Erster Weltkrieg

1917 kann die Fa. Paul ihr 200 000. Stück Tuch feiern

1917/1918 Bau des Sechsgeschossers (Spinnerei)

1921 letzter Produktionszweig (Zwirnerei) der Tuchfabrik Paul „geht" aus der Innenstadt an den neuen Fabrikstandort, Abschluss der Bauarbeiten

1923–1930 Schwierige Jahre für alle drei Firmen, Anzahl der Mitarbeiter geht bis 1930 fast um die Hälfte zurück

1925 Emil Quandt stirbt in Wittstock

1929 Weltwirtschaftskrise

1929 Günther und Werner Quandt kündigen den Gesellschaftervertrag für die Draeger-Paul-Wegener-Werke

1933 Wilhelm Polthier (Enkel von F. W. Wegener) veröffentlicht die „Geschichte der Stadt Wittstock"

Ab 1934 arbeiten alle drei Firmen (Draeger, Paul, Wegener) wieder vor allem für Heer und Marine bzw. für die Behörden

1939–1945 Zweiter Weltkrieg

1942 Stilllegung der Fa. Friedr. Wilh. Wegener (Quandt)
Die Produktion mit dem übriggebliebenen Personal beider Fabriken Paul und Quandt als Paul & Quandt Kriegsgemeinschafts-Werk OHG läuft bis Ende Januar 1945

1945 (2.5.) Einmarsch der sowjetischen Truppen in Wittstock
(8.5.) Kriegsende
Sommer Ausbau sämtlicher Maschinen und Abtransport aus den Fabriken Paul und Quandt, leerstehende Hallen mit sowjetischen Soldaten belegt
(28.9.) Tod von Gerhard Quandt im Internierungslager Fünfeichen bei Neubrandenburg
(27.12.) Beginn treuhänderische Verwaltung der Fa. Paul und Quandt durch die Stadt Wittstock und Einziehung des Vermögens (per 18.1.1946)

1946 (Aug.) Richard Eckert und Georg Lemke versuchen eine kleine Weberei in Gang zu bringen
(Dez.) „Eckert & Lemke" ziehen in Räume der alten Tuchfabrik Paul in der Heiliggeiststraße

1947 (28.8.) endgültige Enteignung der Firmen Paul und Quandt

1948 beschäftigt die Fa. „Eckert & Lemke" bereits 9 Facharbeiter

1948 700-Jahrfeier der Stadt Wittstock

1949 (1.1.) bekommt die Stadt Wittstock die früheren Firmen Paul und Quandt in ihr Eigentum übertragen und übergibt sie in die Verwaltung des Kommunalen Wirtschaftsunternehmens

1949 (7.10.) Gründung der DDR

1950 Beginn der Einrichtung einer Möbelfabrik in der ehemaligen Tuchfabrik Quandt sowie eines VEB Tuchfabrik in den Räumen der früheren Tuchfabrik Paul

1951 (1.4.) Offizielles Gründungsdatum des VEB Tuchfabrik Wittstock als Teil der „Volkseigenen örtlichen Industrie des Kreises Ostprignitz"

1952 Neugründung der Landkreise = Veränderung der Zuständigkeit für die Tuchfabrik

1954 96 Beschäftigte, davon 7 in der Verwaltung in der Tuchfabrik Wittstock
Der VEB Tuchfabrik Wittstock nimmt – wie die Tuchmacher früher – regelmäßig an der Leipziger Messe teil

1961 150 Beschäftigte, davon 109 in der Produktion und 16 Lehrlinge
Jahresleistung von 257 800 qm Tuch (Streichgarngewebe/Wolle und Streichgarngewebe/Zellwolle)

1966 Grobuntersuchung für einen Betrieb, der aus Chemiefasern Obertrikotagen herstellen soll, Entscheidung für Wittstock

1967/68 Kauf von Gärten in der Rheinsberger Straße, Abriss von Scheunen

1967 (17.1.) Unterzeichnung des Beschlusses zum Bau des OTBs durch Bezirkswirtschaftsrat, Generaldirektor VVB Trikotagen und Strümpfe, Minister für bezirksgeleitete Industrie und Minister für Leichtindustrie
(Juni) Konzeptionen zur „Umprofilierung" und zur „Entwicklung"
(9.11.) Zustimmung des Ministerrates zum Projekt OTB
(31.12.) Tuchfabrik ist nicht mehr bezirks-, sondern ab 1.1.1968 zentral geleitet

1968 (1.4.) Offizielles Gründungsdatum für den Obertrikotagenbetrieb
Beginn des Aufbaus, letzte Jahresproduktion der Tuchfabrik 190 000 qm Tuche

1969 Einstellung der klassischen Tuchproduktion, dafür erfolgt die Umstellung auf Gewirke aus Texturseide und die Fertigung von Obertrikotagen.
(1.7.) Der VEB Tuchfabrik trägt den Namen VEB Obertrikotagenbetrieb „Ernst Lück" Wittstock

1970 Fertigstellung Texturhalle mit Klimatrakt, Verlegung der Rackstädt

1971 Übergabe kombinierte Kindereinrichtung I (je 70 Plätze im Betriebskindergarten und der -krippe,
Eröffnung der Betriebsberufsschule

1972 Fertigstellung 1. OT Halle mit Garnveredlung und Labor
Betriebsambulatorium

1973 Heizölwerk (letztes in der DDR errichtetes), Sporthalle
600 Beschäftigte, davon 450 Frauen, 275 Lehrlinge, fast alles Mädchen – Durchschnittsalter der Belegschaft 27 Jahre, 160 Beschäftigte, überwiegend Frauen in rollender Schicht, 140 weitere im 3-Schicht-System
Betriebsküche mit täglich 550 Essen, versorgt zusätzlich 160 Bauarbeiter

1973 (8.5.) OTB wird „Kreisjugendobjekt Konsumgüterproduktion"

1974 Sozialgebäude – mit Friseursalon
(April) 900 Beschäftigte, davon 600 Frauen, 192 Lehrlinge, Durchschnittsalter 24 Jahre

1974 (5.7.) Grundsteinlegung für Wohnsiedlung an der Tannenkoppel „Wohngebiet der DSF", Wohnungen für die Arbeiter, Kaufhalle, Sporthalle, Schule, Kinderkombination

1975 Ledigenwohnheim mit 252 Plätzen, Einrichtung Busbahnhof, Durchschnittsalter im OTB 23 Jahre

1976 2. OT Halle (2,5 Monate vorfristig fertig), Verwaltungsgebäude Eröffnung des Traditionszimmers zum 100. Geburtstag von E. Lück, Umbenennung der Rheinsberger Straße in Wilhelm-Pieck-Straße
1 534 Beschäftigte, davon 1 230 Frauen, darunter 935 Jugendliche
Tagesproduktion an Obertrikotagen auf 7 850 Stück

1978 Übergabe der Kinderkombination II (180 Kindergartenplätze und 80 Krippenplätze, Ledigenwohnheim)
Gut organisierter Busverkehr

1979 (Aug.) Grundsteinlegung für das 2. Neubaugebiet an der Rosa-Luxemburg-Straße

1980 Erweiterung des OTB durch die Werke in Schönwalde und Krampnitz und eines Mehrzwecktraktes, Fertigstellung des Wasserwerkes
2 150 Beschäftigte, davon 1 650 Frauen, darunter 1 278 Jugendliche
Tagesproduktion an OT 11 700 Stück, erste OT gehen in den Export

1981 (5. 12.) OTB wird zum „Betrieb der Jugend" erklärt

1982 Einrichtung des neuen Hochregallagers mit Flachstrick-Konfektion und Endkontrolle an der Bahnlinie nach Neustrelitz

1982 (12.9.) Einweihung Denkmal für Ernst Lück des Bildhauers Klaus Simon

1983 Innenhofgestaltung mit Springbrunnen
2 400 Beschäftigte, Tagesproduktion 24 400 Trikotagen

1984 (1. 1.) Erweiterung des OTB durch Trikotagenwerk in Rhena/Hagenow
Übergabe des Rohbraunkohleheizwerkes in Wittstock
Inbetriebnahme der Flächenveredlung (Jugendobjekt), Siebdruckanlage „Karussell", Gerätesystem „Autosuk" für Endaufmachung, Werkbereich II „Planomat"
OTB erhält Orden „Banner der Arbeit"

1987 Eröffnung des Freizeitzentrums, Einrichtung eines Kinderferienlagers in Strietfeld (bei Röbel), Durchschnittsalter im OTB 30 Jahre

1988 Wohnheim für vietnamesische Vertragsarbeiter

1989 Poltische Wende in der DDR

1990 Wiedervereinigung

1992 Nach der Wende mit einer kurzen Übergangsphase als „Freizeitmoden GmbH" und „Wittstock Industrie Werke GmbH" wird die Textilproduktion in der Stadt endgültig eingestellt.

2012 (23.4.) Eröffnung des früheren Geschäftshauses in der Kettenstraße 24/26 als „Bibliothek im Kontor"

2017 Komplette Neugestaltung der früheren innerstädtischen Tuchfabrik Wegener in Mietwohnungen

2022/2023 Sicherung des Daches des Sechsgeschossers der Fabrikanlage am Dosseteich

Dank

Für die Unterstützung dieser Publikation danke ich Dominik Zeiger, dem Förderverein der Museen Alte Bischofsburg, dem Landkreis Ostprignitz-Ruppin, besonders dem Amt für Bildung und Liegenschaftsverwaltung; der Stadt Wittstock, dem Brandenburgischen Landeshauptarchiv Potsdam, dem Geheimen Staatsarchiv Preußischer Kulturbesitz Berlin; Dr. Heiko Schäfer vom Landesamt für Denkmalpflege Mecklenburg-Vorpommern Schwerin; dem Günther-Quandt-Haus Familienarchiv, Bad Homburg, Frau Margarethe Keck-Thorsson; dem Brandenburgischen Landesamt für Denkmalpflege in Wünsdorf, dem Kreisarchiv des Landkreises Ostprignitz-Ruppin in Neuruppin; Olaf Both vom Volkskundemuseum Schönberg, Dr. Peter Knüvener und Bernd Wabersich von den Städtischen Museen Zittau, der Stadtbibliothek im Bildungscampus Nürnberg, Jürgen Schaluschke, Lübeck; Dagmar Dorndeck, Leipzig, Dr. Daniel Gardemin, Hannover, Dorothea Kreitel, Borken, Torsten Pridöhl, Hamburg, Bernd Rübsam, Brandenburg; Barbara Metselaar-Berthold, Berlin; Johanna Volkmann sowie Katharina Polthier, Hitzacker, und Stefan Polthier, Berlin, der Stadt Wittstock/Bibliothek im Kontor, der Familie Staudinger, Wittstock.

Außerdem danke ich für Fotografien, Zeichnungen und Dokumente sowie sehr angenehme Zeitzeugengespräche und wichtige Hinweise, ohne die der vorhergehende Beitrag ebenfalls nicht zustande gekommen wäre: Mario Arendt, Reinhild Berlin, Jochen Brandt, Waltraud Dietz, Elsbeth Fischer, Gudrun Gragert, Heidrun Grimm, Astrid Groß, Helma Heiler, Reike Heiler, Adelheid Keßler, Wolfgang Kleber, Sieglinde Klemm, Manfred König, Heidi Lange, Marie-Luise und Wolfgang Marx (†), Petra Möstl, Martina Nest, Jürgen Pawlitta, Bernd Rübsam, Barbara Sacharowitz, Regina Satkowski, Aurelia (†) und Gerd Schirdewan, Heidrun Schwandt, Wolfgang Seidel, Jutta Techen, Roland Wackrow, Friedrich Wegner und vielen anderen.

Ein besonderer Dank gilt Hendrik Bäßler, Michael Faulmüller, Berlin; Dieter Herm, Herzsprung; Barbara Kaschub, Wittstock und Anke Somschor, Neuruppin, für wohlwollendes, aber kritisches Gegenlesen sowie Volker Koepp für die Nutzung seines Archivs und Dr. Leonore Ansorg, Berlin, für die Übernahme ihrer kompletten Materialsammlung zum Obertrikotagenbetrieb.

Antje Zeiger

Abkürzungen

ANG	Kosten für Ausschuss, Nacharbeit und Garantieleistung
BMSR	Betriebsmess-, Sicherungs- und Regelungstechnik
DAF	Deutsche Arbeitsfront (Gewerkschaft)
DRK	Deutsches Rotes Kreuz
DSF	Deutsch-Sowjetische Freundschaft
DTSB	Deutscher Turn- und Sportbund
FDGB	Freier Deutscher Gewerkschaftsbund
FDJ	Freie Deutsche Jugend
HO	Handelsorganisation
OTB	Obertrikotagenbetrieb
SED	Sozialistische Einheitspartei Deutschlands
SERO	Sekundärrohstoffe (die in Annahmestellen angekauft wurden)
NKWD	eingedeutschte Abkürzung für das sowjetische Volkskommissariat für Innere Angelegenheiten, bis 1954 allein zuständig für die staatliche Sicherheit der Sowjetunion
SMAD	Sowjetische Militäradministration in Deutschland
TKO	Technische Kontrollorganisation
UT	Untertrikotagen
VEAB	Vereinigte Erfassungs- und Aufkaufbetriebe
VEB	Volkseigener Betrieb
VVB	Vereinigung Volkseigener Betriebe
WAO	Wissenschaftliche Arbeitsorganisation

Verzeichnis der gedruckten Quellen

- (Ansorg Druck 1999) – Leonore Ansorg: „Ick hab immer unten Druck gekriegt und von oben" – Weibliche Leitungskader und Arbeiterinnen in einem DDR-Textilbetrieb. Eine Studie zum Innenleben der DDR-Industrie, in: Archiv für Sozialgeschichte, Nr. 39, 1999
- (Ansorg System 1999) – Leonore Ansorg: „Irgendwie war da eben kein System drin", Strukturwandel und Frauenerwerbstätigkeit in der Ost-Prignitz (1968–1989) – in: Thomas Lindenberger (Hg.): Herrschaft und Eigen-Sinn in der Diktatur – Studien zur Gesellschaftsgeschichte der DDR, Köln, Weimar, Wien 1999
- Jörg Ansorge: Archäologische Untersuchungen auf der ehemaligen Fährbastion Stralsund – in: Detlev Jantzen: Bodendenkmalpflege in Mecklenburg-Vorpommern, Jahrbuch 60
- Johann Christoph Becmann: Historische Beschreibung der Chur und Mark Brandenburg, 2. Band, 1751
- (Bratring 1804) Friedrich Wilhelm August Bratring: Statistisch-topographische Beschreibung der gesamten Mark Brandenburg, Band 1, Berlin 1804
- Johann Samuel Heinsius: Jetzt lebende Kauffmannschafft in und außer Deutschland, erster Versuch, Leipzig 1743, verlegts Johann Samuel Heinsius, S. 89
- (Koppatz 1971) Jürgen Koppatz: Wirtschaft und Arbeitsorganisationen in und um Wittstock/Dosse 1884–1913 – in: Prignitz Forschungen, Pritzwalk 1971,
- (Mylius 1716) Christian Otto Mylius: Corpus Constitutionum Marchicarum, Teil 5, Abt 2, 1716
- Maria Näder, Dorothea Kreidel: Briefe aus bewegten Zeiten, Duderstadt 2005, S. 224, S. 246
- (Polthier 1933) – Polthier Geschichte der Stadt Wittstock, Berlin 1933
- (Quandt/Quandt 1961) Herbert Quandt/Harald Quandt (Hg.): Günther Quandt erzählt sein Leben, München 1961
- (Rachel 1713, 1986/87) Hugo Rachel, Die Handels-, Zoll- und Akzise-Politik Brandenburg-Preußens bis 1713 – in: Acta Borussica Historische Kommission zu Berlin (Hg.), Acta Borussica, Frankfurt a. M., 1986/87
- (Scholtyseck 2011) – Joachim Scholtyseck: Der Aufstieg der Quandts, München 2011
- Johannes Schultze: Geschichte der Stadt Neuruppin (1995
- (Statistisches Bureau 1849) Statistisches Bureau zu Berlin (Hg.), Tabellen und amtliche Nachrichten über den Preußischen Staat für das Jahr 1849, (1851)
- (Statistisches Bureau 1855) Statistische Bureau zu Berlin (Hg.): Tabellen und Nachrichten über den Preußischen Staat 1855, (1858)
- Werner Vogel, Das Wittstocker Häuserbuch – aus dem Nachlass von Wilhelm Polthier, Köln, Weimar, Wien 1998

Verschiedene Ausgaben: „Wittstocker Wochenblatt" 1826; „Märkische Volksstimme" von 1955–1990 sowie „Märkische Allgemeine Zeitung" von 1990–1992

Verzeichnis der ungedruckten Quellen

Brandenburgisches Landeshauptarchiv Potsdam – BLHA

Rep 2 A Regierung Potsdam I SW Nr. 726
Rep 2 A Reg Pdm III D Nr. 7398
Rep 7 Zechlin Nr. 145
Rep 12 H Landesarbeitsgericht Berlin Nr. 117
Rep 27 A Hochbauamt Wittstock Nr. 120
Rep 31 A Bezirksausschuss Potsdam Nr. 1619
Rep 31 A Bezirksausschuss Potsdam Nr. 2668
Rep 43 Gewerbeaufsichtsamt Neuruppin Nr. 92
Rep 43 Gewerbeaufsichtsamt Neuruppin Nr. 93
Rep 78 Kurmärkische Lehnskanzlei IV Privilegien und Zünfte Nr. 1118
Rep 78 Kurmärkische Lehnskanzlei IV Privilegien und Zünfte Nr. 1119
Rep 78 Kurmärkische Lehnskanzlei IV Privilegien und Zünfte Nr. 1109
Rep 105 GB K V Neuruppin 572
Rep 105 GB K V Neuruppin 573
Rep 203 AVE Treu Nr. 537
Rep 203 AVE ESA 3392
Rep 203 Ministerium des Innern Nr. 1773
Rep 204 B Landesfinanzdirektion Brandenburg Nr. 430
Rep 206 Ministerium für Wirtschaft und Arbeit Nr. 429
Rep 250 Landratsamt Ostprignitz Nr. 180
Rep 250 Landratsamt Ostprignitz Nr. 610
Rep 260 Amtsgericht Pritzwalk Nr. 38

Rep 401 Rat des Bezirkes Potsdam Nr. 7051
Rep 401 Rat des Bezirkes Potsdam Nr. 9348
Rep 488 Industrie- und Handelsbank Bezirksdirektion Potsdam Nr. 359
Rep 489 Staatsbank der DDR Kreisfiliale Wittstock Nr. 14
Rep 530 SED Bezirksleitung Potsdam Nr. 4117
Rep 530 SED Bezirksleitung Potsdam, Nr. 5070
Rep 530 SED Bezirksleitung Potsdam, Nr. 5100
Rep 530 SED-Bezirksleitung Potsdam Nr. 5384
Rep 530 SED Bezirksleitung Potsdam, Nr.6155
Rep 530 SED Bezirksleitung Potsdam Nr. 6162
Rep 531 SED Kreisleitung Wittstock Nr. 212
Rep 531 SED Kreisleitung Wittstock, Nr. 730
Rep 531 SED Kreisleitung Wittstock, Nr. 912
Rep 532 SED Grundorganisationen Bezirk Potsdam 3772 a
Rep 531 SED-Kreisleitung Wittstock, Nr. 912
Rep 907 VVB Volltuch Cottbus Nr. 357

Geheimes Staatsarchiv Preußischer Kulturbesitz (GStA PK) Berlin

II. HA GD, Abt. 14 Kurmark, Tit CLXXXVII Sect a Nr. 1
II. HA GD Abt 14 Kurmark Tit CC II Sect. c Wittstock Nr.1 Bd 5
VI. HA NI Polthier, W. B Nr. 86
XI. HA PKP F Nr. 1233
FM 5.2.W 39, Nr. 3

Beauftragter für die Staatssicherheitsunterlagen Berlin (BStU)

BVfS Potsdam Abt. XVIII1198 Bd. 1
BVfS Potsdam Abt. XVIII1198 Bd. 2
BVfS Potsdam KD Wittstock Nr. 270
BVfS Potsdam KD Wittstock Nr. 288
BVfS Potsdam Vorl. Archiv 138/77 Bd . 3

Sächsisches Staatsarchiv Chemnitz (SStA)

0328/102
02202/1301/1

Kreisarchiv Landkreis Ostprignitz-Ruppin (KA OPR)

Stadt Wittstock n. 1945, Nr. 3a Tuchfabrik,
KA OPR, Verwaltungsarchiv Rat des Kreises Wittstock Nr. 88
KA OPR, Verwaltungsarchiv Rat des Kreises Wittstock Nr. 533

Stadtarchiv Perleberg, Nr. 244

Kreismuseen Alte Bischofsburg Wittstock (MAB)

GP 26 Tuchmacher, GP 26 Wegener, GP 26 Paul, GP 26 Quandt, GP 26 Tuchfabrik, GP 26 OTB, GP 26 WIW
Nachlass Conrad und Wilhelm Polthier, Nachlass Rudolf Desens/Walter Staudinger, Nachlass Hubert Boger, Nachlass Hubert Oertel, Nachlass Franz Siebert

Anmerkungen

1 Hugo Rachel, Die Handels-, Zoll- und Akzise-Politik Brandenburg-Preußens bis 1713 (Rachel 1986/87) – in: Acta Borussica Historische Kommission zu Berlin (Hg.), Acta Borussica, Frankfurt a. M., 1986/87, S. 68

2 Wilhelm Polthier, Geschichte der Stadt Wittstock, Berlin 1933

3 Johann Christoph Becmann: Historische Beschreibung der Chur und Mark Brandenburg, 2. Band, 1751, S. 287

4 Privileg Tuchscherer 1697, 15. – in: Brandenburgisches Landeshauptarchiv Potsdam (im Folgenden: BLHA)
Rep 78 Kurmärkische Lehnskanzlei IV Privilegien und Zünfte 1118, S. 26/47 R

5 Privileg Wollweber 1586 (6.) – in: BLHA: Rep 78 Kurmärkische Lehnskanzlei IV Privilegien und Zünfte 1119, Privileg Leinweber 1691, S. 24 R – in: BLHA Rep 78 Kurmärkische Lehnskanzlei IV Privilegien und Zünfte 1109, Privileg Tuchscherer 1697 – wie Anm. 3, S. 21/41

6 Geheimes Staatsarchiv Preußischer Kulturbesitz Berlin (im Folgenden: GStA PK) I. HA Rep 58 Nr. 7 Fasz. 3 – Die Schäfereien befanden sich am Bohnenkamp (Wittstock), in Wilsnack, Klein-Lüben, Övelgünne, Zernikow, Zechlin und Dranse.

7 Dazu gehörten die Dörfer Babitz, Berlinchen, Dranse, Schweinrich, Sewekow, Zechlin, Zempow, Rägelin, Lutterow, Klein Zerlang.

8 Woll- Edikt von Anno 1593, S. 213, Wollverkaufs-Edikt 1594, S. 215 – so ähnlich auch in den folgenden Edikten – in: Christian Otto Mylius: Corpus Constitutionum Marchicarum, Teil 5, Abt 2, 1716 (Mylius 1716) – veröffentlicht unter: https://books.google.de/books?id=LUt-bAAAAcAAJ&pg=RA1-PP1&lpg=RA1-PP1&dq=Woll+Edict+1593&source=bl&ots=Fx2gl-azB9n&sig=ACfU3U2XTBTFGZVvjQfGGza8kVVKEz-6bAw&hl=de&sa=X&ved=2ahUKEwjByK3m39v2A-hUkSvEDHZ_hCw4Q6AF6BAgDEAM#v=onepage&q=Woll%20Edict%201593&f=false

9 Polthier 1933, wie Anm. 2, S. 235

10 Schau-Ordnung- Uber die Wollenweberey in denen Städten der Chur- und Marck Brandenburg, 4. wie Anm. 8, Mylius 1713, S. 251

11 Polthier 1933, wie Anm. 2, S. 236

12 Polthier 1933, wie Anm. 2, S. 235, aus: „Wittstocker Wochenblatt" Nr. 7 vom 26. August 1826, S. 53

13 Schau=Ordnung – Uber die Wollenweberey in denen Städten der Chur= und Marck Brandenburg, Nr. 22 und 7 (im „Edict, über die verbothene Auf= und Vorkäufferey der Wolle, Einführung der fremden Tücher und Zeuge, auch die Verbesserung der Wollen=Manufactur", 30. März 1687 – Mylius 1713, wie Anm. 8, S. 252

14 Jörg Ansorge: Archäologische Untersuchungen auf der ehemaligen Fährbastion Stralsund – in: Detlev

Jantzen: Bodendenkmalpflege in Mecklenburg-Vorpommern, Jahrbuch 60, 2012, S. 195–197

15 Polthier 1933, wie Anm. 2, S. 309

16 Nach: Johann Samuel Heinsius: Jetzt lebende Kauffmannschafft in und außer Deutschland, erster Versuch, Leipzig 1743, verlegts Johann Samuel Heinsius, S. 89 – Für den Hinweis danke ich Jürgen Schaluschke.

17 Polthier 1933, wie Anm. 1, S. 60 und S. 248

18 Polthier 1933, wie Anm. 1, S. 249

19 Privileg Leinweber 1691, S. 25 f., wie Anm. 5

20 Chronik von Herzsprung, Handschrift, S. 27 f. – MAB GP 65 Herzsprung

21 Antje Zeiger: „Dahero dieße vnsre Stadt fast gantz lehr vnd wüste worden" - in: Ortwin Pelc (Hg.) Kreigsleiden in Norddeutschland vom Mittelalter bis zum Ersten Weltkrieg - Studien zur Wirtschafts- und Sozialgeschichte Schleswig-Holsteins, Göttingen 2021

22 Rachel 1986/87, wie Anm. 1, S. 685

23 Rachel 1986/87, wie Anm. 20, S. 696 f.

24 Schauordnung 1687, wie Anm. 7, Mylius 1713, 7., S. 251, und S. 249

25 Nach „Der Stadt Wittstock Kopfsteuer", 1697 – in: GStA PK) II. HA GD, Abt. 14 Kurmark, Tit CLXXXVII Sect a Nr. 1

26 Kopfsteuerregister 1697, wie Anm. 25

27 Polthier 1933, wie Anm. 1, S. 236

28 Kopfsteuerregister 1697, wie Anm. 25

29 Rachel 1986/87, wie Anm. 1, S. 693

30 Erneuertes und geschärfftes Edict vom 24. Januar 1732 – Mylius 1713, wie Anm. 8, S. 372

31 No. XXXVII. Edict, wegen derer Tuchmärckte zu Magdeburg, ist auch in der Chur-Marck publiciret. Vom 3ten Julii 1713 – Mylius 1716, wie Anm. 8, S. 281

32 Becmann 1751, wie Anm. 3, S. 287

33 Polthier 1933, wie Anm. 2, S. 238

34 Abschrift aus Magistratsakte von Wilhelm Polthier – in: GStA PK VI. HA Nl Polthier, W. B Nr. 86

35 Friedrich Wilhelm August Bratring: Statistisch-topographische Beschreibung der gesamten Mark Brandenburg, Band 1, Berlin 1804, S. 460

36 „Wittstocker Wochenblatt" Nr. 7 vom 26. August 1826, S. 53

37 Beschreibung des ständischen Landarmen- und Invalidenhauses bei Wittstock – in: BLHA Rep 27 A Hochbauamt Wittstock Nr. 120

38 Nach: GStA PK II. HA GD Abt 14 Kurmark Tit CC II Sect. c Wittstock Nr.1 Bd 5, S. 165 (Die Namen wurden ersetzt)

39 Polthier 1933, wie Anm. 2, S. 238

40 Polthier 1933, wie Anm. 2, S. 239

41 „Wittstocker Wochenblatt" wie Anm. 36, S. 54

42 Polthier 1933, wie Anm. 2, S. 239

43 Aus: Wittstocker Wochenblatt", wie Anm. 37, S. 54: Regierender Altmeister ist jetzt Johann Maaß, hier gebürtig. Neben-Altmeister Chr. Blum aus Stargard, Gildemeister sind: Wilhelm Kralli aus Ruppin, Chr. Albrecht hier geboren, August Hempel hier geboren. LieferungsDeputierter und Gewerksrechnungsrevisor der Tuchmachermeister und Senator, auch KirchenkreisRendant Friedrich Rohde, hier geboren. AltGesellen sind Chr Neßler hier geboren und Friedrich Kuphal aus Pritzwalk. Gewerksassessor von Seiten des Wittstocker Magistrats der Bürgermeister und Stadt Sydikus Ernst Franz Berndes aus Görzke im Magdeburgischen

44 Monatsschrift für Deutsches Städte- und Gemeinwesen Heft IV Jahrgang IV April 1858, S. 351

45 Werner Vogel, Das Wittstocker Häuserbuch – aus dem Nachlass von Wilhelm Polthier, Köln, Weimar, Wien 1998, S. 315

46 Polthier 1933, wie Anm. 2, S. 134

47 Diese bedienten 4.109 Feinspindeln. – Statistisches Bureau zu Berlin (Hg.), Tabellen und amtliche Nachrichten von den Preußischen Staat für das Jahr 1849, (1855), 6, A, S. 262

48 Neukrantz arbeitete mit 11 Arbeitern und 6 Arbeiterinnen; Loycke mit 14 Arbeitern und 7 Arbeiterinnen – in: Statistische Bureau zu Berlin (Hg.): Tabellen und Nachrichten über den Preußischen Staat 1855, (1858), S. 268

49 Verhandlungen des Wittstocker Tuchmachergewerks über die Ablösung der Walkmühlen zu Schweinrich, Neuendorf, Friedrichsgüte vom 11. sowie vom 14. September 1854 – in: BLHA Rep 2 A Reg Pdm III D 7398

50 Abschrift der Magistratsakte 1854 durch W. Polthier, wie Anm. 34

51 Zahlenangaben nach: 1697 = Kopfsteuerregister, wie Anm. 24; 1795 = Bratring 1804, wie Anm. 35; 1826 = „Wittstocker Wochenblatt", wie Anm. 36, S. 54; 1898 = Auflösung des Tuchmachergewerkes – Es sollen weniger als 10 Meister gewesen sein.

52 Bratring 1804, wie Anm. 35

53 Die 91 Meister betrieben 143 Webstühle. In Neuruppin arbeiteten noch 61 Meister mit 97 Webstühlen in Pritzwalk 21 mit 28 Webstühlen – in: Bureau 1849, wie Anm. 47, S. 264, 266

54 Angaben für die Einwohnerzahlen: für 1697 = Schätzung A. Z.; 1800 = Bratring 1804, wie Anm. 35, S. 460; für 1826
= Salzbuch der Stadt Wittstock; für 1849 „Monatsschrift" wie Anm. 36; für 1898 Schätzung nach: Verwaltungsbericht des Magistrats der Stadt Wittstock 1912–14: 1900 = 7 469 Einwohner

55 Abschrift von Wilhelm Polthier: Acta des Magistrats zu Wittstock XXXIV, 27, I (1954 verbrannt), wie Anm. 34

56 600 Stück Tuche monatlich = 7200 im Jahr – in: Becmann 1751 – wie Anm. 3, S. 287

57 Abschrift Acta des Magistrats zu Wittstock XXXIV, 27, I von Wilhelm Polthier, wie Anm. 34

58 Polthier 1933, wie Anm. 2, S. 212 und S. 304

59 Die Familien- und Firmengeschichte folgt hier vor allem: Wilhelm Polthier: Die Großeltern Wegener, Wittstocker Familienleben 1798–1886 – Unter Benutzung der im Jahr 1910 von Dr. Richard Wegener verfassten Familiengeschichte, Berlin 1956, Typoskript – MAB NL Conrad und Wilhelm Polthier

60 Polthier/Wegener, wie Anm. 59, S. 30

61 Polthier/Wegener, wie Anm. 59, S. 19
62 Abschrift Polthier, wie Anm. 34
63 Polthier/Wegener 1956, wie Anm. 59, S. 19
64 Polthier/Wegener 1956, wie Anm. 59, S. 19
65 Polthier/Wegener 1956, wie Anm. 59, S. 20
66 Polthier/Wegener 1956, wie Anm. 59, S. 21
67 Mitgliederlisten der Loge „Constantia" – in: Depositalbestand der „Großloge A. F. und A. M. von Deutschland" – in: GStA PK FM 5.2 W 39, Nr. 3
68 Friedrich Schneider II: Ein Wittstocker Arbeiterfest – Beilage zu Nr. 108 „Kreisblatt für die Ostprignitz"
69 Polthier/Wegener 1956 – wie Anm. 59, S. 21 f.
70 Bureau 1855, wie Anm. 48, S. 260/261
71 Polthier/Wegener 1956, wie Anm. 59, S. 30 und 45
72 Polthier/Wegener 1956, wie Anm. 59, S. 23
73 Auszug aus „Erinnerungen eines Unbekannten" (Oskar Schwebel (?), um 1870/75) – in: Kreiszeitung für die Ostprignitz, Beilage „Die Heimat" 1934
74 Braunkohlenbergwerke – in: BLHA Rep 105 GB K V Neuruppin 572, S. 1, 3, 15, 17, 29, 31, 43, 45, 57, 59, 71, 73 sowie BLHA Rep 105 GB K V Neuruppin 573 – „Hoffnung", „Ottilie" und „Paul" wurden zunächst als „Gewerkschaft" von Paul Georg Wegener und Udo Rehfeldt betrieben.
75 Abschrift Acta des Magistrats zu Wittstock XXXIV, 27, I von Wilhelm Polthier, wie Anm. 34
76 Jürgen Koppatz: Wirtschaft und Arbeitsorganisationen in und um Wittstock/Dosse 1884 – 1913 – in: Prignitz Forschungen, Pritzwalk 1971, S. 76 – nach: BLHA Rep 2 A Regierung Potsdam I HG, Nr. 56
77 Acta des Magistrats zu Perleberg betreffend Eisenbahn Wittenberge – Perleberg, Weiterbau nach Pritzwalk, Wittstock sowie die Angelegenheiten der Prignitzbahn überhaupt – in: Stadtarchiv Perleberg, Nr. 244
78 Herbert Quandt/Harald Quandt (Hg.): Günther Quandt erzählt sein Leben, München 1961, S. 21
79 Joachim Scholtyseck: Der Aufstieg der Quandts, München 2011, S.25
80 Vogel 1998, wie Anm. 45, S. 378f.
81 Schneider II: Arbeiterfest, wie Anm. 68
82 Schneider II: Arbeiterfest, wie Anm. 68
83 Jubiläumsschrift vom 6. Mai 1929 – in: MAB GP 26 Paul sowie Logenmitgliedschaft, wie Anm. 66, Mitgliederlisten der Loge „Constantia" wie Anm. 67
84 Johannes Riegel: 50 Jahre Vaterländischer Frauenverein! – in: „Kriegsgrüße aus der Heimat", Nr. 22 Dezember 1916 S. 262 f.
85 Verzeichnis derjenigen Gewerbetreibenden in Wittstock, welche ihren Gewerbebetrieb in Gemäßheit der Bekanntmachung des Reichsversicherungsamtes vom 11. Februar 1885 als unfallversicherungspflichtigen Betrieb angemeldet haben – in: MAB, GP 26 Wegener
86 Koppatz 1971, wie Anm. 76, S. 77
87 Quandt/Quandt (Hg.) 1961, wie Anm. 78, S. 33
88 Quandt/Quandt (Hg.) 1961, wie Anm. 78, S. 29 f.
89 Scholtyseck 2011, wie Anm. 79, S. 30
90 Quandt/Quant 1961, wie Anm. 78, S. 37 f.
91 Gesellschafter-Vertrag vom 9. Juni 1909 – in: MAB/ Kopie FK II Nr. 21 Ausstellung 1986
92 Darstellung über die Volltuchfabriken Friedrich Paul, Friedr. Wilh. Wegener und Paul und Quandt in Wittstock – Bericht von Friedrich (Fritz) Paul vom 22.4.1946 und ähnlich lautender Bericht vom 23.6.1946 von Friedrich Paul in:BLHA Rep 203 AVE ESA 3392
93 Bericht von Friedrich Paul vom 22.4.1946, wie Anm. 92
94 Quandt/Quandt (Hg.) 1961, wie Anm. 78, S. 51
95 Quandt/Quandt (Hg.) 1961, wie Anm. 78, S. 54
96 Quandt/Quandt (Hg.) 1961, wie Anm. 78, S. 63
97 Quandt/Quandt (Hg.) 1961, wie Anm. 78, S. 66
98 Nachweisung der Durchschnittslöhne – in: MAB/FK II 21 Ausstellung 1986
99 Scholtyseck 2011, wie Anm. 79, S. 35
100 Scholtyseck 2011, wie Anm. 79, S. 58
101 Scholtyseck 2011, wie Anm. 79, S. 31
102 Lohntarifvertrag vom 15. – 21.10 1923 – in: MAB/FK II 22 Ausstellung 1986
103 Schreiben der Fa. Friedr. Wilh. Wegener/Gustav Schultz an Bezirksausschuss (Wasserbuchbehörde) vom 5. März 1930 – in: BLHA Rep 31 A Potsdam Nr. 2668, S. 23 f.
104 Schreiben des Bürgermeisters an Regierungspräsidenten vom 24.9.1934 – in: BLHA Rep 31 A Potsdam Nr. 2667, S. 64 f.
105 Schreiben des Gewerbeaufsichtsamtes Wittenberge vom 13.05.1936 - in BLHA Rep 43 Gewerbeaufsichtsamt Neuruppin Nr. 92, S. 274 R
106 Schreiben des Landrates an Regierung Potsdam vom 2.10.1934 – wie Anm. 104
107 Reisevermerk vom 26.4.1928, wie Anm. 105
108 Schreiben der Fischereigenossenschaft vom 7.11.1934, wie Anm. 104
109 „Unsere Kinderbewahranstalt" – in: „Die Heimat" Sonntagsbeilage der „Kreiszeitung für die Ostprignitz" vom 11. Januar 1925
110 Friedrich Wilhelm Wegener Wittstock/Dosse, Nachprüfung der Selbstkostenberechnung, Wirtschaftsprüfer Paul Zielke, 1937 – in: MAB GP 26 Quandt
111 Vermögenssteuerakte Gerhard Quandt, Anlage 8 für 1938) – in: BLHA Rep 36 C Finanzamt Kyritz Nr. 26
112 Vermögenssteuerakte Gerhard Quandt, Aktenvermerk über die Fa. Friedr. Wilh. Wegener vom 22. April 1940, wie Anm. 111
113 Schreiben Deutsche Arbeitsfront an Regierungspräsidenten vom 12. Februar 1940 in: BLHA Rep 2 A Regierung Potsdam I SW Nr. 726
114 Schreiben Deutsche Arbeitsfront an Regierungspräsidenten vom 12. Februar 1940, wie Anm. 113
115 Vermögenssteuerakte Gerhard Quandt 1940, Deutsche Bank an Gerhard Quandt vom 22. April 1940, wie Anm. 111
116 Lohnbuch der Fa. Friedrich Wegener – MAB GP 26 Quandt
117 Bericht F. Paul vom 22.4.1946, wie Anm. 92
118 Bericht F. Paul vom 22.4.1946, wie Anm. 92
119 Bericht F. Paul vom 23.4.1946, wie Anm. 92

120 Scholtyseck 2011, wie Anm. 79, S. 58

121 Bericht F. Paul vom 22.4.1946, wie Anm. 92

122 Nachtrag zum Statut der Fabrikkrankenkasse für die Fabriken der Firma Friedrich Paul zu Wittstock, Artikel 1 § 5 Absatz 4, vom 28. Dezember 1903 sowie Nachtrag zum Statut vom 13. Februar 1909 – in: BLHA Rep 31 A Nr. 1619

123 Auszugsweise Abschrift aus dem Erläuterungsbericht (14. Dezember 1925), wie Anm. 104, S. 227

124 Ebenda, S. 227

125 Bericht der Preußischen Landesanstalt über Untersuchung der Kläranlage der Tuchfabrik Friedrich Paul vom 21. Juli 1936, wie Anm. 105, S. 279

126 Friedrich Paul an den Bezirkswohnungskommissar vom 22. Juli 1920, wie Anm. 104, S. 160 R

127 Arbeitsordnung von 1921, wie Anm. 104, S. 176 ff.

128 Schreiben vom 18., 20. und 29. Dezember 1923, wie Anm. 104, S. 187/189 und Friedrich Paul an Gewerberat Schirmer in Wittenberge vom 11. Dezember 1925, wie Anm. 104, S. 197

129 (Statistik Fa. Paul vom Januar 1924), wie Anm. 104, S. 191

130 Nachtrag zur Arbeitsordnung vom 30. April 1932, wie Anm. 104, S. 258 und 259

131 Gewerbeaufsichtsamt Wittenberge an Regierungspräsidenten Potsdam vom 19. Mai 1928, wie Anm. 104, S. 218

132 Gewerbeaufsichtsamt an Betriebsrat der Fa. Friedrich Paul vom 2. April 1930, wie Anm. 104, S. 241R

133 „Volkszeitung" Nr. 126 vom 2. Juni 1930, wie Anm. 104, S. 214

134 Baubeschreibung vom 28. März 1935, wie Anm. 104, S. 265 f.

135 Schreiben des Reichswirtschaftsministers und Preußischen Minister für Wirtschaft und Arbeit an Fa. Friedrich Paul vom 20. August 1934 – in: BLHA Rep 43 Gewerbeaufsichtsamt Neuruppin Nr. 93, S. 5

136 Friedrich Paul, Tuchfabrik, an Gewerberat Schirmer, Wittenberge, vom 22.3.1935, wie Anm. 135, 27 ff.

137 Ergebnis einer Steuerprüfung vom März 1940 – Einkommenssteuerakte des FA Kyritz 1939 für Paul, Fritz, Fabrikbesitzer, Wittstock – in: MAB/GP 26 Paul

138 Einkommenssteuerakte Paul 1939, wie Anm. 137

139 Einkommenssteuerakte Paul 1939, wie Anm. 137

140 Zitat: Schreiben vom 30.10.1946 – in: Sammlung Günther-Quandt-Haus Bad Homburg – Konvolut Friedrich(Fritz) Paul, Scholtyseck 2011, wie Anm. 78, S. 80; Maria Näder, Dorothea Kreidel: Briefe aus bewegten Zeiten, Duderstadt 2005, S. 224, S. 246

141 Schreiben Werner Quandt an das Amtsgericht Pritzwalk vom 4. Oktober 1948 – in: BLHA Rep 260 Amtsgericht Pritzwalk Nr. 38, S. 193

142 Landesregierung Brandenburg, Minister der Justiz an Werner Quandt vom 27. Dezember 1948, wie Anm. 141,
S. 200 – Die Fa. Gebr. Draeger wurde aufgrund des Befehls Nr. 124 der Sowjetischen Militäradministration *„betreffend Auferlegung der Sequestration und Übernahme in zeitweilige Verwaltung einiger Vermögenskategorien"* enteignet und diese Enteignung nach Maßgabe des Befehls Nr. 64 der SMAD vom 17.4.1948 bestätigt.

143 Amts- und Landgericht Pritzwalk vom 24.9.1948 sowie Werner Quandt an Amtsgericht Pritzwalk vom 25.11.1948, wie Anm. 141, S. 192 und S. 196

144 Schreiben an die Treuhandaußenstelle Brandenburg vom 27.4.1946 sowie Schreiben des Kommunalen Wirtschaftsunternehmens Wittstock an den Verwaltungsrat vom 30.11.1949 – in: Kreisarchiv Landkreis Ostprignitz-Ruppin (im Folgenden: KA OPR) Stadt Wittstock n. 1945, Nr. 3a Tuchfabrik, auch: BLHA Rep 203 Ministerium des Innern Nr. 1773

145 Bericht F. Paul vom 22.4.1946, wie Anm. 92

146 Zeitzeugenbericht Joachim P. vom 16.6.2017 – MAB/ Zeitzeugenberichte

147 Schreiben Vermögensverwalter Esser an Kreiskommandantur in Kyritz vom 26.4.1946 (für Friedrich Paul Tuchfabrik) und vom 27.4.1946 (für Friedr. Wilh. Wegener), wie Anm. 144

148 Protokoll Herbert G. vom 18.10.1983 – in: Christian Sacharowitz: Die Entwicklung der Stadt Wittstock im Prozess der antifaschistisch-demokratischen Umwälzung 1945 – 49, Fachschulabschlussarbeit, Leipzig 1984 – Typoskript, S. 50 – MAB

149 Protokoll Antifa-Block vom 9.8.1946, zu 5., wie Anm. 92

150 Schreiben zu Enteignungsurkunden Paul & Quandt des Rates des Kreises
Ostprignitz an Stadtverwaltung Wittstock vom 28.8.1947 sowie Antwortschreiben Vermögensverwalter – in: BLHA Rep 203 Amt zum Schutz des Volkseigentums Treu Nr. 537 – Die unter 1) genannte Firma bezog sich auf den Zusammenschluss beider Firmen zum Kriegsgemeinschaftswerk Paul und Quandt.

151 Protokoll Herbert G. vom 18.10.1983, wie Anm. 148, Sacharowitz

152 Schreiben Eckert & Lemke an Bürgermeister vom 19.6.1948, wie Anm. 144; Sacharowitz Anm. 148, S. 54

153 Schreiben der Genossenschaftsweberei an die Kreiskommandantur Kyritz vom 11.11.1948, wie Anm. 144

154 Stellungnahme durch die VVB Textil-Leder vom 16.10.1948 – in: BLHA Rep 206 Ministerium für Wirtschaft und Arbeit Nr. 429; Protokoll über die Sitzung des KWU Verwaltungsrates Wittstock vom 8. Juni 1949 – in: BLHA Rep 203 Ministerium des Innern Nr. 1773, S. 46

155 Volltuchfabrik = eine Fabrik mit allen Arbeitsschritten bis zum fertigen Tuch

156 Schreiben der Vereinigung Volkseigener Betriebe an den Wittstocker Bürgermeister vom 2. April 1949, wie Anm. 144

157 Protokoll der Sitzung des Verwaltungsrates des KWU Wittstock vom 15. Dezember 1949, wie Anm. 154, S. 37 f.

158 Schreiben von Eckert & Lemke an das Finanzamt Kyritz vom 24.1.1950 – in: BLHA Rep 204 B Landesfinanzdirektion Brandenburg Nr. 430 (Steuerakte KWU der Stadt Wittstock von 1949–51)

159 Materialaufstellung für den Wiederaufbau einer Volltuchfabrik KWU-Betrieb in Wittstock vom 31.1.1950 – in: BLHA Rep 250 Landratsamt Ostprignitz Nr. 180

160 Verpflichtung der Tuchfabrik Wittstock/Dosse vom 22. März 1954 – in: BLHA Rep 531 SED Kreisleitung Wittstock Nr. 212

161 Schlussprotokoll über die am heutigen Tage durchgeführte Dokumentarprüfung beim VEB (K) Tuchfabrik Wittstock vom 28. April 1953 – in: BLHA Rep 250 Landratsamt Ostprignitz Nr. 610

162 MAB/GP 26 Tuchfabrik, Typoskript Liesa Köhler, um 1960

163 Allgemeine Angaben zum Investitionsvorhaben 1957 – in: KA OPR, Verwaltungsarchiv Rat des Kreises Wittstock Nr. 88

164 Monatliche Finanzmeldung 2/1957, wie Anm. 163, Rat des Kreises Wittstock

165 Märkische Volkstimme (im Folgenden MV) „Aus dem Kreis Wittstock berichtet" vom 13.1.1961 – Es wurden u.a. 30 mechanische Webstühle und ein tschechischer Schlauchkopsspulautomaten (Kops = Spinnhülse zum Aufwickeln der Garne) angeschafft.

166 Revisionsbericht 1961 – in: KA OPR, Verwaltungsarchiv Rat des Kreises Wittstock Nr. 533

167 Revisionsbericht 1961, wie Anm. 166, Rat des Kreises Wittstock

168 Konzeption Umprofilierung des VEB (K) Tuchfabrik Wittstock, 2.3.1. und 2.3.2 – in: BLHA Rep 907 VVB Vt Ctb Nr. 357 sowie identisch in: BLHA Rep 401 Rat des Bezirkes Potsdam Nr. 9348

169 MV „Aus dem Kreis Wittstock berichtet" vom 28. Juni 1963, S. 5

170 MV „Aus dem Kreis Wittstock berichtet" vom 27. Mai 1961, S. 6

171 https://sachsen.museum-digital.de/object/11252

172 wie Anm. 170

173 Konzeption „Umprofilierung" VEB (K) Tuchfabrik Wittstock [1966], Punkte 2.3.1. und 2.3.2., wie Anm. 168

174 Konzeption Umprofilierung VEB (K) Tuchfabrik Wittstock, Begründung der Umprofilierung, wie Anm. 168

175 Schreiben der VVB an den Wirtschaftsrat des Bezirkes Potsdam vom 10.9.1965, wie Anm. 168

176 Programm der Durchführung zur Umprofilierung des VEB (K) Tuchfabrik Wittstock auf die Herstellung von Texturseide ab dem 1.1.1968, Standortfrage – Protokoll zur Arbeitsgruppenberatung vom 13.11.1967, S. 1 – in: Sächsisches Staatsarchiv Chemnitz (im Folgenden als SStA) 02202/1301/1

177 Konzeption Umprofilierung des VEB (K) Tuchfabrik Wittstock Punkt 2.2.3., wie Anm. 168

178 Leonore Ansorg: „Irgendwie war da eben kein System drin", Strukturwandel und Frauenerwerbstätigkeit in der Ost-Prignitz (1968–1989) in: Thomas Lindenberger (Hg.): Herrschaft und Eigen-Sinn in der Diktatur – Studien zur Gesellschaftsgeschichte der DDR, Köln, Weimar, Wien 1999, S. 78; Leonore Ansorg: Ick hab immer unten Druck gekriegt und von oben – Weibliche Leitungskader und Arbeiterinnen in einem DDR-Textilbetrieb. Eine Studie zum Innenleben der DDR-Industrie, in: Archiv für Sozialgeschichte, Nr. 39, 1999, S. 126 (im Folgenden: Ansorg Druck 1999)

179 Leonore Ansorg: Der Fortschritt kommt aufs Land, in Gunilla-Friedricke Budde: Frauen arbeiten. Göttingen 1997, S. 78ff.; Ansorg Druck 1999, wie Anm. 178, S. 127

180 Konzeption Umprofilierung VEB (K) Tuchfabrik Wittstock", Begründung der Umprofilierung Punkt 1, wie Anm. 168

181 Protokoll der Beratung über die Umprofilierung der Tuchfabrik Wittstock vom 19. August 1966 (20.8.1966), S. 1 f., wie Anm. 168

182 Schreiben VVB an Leiter des Bezirkswirtschaftsrates Potsdam vom 22.6.1966, S. 2, wie Anm. 168

183 Gemeinsame Anweisung vom 17.1. bzw. 1.2.1967 wie Anm. 176, S. 1 SStA Chemnitz

184 Ansorg Druck 1999, wie Anm. 178, S. 137

185 Die Planauflage für 1968 … in: BLHA, Rep. 531 SED Kreisleitung Wittstock. Nr. 595 – Da bestand der Betrieb noch wie früher aus der Krempelei, die 7,5 kg Streichgarngewebe/h schaffte, der Spinnerei mit 7,2 kg/h, der Zwirnerei mit 6,5 kg/h, der Spulerei mit 10 kg/h, Kettschärerei 1,5 Ketten/h, in der Weberei 6000 Schuss/h, der Ausnäherei 2,2 Stk./h, Färberei 6,5 Stk/h, der Veredlung mit 2,2 Stk./h und der Wolferei

186 Schreiben VVB an Vorsitzenden des Wirtschaftsrates des Bezirkes Potsdam vom 8.7.1966, wie Anm. 168 (Rep 401), dem VEB Tuchfabrik mitgeteilt am 15.11.1966 (Schreiben vom 1.11.1967), wie Anm. 168

187 Konzeption Umprofilierung, wie Anm. 168

188 Protokoll über die am 11.4.1968 durchgeführte Standortberatung zur Umprofilierung des VEB Tuchfabrik Wittstock auf Texturseide – in: SStA Chemnitz 0328/102

189 Konzeption Umprofilierung VEB (K) Tuchfabrik Wittstock [1966], Punkt 2.3.2. – wie Anm. 168

190 Außerdem wurden in den ersten Jahren (seltener) die Bezeichnungen Obertrikotagenbetrieb Wittstock, VEB Obertrikotagenwerk „Ernst Lück" oder VEB OTB Wittstock benutzt. Auch der Betrieb selbst benutzte in seinen Stellenanzeigen unterschiedliche Bezeichnungen – z.B. VEB Obertrikotagen*betrieb* „Ernst Lück" – in der MV vom 6. Juli 1973, S. 7, oder VEB Obertrikotagen*werk* „Ernst Lück" Wittstock – in: „Märkische Volksstimme" (MV)/"aus dem Kreis Wittstock berichtet" vom 17.8.1973, S. 7

191 Ernst Lück wurde 1876 als Sohn eines Schneiders und einer Hebamme in Wittstock geboren, wo er die Mittelschule besuchte. Später absolvierte er eine Lehre beim Stadtkapellmeister Otto Milatz, bei dem er Geige und Klavier spielen lernte. 1895 ging er nach Berlin, trat dort als Militärmusiker in die kaiserliche Armee ein und übte diese Tätigkeit auch im Ersten Weltkrieg aus. 1918 nahm er als Mitglied eines Arbeiter- und Soldatenrats an der Novemberrevolution teil. Anfang 1919 wurde er Mitglied der

KPD und kehrte nach Wittstock zurück. Dort arbeitete er weiterhin als Musiker, zunächst wieder beim Stadtkapellmeister Milatz, dann mit seiner eigenen Kapelle, die er mit zwei Kollegen gegründet hatte. Zur gleichen Zeit engagierte er sich auch als Leiter des Arbeitergesangsvereins. Außerdem gründete er die erste Ortsgruppe der KPD der Ostprignitz, zu deren Vorsitzenden er gewählt wurde. Als die Ostprignitzer Arbeiter während des Kapp-Putsches im März 1920 in den Generalstreik traten, oblag unter anderem ihm die Leitung der Streikaktivitäten. Mit der Niederschlagung des Streiks klagte man Ernst Lück wegen Landfriedensbruchs an und verurteilte ihn in Neuruppin zu einem halben Jahr Gefängnis. Im Februar 1921 zog er als Abgeordneter (bis 1933) für die KPD in den Kreistag der Ostprignitz ein und wurde darüber hinaus Wittstocker Stadtverordneter für die KPD. Auch gewerkschaftlich war er aktiv und vertrat erfolgreich die Interessen der Arbeiter der Tuchfabriken u. a.
Außerdem war er Vorsitzender des Ortsausschusses des Allgemeinen Deutschen Gewerkschaftsbundes (ADGB), unterstützte den Arbeitersportverein „Fichte", die internationale Arbeiterhilfe, die „Rote Hilfe Deutschland" und die „Rote Welle". In seiner Wohnung entstand zudem eine Art Zeitung mit dem Namen „Roter Wittstocker Sender" der KPD mit politischem Inhalt. Im März 1933 wurde er durch den SA-Sturm in das frühe Konzentrationslager nach Alt Daber verbracht. Nach der Auflösung im Juli 1933 verlegte man ihn von dort in das KZ Sonnenburg. Zwischenzeitlich wieder entlassen verhaftete man ihn 1944 wegen des „Hörens von Feindsendern" erneut und verurteilte ihn zu einer mehrjährigen Haftstrafe, die er im Zuchthaus Brandenburg verbüßte.– nach: „An Traditionen angeknüpft…" in: MAB Nachlass Hubert Boger, Typoskript, [1987], S. 5 f. identisch im Nachlass Hubert Oertel; Jürgen Koppatz: Ernst Lück – Ein Kämpfer des Wittstocker Proletariats – in: Prignitz-Forschungen I, Pritzwalk 1966, S. 137–147; Zoé Sona: Die politischen Häftlinge im Konzentrationslager – Ernst Lück – in: http://www.stiftung-bg.de/kz-oranienburg/index.php?d=37

192 MV „Aus dem Kreis Wittstock berichtet" vom 25.6.1969 und 31.5.1969, jeweils S. 8

193 In einem Schreiben kritisierte der Wittstocker Bürgermeister (als Ortspolizeibehörde), dass er nicht so genau über polizeiliche Vorgänge in seinem Verantwortungsbereich informiert sei, insbesondere auch deshalb, weil sich der 38-jährige Walter Schulz dort angeblich am selben Tag erhängt haben sollte. – Schreiben vom 16. März 1933 MAB 1933–45

194 Zeitzeugenberichte der Herren H., P. und W. vom 15. Juni 2017

195 MV „Aus dem Kreis Wittstock berichtet" 18.10.1972, S. 8

196 Aktenvermerk über eine Aussprache mit dem Parteisekretär am 29.9.1971 – in: BLHA Rep 530 SED Bezirksleitung Potsdam Nr. 4147, S. 5

197 Ansorg System 1999, wie Anm. 179, S. 79

198 MV „Aus dem Kreis Wittstock berichtet" vom 16.3.1974, S. 8

199 MV „Aus dem Kreis Wittstock berichtet" vom 22.2.1971 (Kindereinrichtung); vom 20.10.71 (Betriebsberufsschule am 15.10.1971 übergeben); vom 3.6.72
(1. OT Halle am 24.5.1972); vom 31.5.72 (Turnhalle); vom 7.9.72 (Betriebsambulatorium); vom 26.1.74, S. 8 (Sozialgebäude im Januar eröffnet), jeweils S. 8

200 Bericht über den Stand der Vorbereitung und Durchführung des Investitionsvorhabens VEB Obertrikotagenbetrieb „Ernst Lück" Wittstock, (1. Ausbaustufe), Anlage 1 – Blatt 1 (Juni 1978) – in: BLHA Rep 489 Staatsbank der DDR Kreisfiliale Wittstock Nr. 14

201 MV "Aus dem Kreis Wittstock berichtet" vom 11.9.75 (Ledigenwohnheim am 1.9.1975 eröffnet); vom 29.5.76 (2. OT- Halle); vom 10.12.76 (Traditionszimmer); vom 5.9.78 und 21.9.78 (Kinderkombination II); vom 13.12.78 (Lehrlingswohnheim); vom 17.3.79 (Zahlenangabe); Zum Wasserwerk: Protokoll der Sitzung der BPO-Leitung vom 3.3.80; – in: BLHA, Rep 532 SED Grundorganisation Bezirk Potsdam IV D-7/666/1155; MV "Aus dem Kreis Wittstock berichtet" vom 26.10.1984 (Übergabe der Flächenveredlung)

202 Bericht vom 9.6.1988 – in: BStU MfS – ZOS 931,

203 MV „Aus dem Kreis Wittstock berichtet" vom 15.1.1969 (Verkaufsstelle), 22.12.72 (2. Verkaufsstelle), 6.4.1974 (Schwesternstation, Friseur), 14.6.1975 (Dienstleistung), 17.12.1977 (Bibliothek), jeweils S. 8

204 Zeitzeugenbericht Frau S. 23.8.2022

205 MV „Aus dem Kreis Wittstock berichtet" vom 23.9.67, S. 6

206 Aktennotiz vom 17.4.1968, wie Anm. 187

207 Ansorg System 1999, wie Anm. 179, S. 97

208 TKO = Technische Kontrollorganisation

209 Besuche z.B.: MV „Aus dem Kreis Wittstock berichtet" vom 5.8.1970, 9.12.1970; 26.1.1971, 12.2.1971, 23.10.1971; 6.9.1972, 14.12.1972; 12.5.1973; 10.4.1974, 24.1.1975, 28.9.1976 u. a, jeweils S. 8; auch in: BLHA Rep. 530, SED Bezirksleitung Potsdam, Nr. 5100

210 u. a. MV „Aus dem Kreis Wittstock berichtet" 13.12.1974, S. 8

211 u. a. MV „Aus dem Kreis Wittstock berichtet" vom 23.12.1967, 10.4.1974, 9.5.1974, 20.12.1974, 24.5.1977, 10.1.1978, jeweils S. 8 – Es gab vor allem Kontakte zum in der Nähe befindlichen Flugplatz Wittstock. Zudem befand sich die Stadtkommandantur Wittstock in der ehemaligen Paul'schen Villa eigentlich auf dem Betriebsgelände.

212 Vielfach wurde die Arbeit mit Neuerermethoden sowjetischer Herkunft organisiert. – in: MV „Aus dem Kreis Wittstock berichtet" vom 15.1.1974, auch: „Meine Hand für mein Produkt" später auch die Doris –Kersten Methode = Planerfüllung schon in der 50. Kalenderwoche; Zusammenstellung von Wettbewerbsinitiativen im OTB 1977, Ansorg: System 1999, wie Anm. 178, S. 92

213 MV „Aus dem Kreis Wittstock berichtet" vom 14.12.1972, S. 8, Besuch polnischer Vertreter im Betrieb

[214] „An Traditionen angeknüpft", wie Anm. 191, S. 8–16, Nachlass Boger, Nachlass Oertel; Ansorg System 1999, wie Anm. 178, S. 79

[215] Einschätzung der gewerkschaftlichen Frauenarbeit" vom 19.10.1976 – in BLHA Rep 530 SED-Bezirksleitung Potsdam Nr. 5381

[216] MV „Aus dem Kreis Wittstock berichtet" vom 26.10.1971, S. 8; Ansorg System 1999, wie Anm. 178, S. 130 sowie S. 152

[217] Tafel zur Ausstellung „20 Jahre OTB" im Kreisheimatmuseum Wittstock 1988 – MAB GP 22 Museum; vgl. auch MAB Nachlass Hubert Oertel

[218] MV „Aus dem Kreis Wittstock berichtet" vom 29.9.1989, S. 8

[219] MV „Aus dem Kreis Wittstock berichtet" vom 20.4.1974, S. 8

[220] MV „Aus dem Kreis Wittstock berichtet" vom 26.9.1972, S. 8

[221] Entwurf der Konzeption zur territorialen Rationalisierung im Kreis Wittstock 1976 – 1980 – in: BLHA, Rep. 531 SED-Kreisleitung Wittstock, Nr. 912, S. 3; Bericht vom 2.10.1975 – in: BLHA Rep. 530 SED-Bezirksleitung Potsdam, Nr. 5070, S. 5

[222] MV „Aus dem Kreis Wittstock berichtet" vom 10.10.1972 sowie 16.9.1975, jeweils S. 8

[223] „An Traditionen angeknüpft" – wie Anm. 191, S. 20, Nachlass Boger, Nachlass Oertel (Übersicht über die Entwicklung der Kader)

[224] BLHA, Rep 532 SED Grundorganisationen Bezirk Potsdam IV C-7/666/822, S. 2; Rep 530 SED Bezirksleitung Potsdam Nr. 5070 S. 4; Die Staatssicherheit ging noch 1976 davon aus, dass etwa 50 % der Arbeitskräfte keine abgeschlossene Berufsausbildung haben. – in: Bundesbeauftragter für die Stasiunterlagen (im Folgenden BStU) BVfS Potsdam Abt. XVIII1198 Bd. 1, S.120; MV „Aus dem Kreis Wittstock berichtet" vom 10.2.1971, 15.4.1971, 9.9.76, 31.10.1978, 20.11.81, jeweils S. 8

[225] Die Angaben beziehen sich auf September 1975 – in. BLHA Rep 531 SED- Kreisleitung Wittstock Nr. 730, S. 3; MV „Aus dem Kreis Wittstock berichtet" vom 11.7.1979, S. 8

[226] Ansorg: Druck, 1999, wie Anmerkung 179, S. 127

[227] MV „Aus dem Kreis Wittstock berichtet" vom 8.6.1972, S. 8

[228] MV „Aus dem Kreis Wittstock berichtet" vom 26.11.1975, S. 8

[229] „An Traditionen angeknüpft", wie Anm. 191, S. 20 Nachlass Boger, Nachlass Oertel

[230] Ansorg System 1999, wie Anm. 178, S.

[231] Ansorg Druck 1999, wie Anm. 179, S. 142 f.

[232] Quartalsbericht vom 25.6.1985 – in: BStU BVfS Potsdam KD Wittstock 270

[233] Ansorg Druck 1999, wie Anmerkung 179, S. 143

[234] MV vom 12.5.73; „Der Plan, „Betrieb der Jugend" zu werden, wurde im November 1980 im Schreiben an Günther Jahn, 1. Sekretär der Bezirksleitung Potsdam, formuliert. -BLHA, Rep 530 SED- Bezirksleitung Potsdam Nr. 6162, S. 3; Ministerbesuch in MV „Aus dem Kreis Wittstock berichtet" vom 13.3.1981, S. 8

[235] Ansorg System 1999, wie Anm. 179, S. 92

[236] MV „Aus dem Kreis Wittstock berichtet" vom 19.5.1978, 28.1.19 80, jeweils S. 8 – Außerdem im Werk I 5, im Werk II 6 Jugendbrigaden

[237] MV „Aus dem Kreis Wittstock berichtet" vom 14.12.1982, 5.5.90, jeweils S. 8

[238] MV „Aus dem Kreis Wittstock berichtet" vom 24.10.89, S. 3, vom 14.2.90, S. 8; „Märkische Allgemeine Zeitung" vom 11./12.4.2020, S. 9

[239] Ökonomische Analyse des Betriebsdirektors vom 6.1.1974, wie Anm. 222, S. 24 (730)

[240] Ansorg Druck 1999, wie Anm. 178, S. 176; Die Beschäftigten nannten im Rahmen einer in mehreren Betrieben durchgeführten Befragung zur Fluktuation als Gründe die Arbeitsbedingungen und die Arbeitsatmosphäre, ungelöste Wohnungsfragen, Probleme der Entlohnung und die Mehrschichtarbeit.

[241] Analyse der Planerfüllung und Schlussfolgerungen für den Plananlauf 1977 vom 23.12.1976, S. 9 – in: BLHA Rep 531 SED Kreisleitung Wittstock 730

[242] Ansorg System 1999, wie Anm. 179, S. 85

[243] Z. B. in MV „Aus dem Kreis Wittstock berichtet" vom 24.1.1973, 6.7.1973, 8.8.1973, 17.8.1973, 3.10.1973, 10.10.1973, 25.4.1975; 14.8.1975; 19.8.1975; 26.8.1975; 20.12.1975; 11.2.1978; 17.3.1978; 4.4.1978; 20.6.1978, 6.7.1978, 29.9.1978), jeweils S. 8

[244] Hubert Boger: 20 Jahre OTB 1988, S. 9–11 – MAB/Nachlass Boger

[245] Ansorg System 1999, wie Anm. 178, S. 98

[246] Ansorg Druck 1999, wie Anm. 179, S. 132

[247] Zeitzeugenbericht Herr H. vom 15.6.2017 – in MAB/GP 26 OTB

[248] MV „Aus dem Kreis Wittstock berichtet" vom 23.1.1979, S. 8

[249] Zeitzeugengespräch Frau H. vom 1.9.2017 – in: MAB/GP 26 OTB

[250] „An Traditionen angeknüpft", wie Anm. 191, S. 18, Nachlass Boger, Nachlass Oertel

[251] Deutsche Demokratische Republik – Amt für Erfindungs- und Patentwesen, Patenschrift „Verfahren zur Herstellung einer Mischtexturseide" 1977, Nr. 126 379

[252] Bericht vom 8.4.1986, wie Anm. 232; MV „Aus dem Kreis Wittstock berichtet" vom 2.10.84, S. 8

[253] Schreiben der 1. Sekretärin der SED-KL Wittstock vom 10.8.1976 an die SED-Bezirksleitung Potsdam, wie Anm. 209 (5100), z. B. MV „Aus dem Kreis Wittstock berichtet" vom 20.7.73, 23.10.73, 17.11.73, 30.1.74, jeweils S. 8

[254] Investvorhaben OTB 1965 – 1972 – in: BLHA Rep. 488 Industrie- und Handelsbank Bezirksdirektion Potsdam Nr. 359, Vertragsrückstände Obertrikotagen, S. 4 und 3.3. Betriebsergebnis, S. 5

[255] Parteileitungssitzung vom 22.10.1973 – in: BLHA Rep 532 SED Grundorganisationen Bezirk Potsdam 3772 a

[256] Ansorg Druck 1999, wie Anm. 179, S. 137, auch: Ansorg System 1999, wie Anm. 178, S. 88

[257] Konzeption zur Verbesserung der Arbeitsorganisation der Abteilung Konfektion vom 5.9.1975, wie Anm. 223

[258] Ansorg System 1999, wie Anm. 178, S. 89; auch in: BLHA, Rep 530 SED Bezirksleitung Potsdam, Nr. 5067, S. 8, auch im Bericht „Qualitätssituation" – 60 % der Dessin- und Modellgestaltung seien spitzenmäßig, aber es gäbe eine ungenügende technische Umsetzung; „Qualitätsmängel" auch in: MV „Aus dem Kreis Wittstock berichtet" vom 3.5.1972, 9.6.1973, 19.7.1973; 21.9.1973; 28.7.1978, jeweils S. 8

[259] Handmaterial zur Lage im OTB von 15.3.1977, BLHA, Rep. 530 SED Bezirksleitung Potsdam Nr. 6162, S. 3

[260] MV „Aus dem Kreis Wittstock berichtet" vom 26.9.1975, S. 8

[261] Ansorg Druck 1999, wie Anm. 178, S. 136, auch: BLHA Rep 530 SED-Bezirks-leitung Potsdam, Nr. 6155, S. 12

[262] „Es war einmal Krösus" in: MV vom 10.2.1975, S. 3

[263] So wurde der Direktor des VEB Altstoffhandels, später SERO (= Sekundärrohstoffe) zum OTB und dessen Abgabe von Sekundärrohstoffen befragt. Der OTB lieferte 2 x wöchentlich Konfektionsabschnitte, darunter verwendungsfähiges Material mit Stücken von 1,5 x 1 m sowie auf Spulen gewickelte Garne. Trikotagen werden nach Westdeutschland exportiert und billige Fertigprodukte hergestellt – Als Ursachen stellte man keine ordnungsgemäße Leitung und Steuerung der Verarbeitung fest. Bereits 1975 gelangten so hohe Mengen an den Altstoffhandel, dass die Arbeiter- und Bauern-Inspektion (ABI) eingeschaltet wurde. – Protokoll vom 18.10.1976 – in: BStU, BVfS Potsdam, Abt. XVIII1198 Bd. 2

[264] MV „Aus dem Kreis Wittstock berichtet" vom 24.11.1989, S. 8

[265] Schreiben vom 11.3.1976, vom 26.3.1976, 11.8.1976 und 17.8.76, wie Anm. 209 (5100)

[266] Telefonnotiz mit VVB-Direktor Beier vom 10.3.1977, S. 2 – in: BLHA Rep 530 SED Bezirksleitung Potsdam, Nr. 6162

[267] BLHA Rep. 530 SED Bezirksleitung Potsdam, Nr. 6087, Handakte Günter Jahn, 1. Sekretär der SED BL Potsdam zur Berichterstattung an das Politbüro

[268] Protokoll vom 27.6.77, Redebeitrag Betriebsdirektor, S. 2 – in: BLHA, Rep 532 SED Grundorganisationen Bezirk Potsdam, Kreis Wittstock 5098

[269] Protokoll vom 27.6.77, wie Anm. 265, Redebeitrag Werkbereichsleiter Dietz

[270] Parteiaktivtagung vom 7.1.80, Redebeitrag Abel, wie Anm. 268

[271] MV „Aus dem Kreis Wittstock berichtet" vom 7.7.1983, S. 6

[272] Quartalsbericht vom 25.6.1986 – in: BStU, BVfS Potsdam KD Wittstock 288

[273] Bericht vom 8.11.76, Protokolle vom 14.2.1980; 6.3.1980, 14.5.1980, 4.6. 1980, 6.10.80, 22.10.80, 4.2.1981, 8.4.1981, 16.2.1981, 22.9.1982; 29.7.1983 – in: BStU BVfS Potsdam Vorl. Archiv 138/77 Bd. 3; Bericht vom 1.4.1986, wie Anm. 232

[274] Bericht vom 1.2.1985, wie Anm. 273

[275] Bericht vom 1.4.1986 und Bericht vom 30.5.1985, wie Anm. 232; Bericht vom 27.12.1985, wie Anm. 272

[276] Handakte Hubert Oertel, Bericht vom 30.5.1988 – in: MAB GP 26 Nachlass Oertel

[277] MV "Aus dem Kreis Wittstock berichtet" vom 10.7.1974 und 23.11.1979, jeweils S. 8

[278] Antje Zeiger: Wechselnde Verwaltungsstrukturen in der Ostprignitz, in: Theilig/Riedel, Drescher/Zeiger/Wagner/Städeke: 1817–2017 – 200 Jahre Kreise und Landkreise in Ostprignitz und Ruppin. (2017), S. 54)

[279] Entwurf der Konzeption zur territorialen Rationalisierung im Kreis Wittstock 1976–1980 – in: BLHA, Rep. 531 SED-Kreisleitung Wittstock, Nr. 912, S. 5

[280] MV „Aus dem Kreis Wittstock berichtet" vom 25.2.1971, S. 8

[281] Information vom 31.5.1976 – in: BLHA Rep 532 SED Grundorganisationen Bezirk Potsdam 3776

[282] Vgl. dazu Peter Bihl: 110 Jahre Krankenhaus Wittstock – 10 Jahre KMG Klinikum, Kampehl 2007, S. 26

[283] MV „Aus dem Kreis Wittstock berichtet" vom 26.9.1978, S. 8

[284] Diskussionsbeitrag Kusch S. 2 – in: BLHA Rep 532 SED-Grundorganisationen Bezirk Potsdam 5097

[285] MV „Aus dem Kreis Wittstock berichtet" vom 14.2.1974, 26.4.1979, 18.8.1970, jeweils S. 8

[286] MV „Aus dem Kreis Wittstock berichtet" vom 15.8.1974, S. 8, u.a. 480 Essen für die Schüler im Wohngebiet der DSF, MV 1.10.1976, S. 8, MV vom 24.5.1980, S. 8

[287] „An Tradition angeknüpft", wie Anm. 181, S. 28/29, Nachlass Boger, Nachlass Oertel

[288] MV „Aus dem Kreis Wittstock berichtet" vom 18.9.1975, S. 8

[289] MV vom 19.5.90, S. 8; MV vom 18.8.90, S. 8

[290] Märkische Allgemeine Zeitung (MAZ) vom 22.2.1991, S. 9

[291] Urkundenrolle Nr. 275/1991, Notarvertrag vom 31.5.1991 – in: MAB GP 26 WIW, § 3, S. 5

[292] Schreiben der Freizeit-Moden GmbH an die Belegschaftsmitglieder vom 31.5.1991 – in: MAB/GP 26 WIW

[293] MAZ vom 2.5.1992 und 29.6.1992, jeweils S. 9

[294] MAZ vom 10.10.1992, S. 1, 2 und 9; Gesamtvollstreckung lt. Zeitzeugenbericht vom 6.9.2017

[295] MAZ vom 10.10.92 berichtet von 722 Mitarbeitern, die MAZ vom 15.10.92 von 680

[296] MAZ vom 6.11.92, S. 9

[297] Bundesanstalt für Arbeit, Bereich Wittstock, 1992

[298] Zeitzeugengespräch Frau H. vom 1.9.2017, Zeitzeugengespräch vom 6.9.2017

[299] Text zu „Lebensläufen" Archiv der Homepage des Deutschen Historischen Museum: https://www.dhm.de/archiv/magazine/lebenslaeufe/wittstock.html#

[300] Zur Portraitgalerie aus dem Nachlass von Conrad und Wilhelm Polthier in der Bibliothek im Kontor in Wittstock in: Markus Hennen: Die Portraitgalerie in der Bibliothek im Kontor – Beiträge zur Geschichte der Tuchmacher und der für Wittstock bedeutsamen Familien Polthier und Wegener,

[301] Alle Geburts- und Heiratsangaben nach: GStA VI. HA Nl Polthier, W. Nr. 7 Dänicke, Böldicke sowie Nr. 66

und 67 Wegener (die Wilhelm Polthier nach Kirchenbuch Wittstock erarbeitete)

302 Nachlassakte Friedrich Wilhelm Wegener und Marie Pintz, verheiratete Wegener – in: MAB Nachlass Conrad und Wilhelm Polthier Nr. 41

303 Nachlassakte Dänicke sowie Rudeloffsches Familienstipendium, Abschrift – in: MAB Nachlass Conrad und Wilhelm Polthier, Nr. 63 und 64

304 So Wilhelm Polthier 1935 – in: Rudeloffsches Familienstipendium, Abschrift, S. 3, wie Anm. 303

305 Polthier/ Wegener 1956, wie Anm. 59, S. 8/9

306 Dr. Kurt Wegener „Unsere 52stündige Ballonfahrt" in:Die Umschau", Nr. 22 vom 26. Mai 1906, X. Jahrgang, S. 423

307 Wilhelm Polthier: Der Friedhof der Familien Gabcke und Rudeloff in Wittstock, Typoskript um 1930 – MAB/Nachlass Conrad und Wilhelm Polthier

Abbildungsnachweis

Geheimes Staatsarchiv Preußischer Kulturbesitz, Berlin S. 20 GStA PK XI. HA PKP F Nr. 1233

Stadtbibliothek im Bildungscampus Nürnberg, Hausbücher der Mendelschen Zwölfbrüderstiftung Nürnberg S. 7 („Weber" Amb 317 2 Folio 4 v, S. 12 („Tuchrauer" Amb 317 2 Folio 6 r; „Ballenbinder" Amb 317 2 Folio r)

Brandenburgisches Landeshauptarchiv Potsdam S. 4 (Rep 78 IV Privilegien Nr. 1109); S. 17 BLHA Rep 7 Zechlin Nr. 145, S.3 und 4R; S. 60 Rep 12 H Berlin Nr. 117; S. 78 (links) BLHA Rep 203 AVE ESA 3392; S. 84 BLHA Rep 250 Landratsamt Ostprignitz Nr. 610; S. 92 BLHA Rep 907 VVB Ctb 357 Nr. 7051

Volkskundemuseum Schönberg, S. 28 (unten) Foto: Olaf Both

Landesamt für Denkmalpflege Mecklenburg-Vorpommern Schwerin S. 13 (unten) Greifswald 212, 2015, Plombe 1; S. 14 (unten) Stralsund 82, 2016, Plombe 10 – alle Aufnahmen: Dr. Heiko Schäfer

Bibliothek im Kontor, Stadt Wittstock S. 33 (links); S. 141 (NL Polthier/Polthier)

Städtisches Museum Zittau S. 12 (unten) Foto Bernd Wabersich, S. 13 (oben) Inv. 7344/2206

Privatsammlungen

Rainer Dorndeck (†), Leipzig S. 123 (oben), S. 125 (oben); S. 126 (oben); S. 131 (unten) – alle F 909

Fam. Gadischke, S. 43

Dorothea Kreidel, Borken/Dr. Daniel Gardemin, Hannover S. 53

Volker Koepp, Berlin S. 137, S. 138

Barbara Metzelaar-Berthold, Berlin S. 127 (unten)

Torsten Pridöhl, Hamburg S. 36 (unten), S. 65 (oben), S. 139

Bernd Rübsam, Brandenburg S 69 (unten), S. 72, S. 85, S. 86 (oben rechts)

Jürgen Schaluschke, Lübeck, S. 14 (oben)

Museen Alte Bischofsburg (MAB)

MAB/Archiv

GP 26 Freizeitmoden/WIW S. 135; S. 136

GP 26 OTB (auch Traditionszimmer) S. 86 (5 Aufnahmen) F 1130, S. 91 (oben), S. 94 (unten beide) F 785; S. 95 (unten links) F 15; S. 97 (links) F 1130; S. 98 (unten) F 793, S. 100 (Dietz), S. 103; S. 111 (oben links) Helma Heiler; S. 111 (oben rechts) Marie-Luise Marx; S. 114 (oben links); S. 118 (unten) F 1130; S. 119 F 781; S. 120 F 788 u. F 792; S. 121 F 785, S. 122 F 784 u. F 788; S. 123 (unten) F 788; S. 124 F 1130, S. 128 unten F 1130, S. 129; S. 131 (links) F 1130; S. 132 F 1130; S. 134

GP 26 Paul S. 42 (unten), S. 66, S. 67, S. 68

GP 26 Quandt S. 47 (rechts), S. 51, S. 52, S. 54 (beide) F 913, S. 58, S. 63, S. 64, S. 73 – 76 (Führer durch die Uniformtuchfabrik)

GP 26 Tuchfabrik S. 78 (rechts); S. 81, S. 82 (links), S. 87 (unten), S. 88, S. 89 (unten)

GP 26 Wegener S. 31, S. 33 (rechts), S. 35, S. 36 (oben), S. 38, S. 39 (unten), S. 40 (alle), S. 42 (oben), S. 45

MAB/Archiv/Nachlässe: NL Hubert Boger S. 57 (rechts), S. 62, S. 65 (unten), S. 80, S. 82 (rechts), S. 95 (unten rechts); S. 127 (oben); S. 128 (oben); S. 131 (oben links); S. 132 (oben); S. 133;

NL Rudolf Desens/Walter Staudinger S. 41, S. 55, S. 56 (unten), S. 69

NL Conrad Polthier/Wilhelm Polthier S. 39 (oben), S. 142; S. 145; S. 146/147

NL Franz Siebert S. 47 (links)

MAB/Postkartensammlung S. 9, S. 23, S. 44, S. 48 (oben, Mitte), S. 49 (unten), S. 57; Fotos: Friedrich Graf S. 87 (oben), 94 (oben); Liesa Köhler S. 98 (oben); S. 129 (unten); Jürgen Koppatz S. 83; Antje Zeiger S. 8, S. 11 (beide, oben), S. 16 (unten), S. 34 (oben), S. 43 (oben links, unten rechts), S. 48 (unten), S. 49 (oben, Mitte), S. 50, S. 56 (oben rechts); S. 110, S. 111 – 114; S. 149

MAB/Sammlung Grafiken: S. 10 (oben) Annlie Zimmermann, S. 25 Souvenirblatt von C. Stumpf, um 1850

Kleine Reihe der
Museen Alte Bischofsburg

Antje Zeiger

Die Wittstocker Burg

Von der bischöflichen Residenz zum Museumskomplex

Eine lange, wechselvolle Geschichte liegt hinter der Wittstocker Burganlage. Die Nutzungen auf dem oberen und unteren Burghof und der Burgfreiheit waren und sind vielfältig: Ob Bischofsresidenz, Landwirtschaftshof mit Stallanlagen, Pfandgut zur Begleichung kurfürstlicher Schulden, Amtssitz, Gefängnis, Kornspeicher und Obstgarten, in Kriegszeiten Unterkunft für Soldaten, Militärlazarett, Jugendherberge, Warmbadeanstalt, Jugendheim, provisorische Schule, Kinderkrippe und Kindergarten, nicht zuletzt Museum und – 2019 – Teil der Landesgartenschau in Wittstock. Unser Band führt den Leser, umfangreich bebildert, in die lange Geschichte Wittstocks von der Bischofsresidenz zum Museumskomplex.

ISBN 978-3-945880-66-1, Euro 18.—

hendrik **Bäßler** verlag · berlin

Strausberger Platz 12
D-10243 Berlin/Deutschland
Fon: +49(0)30.240 858 56
Mobil: +49(0)178.28 512 98
E-Mail: info@baesslerverlag.de
www.baesslerverlag.de
www.edition-schloesser-gaerten.de